AF464093

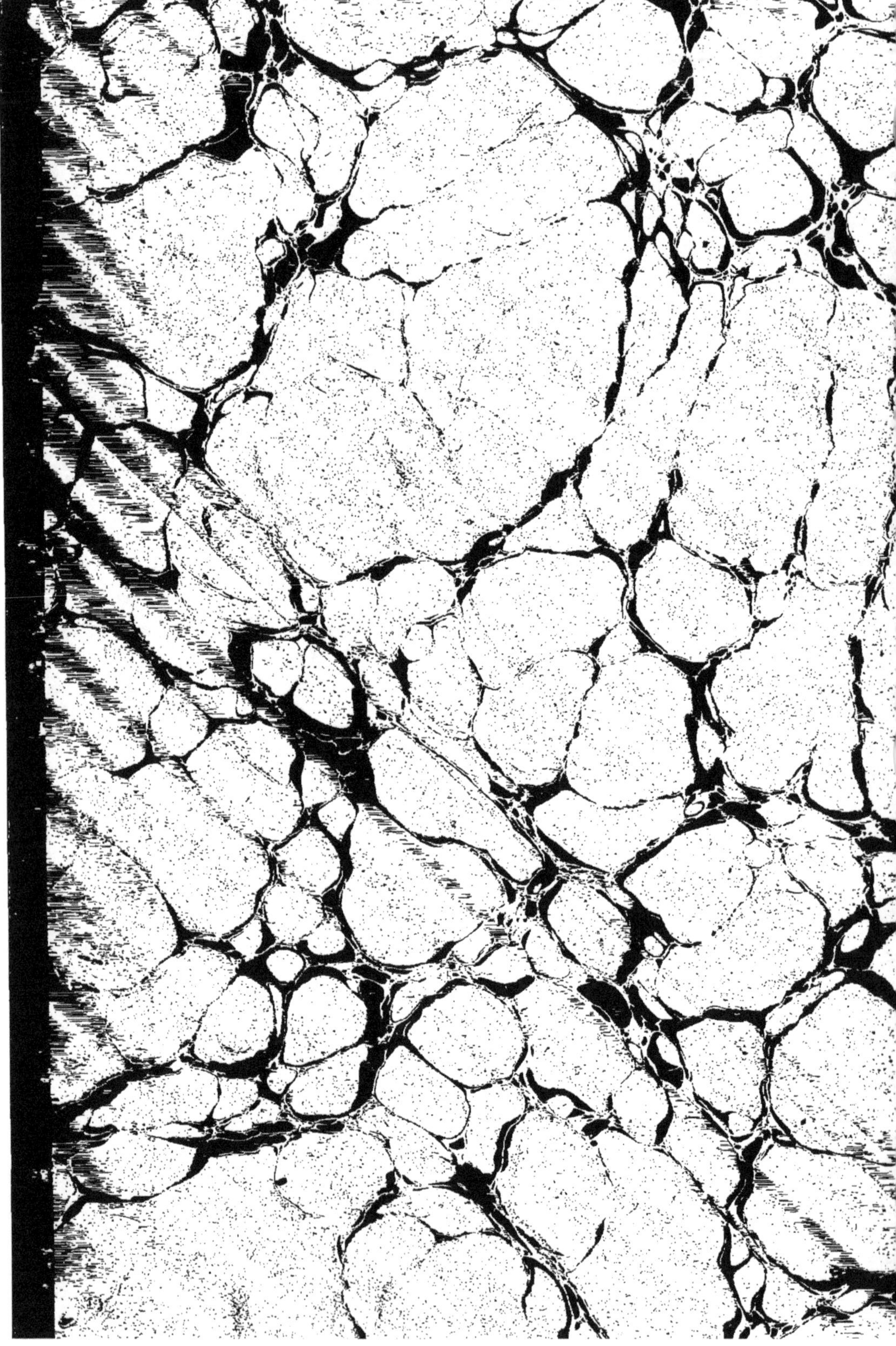

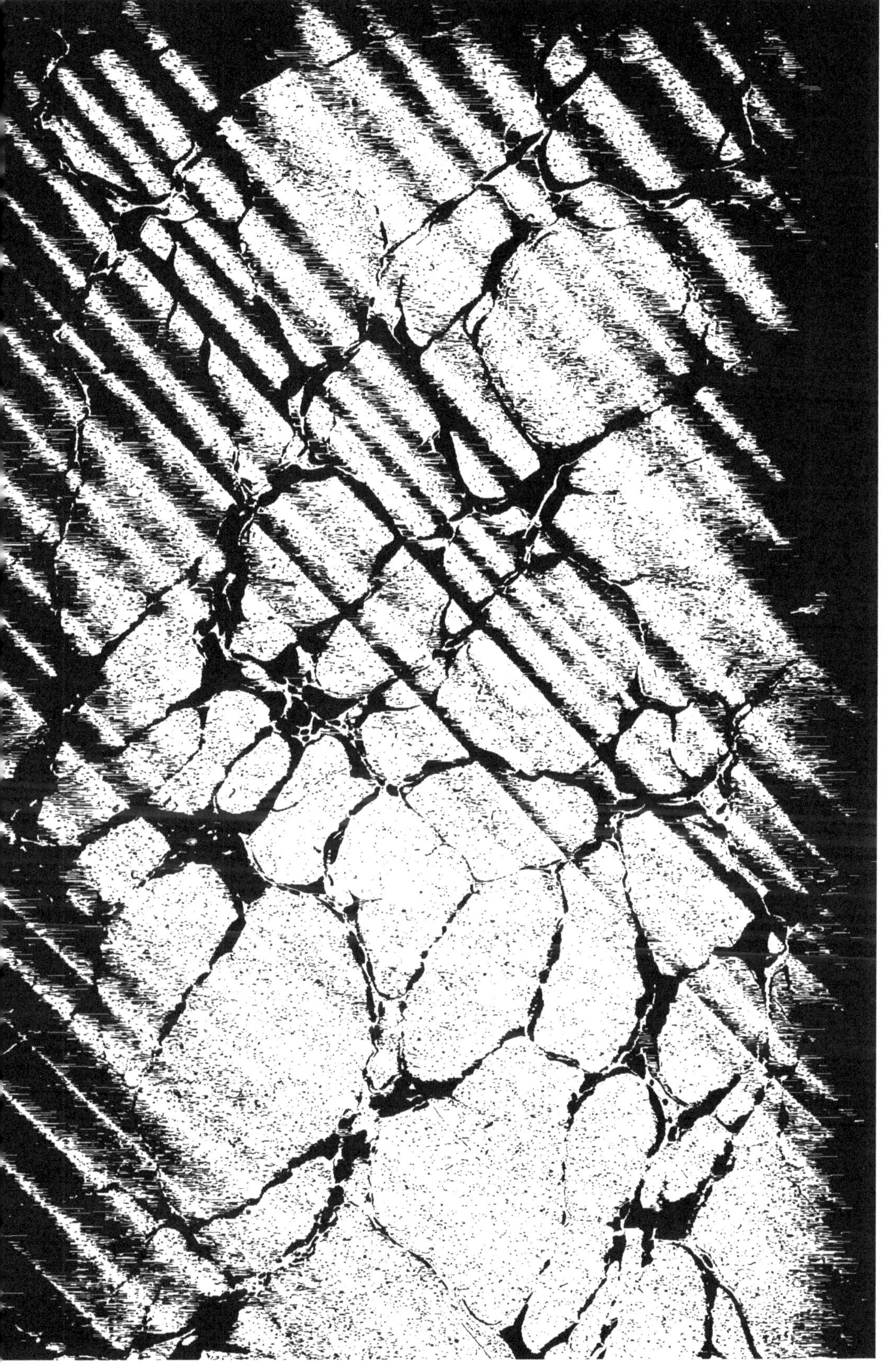

Abbé BORNOT
Aumônier militaire

Héros et Épopées

Avec préface de François COPPÉE

PARIS
LIBRAIRIE DELHOMME et BRIGUET
Gabriel BEAUGHESNE & Cie
ÉDITEURS
83, rue de Rennes, 83
1901

Héros et Épopées

ABBÉ BORNOT
DIRECTEUR DE L'AMI DU DRAPEAU, JOIGNY.

Héros et Épopées

Extraits de l'AMI DU DRAPEAU

PRÉFACE DE FRANÇOIS COPPÉE

LIBRAIRIE DELHOMME ET BRIGUET
Gabriel BEAUCHESNE & Cie, Éditeurs
83, rue de Rennes, Paris.
1901

Préface

Voici un livre qui était facile à faire.

Entendons-nous. Je ne veux pas dire qu'il était facile d'en tracer le plan et d'en ordonner les chapitres. Non ; ce que je veux dire, c'est qu'il était facile d'en réunir les éléments. La France, en effet, possède dans son histoire des trésors d'héroïsme et de grandeur épique, et l'on peut y puiser à pleines mains.

C'est ce que les historiographes de Héros et Épopées *ont fait.*

Mais l'idée ingénieuse et excellente, ce fut de grouper, comme dans un écrin, tous ces joyaux de mâle vertu et d'abnégation patriotique pour les offrir aux lecteurs français. J'en suis sûr, c'est avec émotion, avec orgueil, qu'ils verront étinceler sous leurs yeux les plus purs diamants de nos gloires nationales.

FRANÇOIS COPPÉE,

de l'Académie française.

Aux Soldats d'aujourd'hui

Aux Héros de demain

A la Jeunesse

L'AMI DU DRAPEAU dédie ce Livre.

HÉROS ET ÉPOPÉES

Le Père Dorgère

I

ENFANCE DU PÈRE DORGÈRE — SA VOCATION — UN AMI — PITTORESQUE PÈLERINAGE — AUX MISSIONS AFRICAINES — EXPULSÉ — DÉPART POUR LE DAHOMEY.

Alexandre Dorgère naquit à Nantes, en Vertais-sur-les-Ponts, le 6 décembre 1855. Ses parents, excellents chrétiens, exerçaient la modeste profession d'épicier.

Dès l'âge le plus tendre, dans ces années heureuses où l'enfant vit au jour le jour, sans s'inquiéter de l'avenir, Alexandre avait entendu, au fond de son âme, l'appel de Dieu. La vue d'un officier en brillant uniforme ou d'un prêtre paré à l'autel des ornements sacrés le faisait tressaillir. Il avait à peine sept ans qu'il disait à sa mère : « Je serai soldat ou prêtre ! » On n'attachait pas grande importance à ces paroles d'un enfant. Mais, au lendemain de sa première communion, il dit à sa mère : « J'ai fait une bonne retraite et j'ai été vraiment heureux pendant ces quatre jours. Surtout, j'ai supplié le bon Dieu et mon petit frère Alexis, qui est au ciel, de me faire connaître ma vocation. Ça me répondait toujours : « Tu seras prêtre ! » Et maintenant, je suis sûr que je le serai, car j'ai rêvé, cette nuit, que je disais la messe. C'est mon petit frère Alexis qui la servait ; il était venu du ciel exprès pour cela !... »

Dorgère étudia successivement chez les Frères de Bel-Air, au collège d'Ancenis, aux Couëts, enfin au Petit Séminaire de Nantes. Il s'y montra écolier studieux et tenace plutôt que brillant. Il avait gardé l'allure primesautière et la répartie joyeuse de ses compatriotes « les gars des Ponts ». Attaqué par quelque gauloiserie salée des ouvriers de l'usine, le jeune séminariste regardait son homme en face, et ripostait si prestement et si heureusement que son agresseur ébahi devait déguerpir sous la risée publique. Chef de camp dans les jeux, Dorgère était semblable à un général en pleine bataille : il entraînait ses hommes, prévoyait la tactique ennemie, et, à force d'activité, se multipliait pour se trouver presque à la fois sur tous les points attaqués. Ses condisciples le croyaient appelé au métier des armes.

Il se lia, aux Couëts, d'une profonde et inaltérable amitié avec son futur compagnon d'armes, un héros comme lui, *Joseph Lecron* (1). Il devait un jour lui fermer les yeux sur la terre africaine. Dès cette épo-

(1) Le R. P. Lecron, Préfet apostolique du Dahomey, mourut le 22 juin 1895. M. l'abbé Guibert publia à cette époque, dans le *Petit Messager des Missions*, une très intéressante notice à laquelle nous empruntons les lignes suivantes :

« Joseph-Marie Lecron naquit à Nantes en 1855, d'une famille ouvrière. Dieu avait donné à la sienne, avec la pureté du sang breton, la noblesse de la foi chrétienne. Dans ce milieu imprégné de surnaturel,

que, l'appel de Dieu s'était fait entendre à leurs âmes, et il fut décidé entre eux qu'ils seraient missionnaires d'Afrique.

Pour faire l'essai de cette vie d'audace et de peine que les deux amis rêvaient d'affronter, ils entreprirent en Bretagne un pèlerinage à pied. Un troisième compagnon, missionnaire aujourd'hui en Cochinchine, s'adjoignit aux joyeux aventuriers. On fit le premier jour quinze lieues, et Sainte-Anne-d'Auray eut les prémices de ce pèlerinage apostolique. Sainte-Anne-d'Auray, Sainte-Anne-d'Evenos, touchante coïncidence : la bonne grand'mère de Dieu avait accueilli le don de sa vie que lui fit Alexandre Dorgère. Après avoir reçu les premiers élans de son cœur, elle a recueilli son dernier soupir.

Le porte-monnaie des trois apôtres était singulièrement léger : on partageait la soupe des pauvres dans les fermes hospitalières : arrivés la nuit à quelque carrefour, on grimpait au poteau indicateur pour y lire à la flambée d'une allumette les localités désignées. Souvent un nom valait l'autre. Dorgère décidait. Mettant son chapeau en girouette sur un doigt, il le faisait pirouetter. On allait du côté où s'arrêtait le ru-

Joseph grandit sain de corps et d'esprit, joyeux et simple, franc et intrépide. Il était visiblement fait pour l'audace et l'action.

Quand il entra au Petit Séminaire des Couëts, il ne fallut pas deux jours pour lui conquérir des amis qui, depuis, lui sont restés fidèles. Il fut désormais pour tous « le Petit Cron ». Trapu comme un celte d'Armorique, l'œil d'un bleu limpide, le regard droit, débordant de vie et de flamme, il allait sans souci devant lui, faisant naître à son insu sous ses pas la joie, le mouvement et l'entrain. Parfois cependant, dès cette époque, son œil semblait s'arrêter à je ne sais quelle vision lointaine, à je ne sais quel rêve plein de lumière et de victoires. L'œil bleu restait toujours clair comme le ciel, mais il devenait, de plus, profond et immobile comme lui. La touche divine faisait déjà passer dans sa jeune âme ce qu'il appelle magnifiquement lui-même, dans une de ses lettres, « les frissons d'une noble espérance ».

ban. On coucha parfois sur les mètres de pierres. Une autre fois, dans je ne sais quelle forêt bretonne, un loup vint rôder aux trousses des voyageurs. Ceux-ci lui opposèrent le feu de leurs pipes et des branches sèches de sapin dont ils firent des torches. A leur retour, les gais compagnons étaient prêts ; ils avaient trouvé un tel charme dans ce sobre et hardi vagabondage, que les cadres de la vie ecclésiastique en France leur parurent trop étroits.

Lecron part le premier. Dorgère, entré au Grand Séminaire de Nantes, attend que l'heure de la Providence ait sonné pour lui. Quand il la croit venue, il nous mande au Grand Séminaire et nous dit : « Je veux être missionnaire ! Mes parents, je crois, ont quelque soupçon de mon dessein. Sondez-les donc, je vous prie, et, s'ils paraissent opposés à ma vocation, dites-le moi franchement : je partirai dès demain, sans tambour ni trompette ! »

Son père et sa mère étaient trop chrétiens pour résister aux desseins de Dieu sur leur fils. Il y eut des larmes, mais point d'opposition.

Leur consentement reçu avec reconnaissance, il se hâte d'aller rejoindre l'ami Lecron à Lyon, au *Séminaire des Missions Africaines*. Il y resta deux ans (1879-1880), pour achever le cours de ses études théologiques.

Obligé ensuite par sa santé de faire un séjour au *Sanatorium* de Nice, il eut l'honneur d'être une des victimes de J. Ferry imposant à la France catholique les décrets d'expulsion (1880). Bon début et bon signe pour un futur missionnaire qui ne rêvait que souffrance et martyre !

Ses supérieurs ne tardèrent pas à mettre le comble à tous ses désirs, en l'envoyant au *Dahomey* (1881).

II

UN MISSIONNAIRE MODÈLE — UN CHAMP DE BATAILLE : LA FIÈVRE ET LA LÈPRE ; A L'AGONIE — FONDATION DE SAINT-JOSEPH DE TOCPO — NAUFRAGE — A WHYDAH : ARCHITECTE, OUVRIER, INSTITUTEUR, EXPLORATEUR ET MÉDECIN — LES FÉTICHEUSES DU TONNERRE ; LA CROIX ET L'ÉPÉE.

Le Dahomey, aujourd'hui colonie française, était alors le pays du mystère, de la sanguinaire tyrannie, de la ruse, du fétichisme diabolique. C'était là un théâtre providentiel pour la riche et résistante nature du jeune missionnaire.

Petit et maigre, il avait des muscles d'acier, infatigables à la marche et aux travaux corporels ; son imagination vive et pratique, faite pour l'action, ne le trahissait jamais dans les cas difficiles ; un sang-froid merveilleux s'alliait chez lui à une vivacité de décision qui le rendait, à la fois, patient comme un diplomate et audacieux comme un soldat. Avec cela un cœur ardent, attiré par le danger, épris de tout sacrifice et volant comme naturellement vers ce qui lui paraissait héroïque ; un mépris superbe des aises de la vie et des menaces de la mort. Aux yeux de tous ceux qui l'ont connu, Alexandre Dorgère était taillé pour être un héros. La Providence lui en donna l'occasion : il ne la laissa point échapper.

Le Dahomey devint pour lui une patrie, ou mieux un champ de bataille où Dieu lui confiait le nom de la France, les intérêts de l'Église, les droits des petits et des misérables exploités par un despotisme infernal. Dès la première heure, il commença la lutte et la prolongea 15 ans (1881-1896). C'est une des plus longues existences de missionnaire soutenues au Dahomey. Le climat et les fièvres y emportent régulièrement un missionnaire sur deux, dans les six premiers mois de leur arrivée. Celui qui survit est au bout de ses forces après quatre ou cinq ans de séjour sur cette côte insalubre. Deux fois, la terrible fièvre d'Afrique atteignit le P. Dorgère, deux fois on l'administra, le croyant à toute extrémité... Mais, s'il fut blessé pour le reste de ses jours par cette implacable ennemie de l'Européen, ce n'est pas elle qui devait le tuer.

La lèpre elle-même l'effleura, mais il en triompha après cinq ou six semaines de lutte, ce qui lui faisait dire : « Les maladies n'ont pas de prise sur ma peau ! » Tocpo, Agoué, Whydah, Kotonou, Topli, Athiémé furent successivement évangélisés par lui.

Le trait suivant donnera au lecteur quelque idée de sa résistance. Il venait de passer presque une semaine, soignant jour et nuit un confrère qui se mourait. La dernière nuit, il était seul avec son malade qui ne tarda pas à entrer en agonie. En proie lui-même à la fièvre la plus ardente, il se croyait rendu à sa dernière heure. Cependant, de la natte où il gisait terrassé, il se traîne sur les mains jusqu'au lit du mourant et, mourant lui-même, il commence à donner les derniers sacrements à son confrère. Il défaille dans sa tâche sublime et tombe près de celui qu'il administrait.

Combien de temps dura cette syncope ? Il ne put le dire, mais, quand il revint à lui, il se trouva... près d'un cadavre ! «Voilà les moments où l on se sent missionnaire ! s'écriait-il, on se relève en criant « Vive Dieu ! »

En 1882, il fonde Saint-Joseph de Tocpo. En s'y

rendant, il fait naufrage dans la lagune et y reste plusieurs heures ballotté par les vagues, exposé aux formidables mâchoires des caïmans. Saint-Joseph le sauve, et il lui voue la mission qu'il vient établir.

En 1883, après un voyage de repos en France, ses supérieurs l'envoient en plein Dahomey, à Whydah. Sans ressource, il bâtit des écoles, réunit des enfants, commence une sorte de ferme école où il veut établir la chrétienté nouvelle.

Architecte, ouvrier, instituteur, explorateur et médecin, il ne recule devant aucune fonction ni aucune fatigue.

Au milieu de ce monde tremblant d'esclaves, qui ne savent point s'ils auront encore le soir leur tête sur les épaules, menacé par le poison des fétiches ou les terribles atteintes de la fièvre jaune, le Père reste impassible et mérite des Dahoméens ce bref éloge : « Le blanc est un grand homme, il n'a peur de rien. »

Il le leur avait prouvé. Une nuit d'effroyable orage, comme il n'en est que sous le ciel équatorial, le Père entend des hurlements dans la brousse. Ce sont les féticheuses du tonnerre qui font les évocations de leur culte ténébreux. Peine de mort pour quiconque ose en violer le mystère. Les furies écharpent l'audacieux qui profane par ses regards leur abominable cérémonie. Dorgère n'est pas homme à reculer, il prend une épée et se dirige du côté où se font entendre les cris. Soudain il est aperçu et entouré. Tenant en respect la bande meurtrière, il lève l'épée : « Laissez passer le grand fétiche des blancs ! Malheur à qui le touche ! » Et les furies s'écartent en tremblant. Une telle maîtrise de lui-même lui conquit bientôt l'admiration et une sorte de superstitieux respect, dont il usa largement pour le bien des faibles et des opprimés.

Autour de son nom s'était créée toute une légende dans le Dahomey. Le roi, le terrible Béhanzin, le connaissait avant de l'avoir jamais vu ; les grands redoutaient sa mâle assurance, son fier courage, sa loyauté à toute épreuve, son inflexible amour de la justice ; les petits, les pauvres, les esclaves le vénéraient et le chérissaient comme un père, comme un grand justicier, comme le vengeur de leurs droits foulés aux pieds.

III

PRÉLUDES INQUIÉTANTS. BÉHANZIN COMMENCE LES HOSTILITÉS — PRISONNIERS ; RÔLE DU P. DORGÈRE AU MILIEU DES OTAGES ; LA DÉLIVRANCE — LE P. DORGÈRE CHOISI COMME NÉGOCIATEUR ; SUCCÈS DE LA MISSION — CHEVALIER DE LA LÉGION D'HONNEUR.

L'heure providentielle allait sonner pour le Dahomey. La terre homicide avait bu assez de sang. Le Père Dorgère allait jouer un rôle que sa modestie ne soupçonnait pas. De 1883 à 1890, toutes ses lettres sont pleines de ces cris d'angoisse : « Ah ! si l'on savait tout ce qui se passe ici ! Si je pouvais parler ! Mais ne comptez pas trouver dans mes lettres des nouvelles de ce pays terrible. Je ne pourrais vous en donner sans exposer toutes nos missions à la ruine. »

Il ne sort guère sans trouver des corps empalés au bord des routes, ou des cadavres déjà à demi dépecés par les oiseaux de proie. Chaque soir, le « gongong » jette ses notes lugubres. On sait que cela signifie « cette nuit on coupera des têtes. » Plusieurs fois

LE PÈRE DORGÈRE

l'an, Béhanzin part à la tête de ses guerriers et de ses amazones. Il a besoin d'or, d'esclaves, de femmes, de victimes pour les hécatombes de ses fétiches. Tout un pays peuplé et heureux se change derrière lui en désert, où l'on suit sa trace au feu, au sang, aux ruines et à l'armée d'hyènes et de chacals qui vivent de ses dévastations.

Déjà, la bête féroce couronnée s'est heurtée avec colère aux Européens de la côte. L'influence des Pères et les révélations qu'ils peuvent faire l'irritent et lui font montrer les dents.

S'il osait! « Ces jours derniers, écrit le Père à la fin de 1887, ne voulait-on pas ma tête! Qu'en ferait-on, ajoute-t-il plaisamment? Une boule? Trop molle, quoique bretonne, et trop petite pour faire une calebasse! Pauvre Afrique, terre maudite! et cependant vive l'Afrique toujours! »

En 1889, Béhanzin vint, jusque sous les murs de Porto-Novo, enlever des prisonniers de guerre nécessaires à ses boucheries humaines. Le docteur Bayol, gouverneur du Sénégal, alla dans sa capitale intimer au farouche monarque l'obligation de respecter notre protectorat sur le royaume de Porto-Novo. Les négociations tournèrent à la guerre, et la France intervint (février 1890).

Aux premiers bruits de bataille, le Père Dorgère quitte Agoué où il se reposait, et rentre à Whydah, plus près du danger.

Le 11 février, tous les Européens se renferment dans la factorerie Fabre, à Kotonou: leur consigne est d'y soutenir le siège jusqu'à l'arrivée de nos soldats.

Cependant huit jours d'angoisse s'écoulent; les provisions manquent et le découragement envahit les esprits. Des groupes de Dahoméens se forment chaque jour plus nombreux, mieux armés, plus menaçants. Un métis brésilien, Candido Rodriguez, vient offrir à la petite garnison la liberté si elle se rend. On eut le tort de le croire sur parole.

Toute la presse a retenti des événements qui suivirent. Une des victimes, M. Edmond Chaudoin en a fait un récit émouvant dans l'*Illustration* dont il était le *reporter*. C'est, du 24 au 26 février, la captivité dans un réduit étroit, sous le poids d'énormes chaînes, sans eau pour étancher une soif fiévreuse, la boue et l'ordure pour lit, pour distraction les insultes des noirs et l'étalage sous leurs yeux du large couteau qui doit les égorger.

C'est, dans la nuit du 26, un véritable enlèvement des prisonniers qu'on emporte vers un but inconnu. Le P. Dorgère, parti le dernier, reconnaît dans l'obscurité le sentier suivi : on est en route pour Abomey. Là, on leur fait subir la promenade de guerre : ils traversent au pas de course une populace furieuse qui brandit des coutelas presque à effleurer leur tête, puis ils sont internés dans la maison du Xaxa, l'ancien vice-roi de Whydah.

Le 13 mars, le roi veut voir ses otages, et on les amène devant son trône au milieu des quinze mille guerriers et des quatre mille amazones que comptent son armée et sa garde. « Nous sommes terrifiés, écrit M. Chaudoin. Elles sont donc là, les quatre mille vierges noires du Dahomey, immobiles sous leur chemise de guerre, le couteau au poing, prêtes à bondir sur un signal du Maître. » Le signal ne fut pas donné. Béhanzin eut peur de la France dont les cuirassés menaçaient Whydah. Il écrivit à M. Carnot et relâcha ses prisonniers en les priant d'intervenir en faveur de la paix.

Durant ces quatre mois, qui parurent aux captifs quatre longs siècles, le rôle du P. Dorgère avait été de relever les courages. A Alladah, dans leur course nocturne vers Abomey, il leur avait jeté ces mots : « On ne nous tuera pas. Le Dahomey est trop fin politique pour en venir là! » En face de Béhanzin, avait affronté sans pâlir les menaces du tyran et déjoué ses sinistres habiletés.

C'est le témoignage que lui rend M. Chaudoin. « Je ne veux pas finir sans vous remercier, P. Dorgère, vous qui nous avez tant aidés dans ces moments difficiles, par votre intelligence, votre énergie et votre connaissance du pays; vous qui avez été notre appui et notre soutien. Votre nom restera éternellement gravé dans notre souvenir, et, si nous racontons nos souffrances, nous dirons que c'est à vous que nous devons la vie et la liberté, que c'est à vous que nous devons d'avoir pu sans faillir porter haut le nom et le pavillon de notre pays : Vive la France ! »

Quelle joie et quel triomphe que le retour à la côte! Mais ce ne fut pas le repos. A peine le P. Dorgère était-il arrivé, que l'amiral de Cuverville le choisit (août 1890) pour être auprès de Béhanzin l'ambassadeur de la France, le négociateur plénipotentiaire de la paix. Ce fut là le second honneur que lui valurent ses éminentes qualités de missionnaire et de Français.

Il reprit donc, immédiatement, le chemin de la capitale. Cette fois, tous les honneurs lui furent rendus, non seulement comme au représentant d'une grande puissance, mais aussi comme à un personnage imposant par lui-même l'admiration, la crainte et le respect.

Le Père exécuta si bien sa délicate mission, que les deux partis se hâtèrent de lui en témoigner leur satisfaction.

Béhanzin lui donna un jeune nègre choisi parmi ses esclaves, et le gouvernement français, par un décret du mois d'octobre 1890, le nomma *Chevalier de la Légion d'honneur*. Le jeune nègre est venu passer quelques mois à Nantes où il a eu le bonheur de faire sa première communion. C'est un beau et fort garçon de 15 ans que le Père aimait comme un fils. Il lui avait donné au baptême le nom de son frère, *Paul*, mort il y a une quinzaine d'années, et, à l'état-civil, son propre nom, *Dorgère*.

IV

EN FRANCE. — CONFÉRENCIER, LAURÉAT DE LA SOCIÉTÉ GÉOGRAPHIQUE. — NOUVEAU DÉPART POUR LE DAHOMEY. — A TOPLI ; UN ORPHELINAT AGRICOLE. — ATHIÉMÉ. — LA MORT D'UN AMI. — RETOUR EN FRANCE.

Après tant de fatigues, de souffrances et d'émotion, le P. Dorgère avait bien mérité de venir prendre en France quelque repos. Mais une fois le pied sur la terre de France, adieu le repos espéré ! De toutes parts, on réclama le célèbre missionnaire : on était avide de le voir et de l'entendre. Et comme il ne demandait qu'à faire plaisir, il ne sut rien refuser.

Les plus humbles églises de campagne, aussi bien que les cathédrales de nos grandes villes, retentirent de ses merveilleux récits. Lorsqu'il revint à Marseille, après avoir accompli auprès de Béhanzin la périlleuse ambassade qui faillit lui coûter la vie, il voulut bien en faire le récit palpitant d'intérêt devant un immense auditoire marseillais réuni au théâtre Vallette.

« Cette conférence, dit la Croix, valut à son auteur une réception enthousiaste et les applaudissements chaleureux de l'élite de nos compatriotes, qui ne savaient ce qu'ils devaient admirer le plus du patriotisme du Français, du dévouement de l'apôtre ou de la modestie et de la simplicité du héros. Ce fut un véritable triomphe. »

Et il n'y avait pas que les foules à accueillir ainsi le P. Dorgère : les plus grands personnages, les corps savants, les communautés désirèrent entendre de sa bouche le récit de ses souffrances et de ses hauts faits.

Le Nonce du Pape à Paris et plusieurs évêques français voulurent avoir un entretien avec lui. La Société Géographique de France l'invita à donner une conférence sur le Dahomey. Déjà, aux premières nouvelles de ses exploits, elle lui avait voté un prix de 10000 francs. Cette somme alla, non pas à sa Mission particulière, mais à l'œuvre générale des Missions Africaines.

Cette existence sans trêve ni repos, sauf à de rares intervalles quelques jours passés près de la bonne maman et des amis, dura une grande année.

En 1892, notre missionnaire retourna en Afrique. A peine débarqué, le P. Dorgère quitte la côte et s'enfonce dans les terres. Il a hâte de fonder des stations nouvelles. Les forêts vierges à traverser, les torrents à remonter, la sauvagerie des indigènes à affronter, tout cela n'est rien pour lui.

Le voilà enfin établi à *Topli* (1894). La base de cette nouvelle station est un orphelinat agricole qu'il s'agit de créer. « La ferme est commencée, écrit-il. Le P. Martin et moi possédons en tout et pour tout une hutte passable, construite de nos mains. Elle n'a encore ni portes ni fenêtres, et cependant, je me trouve l'homme le plus heureux du monde au milieu de mes sauvages. D'ailleurs, pas le temps de s'ennuyer ! En ce moment, nous travaillons d'arrache-pied à fabriquer les meubles indispensables. Il nous faut être forgerons, menuisiers, charpentiers, lessiveurs et tailleurs. Dans quelques jours, nous serons bûcherons et, à la petite saison des pluies, nous deviendrons cultivateurs. En tout temps, nous sommes maîtres d'école, catéchistes, médecins des corps et des âmes. » Viennent les fièvres, la disette qui fait trouver le maïs vert grillé aussi délicieux que *les châtaignes rôties*, les tribulations de toute sorte : « Tant mieux! s'écrie-t-il, puisque le diable grince des dents, c'est que nous le gênons! Courage donc et en avant! »

En 1895, arrêté dans son œuvre par les Allemands qui prétendent avoir des droits sur *Topli*, il se retire, sous le coup « d'une poignante émotion », à *Athiémé*, en territoire certainement français. Là, il reprend avec ardeur l'œuvre commencée à *Topli*. D'autres douleurs viennent bientôt l'y assaillir : les fièvres le minent et la mortalité fait rage parmi ses confrères et les religieuses de la Mission. « Ne vous en effrayez pas, écrit-il à sa mère, c'est de mode en ce pays. Pour moi, je me suis contenté d'être sérieusement malade. Mais aussi, quelle vie je mène depuis deux ans! C'est à ne pas s'en faire une idée... »

Un jour vint où il se dit : « C'est fait! la semence est jetée en terre. Les autres ouvriers n'auront plus qu'à soigner le champ du Seigneur et à faire ensuite la récolte. Maintenant retournons vers le chef et l'ami à qui il me sera si doux de raconter mes prouesses! » Et il part, heureux à la pensée de pouvoir offrir au P. Lecron, son cher Préfet Apostolique, toute une gerbe de fondations nouvelles!

Il part, mais voilà que, sur la route, des nègres accourent vers lui : « Le bon Père Lecron est au plus mal ! Il va mourir !... » Dorgère bouleversé presse la marche : « Arriverons-nous à temps ? Mon Dieu, faites-moi la grâce de le revoir encore une fois ! » Dieu a entendu sa prière, et il a eu la douce consolation de passer une nuit et une matinée près de cet ami très cher. Le malade garda sa sérénité et son sang-froid jusqu'aux dernières minutes. Qui nous dira les épanchements qu'échangèrent ces deux âmes sacerdotales si unies ?...

L'heure suprême approche, et Dorgère, selon le désir qu'il lui avait exprimé, en prévient son ami. Celui-ci fait aussitôt venir les sœurs et les grands enfants de leur école, et alors commencent les prières des agonisants : le mourant y répond jusqu'à la fin. A la dernière minute, il se tourne vers son ami : « Vous écrirez à ma mère que je meurs plein de reconnaissance de tout ce qu'elle a fait pour moi et l'aimant toujours. Dites à mon frère Auguste que j'emporte l'espoir qu'il sera prêtre un jour ! » (1)

Quel deuil pour le P. Dorgère ! « Mon ami d'enfance, écrit-il, mon inséparable compagnon d'armes, mon frère bien aimé n'est plus ! Je ne puis m'habituer à cette séparation. Il y a un vide en moi et autour de moi !... »

Nous ne connaissons rien de précis sur l'apostolat du P. Dorgère, après la mort de son ami. Nous savons seulement qu'il essaya encore, pendant plus d'une année, de surmonter son chagrin et de réparer ses forces épuisées. Mais le moral était trop affecté : les forces ne revinrent pas et les fièvres menaçaient à chaque instant de l'emporter. Se voyant ou se croyant

(1) Cet espoir s'est réalisé. Auguste Lecron, marchant sur les traces de son aîné, vient de s'embarquer à Saint-Nazaire (8 février). Il vogue en ce moment vers Cayenne où il doit exercer le saint ministère.

inutile là-bas, il se prit à songer à « la douce France », à sa mère, au climat du midi qu'il connaissait bien et qui peut-être lui rendrait un peu de vigueur. Après 14 années d'Afrique, de l'Afrique du Dahomey ! il pouvait, sans lâcheté aucune, prendre sa retraite. Il la demanda, et ses supérieurs, voyant le complet épuisement de ses forces, lui accordèrent de travailler sur la terre de France.

V

MISSIONNAIRE-DIOCÉSAIN. — AUMONIER MILITAIRE. CURÉ. — A SAINTE-ANNE-D'EVENOS. — INSTALLATION PRIMITIVE. — LE DEVOIR ACCOMPLI. — MORT AU CHAMP D'HONNEUR!

Après une année entremêlée de repos et de tournées de conférences, il s'installe à Marseille pour y passer l'hiver. Là, il se met à la disposition de tous les curés qui l'appellent à leur aide, prêche un carême, puis va rejoindre à Porquerolles un de ses anciens confrères, aumônier de la garnison.

Voici sous quel aspect le P. Dorgère apparut à M. de Beauregard, de passage à Porquerolles :

Un homme sans âge, la barbe fauve, les cheveux rares avec un bout de ruban rouge à sa soutane élimée, se tenait adossé à l'autel. Ce n'était pas le prêtre que je croyais rencontrer.

— Qui donc est celui-là ? demandai-je à mon voisin, un chevronné de l'infanterie de marine.

— Ça, c'est le curé Dorgère, un bon b..., le plus marsouin des curés.

Comme tout le monde, je connaissais l'héroïque odyssée du P. Dorgère au Dahomey, et ma surprise fut extrême, alors que je le croyais encore là-bas, de le trouver dans cette chapelle perdue au milieu de ces spectres grelottants que le Tonkin et Madagascar renvoyaient par fournées au sanatorium de Porquerolles.....

Aussi décharné qu'eux, aussi terreux de visage, avec la même fièvre dans les yeux, dans le geste, le P. Dorgère parlait, parlait, remuant le cœur, le déchirant plutôt de sa voix rauque. Son sermon — en était-ce un ? — emmêlait les joies du ciel aux souffrances de la terre à ne les plus distinguer. Sa parole s'élançait d'une plaisanterie presque triviale à une envolée sublime sans transition. Ah ! ce sermon où le soldat et l'apôtre parlaient le même français me restera inoubliable !

Quand il eut fini de parler, le Père s'agenouilla et, la voix brisée, les mains tendues vers une petite statue de la Vierge, il entonna ce cantique :

Je mets ma confiance,
Vierge, en votre secours...
Servez-moi de défense.....

Alors une voix, dix voix, toutes les voix répondirent :

Et quand ma dernière heure
Viendra fixer mon sort,
Obtenez que je meure
De la plus sainte mort.

L'église se vida ensuite peu à peu, et le cantique s'acheva, emporté dans la nuit par le grand vent qui continuait de souffler...

Je suivis le P. Dorgère au presbytère. — Il se traînait à grand'peine. — Arrivé, il se coucha.

— Et c'est tous les soirs comme ça, me dit le curé dont je partageais le frugal repas. Cet homme exerce sur nos soldats une véritable fascination. D'un mot, il leur rend le courage, l'espoir. Il leur souffle son âme.

Ils le croient parce qu'ils savent qu'il n'a jamais menti. Tenez, Monsieur, quand le P. Dorgère était prisonnier au Dahomey, Béhanzin voulut, un jour, lui dicter une lettre « au roi de France » ; il exigeait que cette lettre fût datée de Whydah et non d'Abomey, pour que l'on crût les prisonniers français sur la côte. Le Père refusa net, en disant « que la main d'un blanc n'écrivait jamais ce que sa tête ne pensait pas. » Le nègre, furieux, menaça le Père de le faire égorger sur-le-champ. « Alors, apportez un couteau », dit celui-ci, et il se coucha sur une table en tendant le cou.

— Oui, voilà l'homme, ajouta le curé, voilà l'homme qui mènerait nos soldats au diable s'il ne préférait les mener au bon Dieu.

— Depuis quand le P. Dorgère est-il ici ? demandai-je.

— Depuis trois mois.

— Et à quel titre, Monsieur le curé ?

— A titre d'aumônier volontaire du sanatorium militaire de Porquerolles.

— Et sans traitement ?

— Sans traitement. Du reste, il n'est pas cher à nourrir : un peu de lait et beaucoup de quinine lui suffisent.

— Mais encore, le P. Dorgère pourra-t-il vivre longtemps ici dans de telles conditions ?

— Hélas ! non, car sa pauvreté est plus qu'évangélique. On fait, il est vrai, des démarches pour lui avoir un petit traitement. L'obtiendrons-nous ? Je n'ose l'espérer. Imaginez que sa croix n'est même pas à titre militaire. On lui a refusé ainsi les 150 francs de pension qui y sont attachés... Mais bast ! Voulez-vous lui dire adieu ? Vous ne le pourriez peut-être pas demain, car le vent tombe, et il est probable que vous reprendrez la mer de bonne heure.

Je suivis le curé dans la chambrette voisine. Trempé de sueur, grelottant la fièvre dans son lit où il n'avait que sa soutane pour couverture, le P. Dorgère disait son chapelet.

— Eh bien, Monsieur ?

— Eh bien, mon Père, vous m'avez donné tout à l'heure une des plus profondes émotions de ma vie.

— Et comment, grand Dieu ?

— En voyant le mort que vous êtes ressusciter d'autres morts.

— Vous exagérez vraiment, Monsieur, reprit le Père en souriant.

— Oh ! si peu ! N'est-ce pas, en effet, la survie de votre vie que vous prodiguez ici ?

— Monsieur, ce qui m'en reste ne vaut pas d'être compté pour grand'chose. Songez donc que l'âme du dernier de ces enfants a été racheté par le sang de mon Maître, n'est-il pas simple que j'aide à ce que ce sang ne soit pas perdu ?

... Je n'ai jamais revu le P. Dorgère. Mais j'ai appris quelques mois plus tard que le budget de la guerre aurait été déséquilibré par les quelques cents francs que le saint homme lui eût coûtés. J'ai su qu'on avait refusé à cette humble et héroïque France, à cette France chair-à-canon qu'est le pauvre petit soldat, l'aide d'un prêtre pour mourir.

Après avoir évangélisé nos soldats à Porquerolles, le P. Dorgère court à de nouveaux labeurs. Malgré la fièvre qui, en cette année 1898, ne lui laisse pas trois jours de répit, il parcourt en apôtre les îles d'Hyères. Enfin, renonçant pour toujours à l'Afrique « où il n'y a plus rien à faire pour lui », il demande avec l'assentiment de son supérieur général, une obscure paroisse à l'Évêque de Fréjus et Toulon. Il la veut telle, afin de cacher sa gloire, et pour continuer, autant que possible, sa pauvre vie de missionnaire. On lui confia une paroisse de 600 âmes, à 13 kilomètres de Toulon, dans les montagnes. Il fut d'autant plus heureux de ce choix que sa paroisse était dédiée à Sainte-Anne (*Sainte-Anne-d'Evenos*, canton d'Ollioules), ce qui lui rappelait Sainte-Anne-d'Auray et la Bretagne. Il devait y passer trois années laborieuses, car les confréries, les œuvres, les prédications y sont extrêmement multipliées.

Malgré ce labeur et l'affaiblissement progressif de ses forces, il eut assez d'énergie et d'élan pour restaurer et agrandir sa pauvre église. Dieu sait au prix de quelles difficultés, puisque sa Fabrique était absolument sans ressource !

Une fois seulement, c'était au mois d'avril dernier, nous nous risquâmes à lui demander pourquoi il s'était choisi une retraite si laborieuse. Un poste plus doux, plus près de sa mère et de ses amis, ne lui eût-il pas mieux convenu?... Il nous répondit : « Vos froids humides du nord-ouest eussent achevé de ruiner ma santé : il me fallait absolument le climat du midi. Sans doute, j'aurais pu avoir une paroisse de repos complet, où je n'aurais guère eu d'autre occupation que d'écouter dans les bois le chant des cigales. Je suis même certain que tel évêque du midi de la

France m'eût reçu à bras ouverts et traité en enfant gâté. Mais je n'ai pas voulu de cela : je tenais autant que possible à être missionnaire jusqu'au bout. C'est pourquoi j'ai choisi le diocèse de Toulon : il est plus pauvre en prêtres et les prêtres eux-mêmes y sont plus pauvres qu'ailleurs. »

Sa vie intime était d'une simplicité toute patriarcale. Une vieille femme du voisinage lui préparait ses repas une fois le jour, et il vivait de cela, joyeux et content, jusqu'au lendemain. Ceux qui ont vu son mobilier ont pu admirer l'art ingénieux avec lequel il savait transformer les vieilles caisses. Il en tirait tout : armoires, bibliothèque, commodes, tables et bancs. Les seuls meubles qu'il possédât, sortis de la main des ouvriers, étaient quelques chaises. Mais pas de fauteuils pour le repos, pas de tableaux pour réjouir le regard; en un mot, afin d'employer ses propres expressions, « rien de ce qui est inutile !... » Quand nous le plaisantions sur cette un peu primitive simplicité, il répondait invariablement : « Mais que me manque-t-il ? Je suis comme un prince, si je compare mon installation actuelle avec celle que j'avais au Dahomey. »

Voilà ce qu'était le Père Dorgère comme prêtre et comme pasteur.

Une vie toute faite d'héroïsme ne pouvait se terminer par une mort banale. Le P. Dorgère est tombé au champ d'honneur (1). Il est tombé comme tombent

(1) « Le 1er février 1900, écrivait M. le marquis Dutheil de la Rochère, maire de Sainte Anne-d'Evenos, un pauvre homme mourait de la variole noire, dans sa roulotte, sur la place du village.

Personne ne se présentant pour déposer le corps dans le cercueil, le Père Dorgère, n'écoutant que son courage, remonta dans la voiture où il avait été déjà réciter les dernières prières, et, aidé du fossoyeur et d'un parent du mort entraîné par son exemple, il accomplit le périlleux

les héros, dans la simplicité sublime du devoir accompli, frappé à la fois par deux adversaires implacables : la variole noire et les fièvres d'Afrique. Cette fin n'a surpris personne. C'était du Dorgère tout simple et tout nature, rien de plus.

D'un bout à l'autre de la France, la Presse entière, faisant trève à la lutte de chaque jour, s'est trouvée réunie dans un même sentiment de respect et d'admiration. D'une voix unanime, elle a acclamé celui qui mourait victime de son dévouement, là-bas, loin de sa ville natale, dans ce coin de la France ignoré jusqu'ici, mais désormais célèbre : *Sainte-Anne-d'Evenos.*

Mais un détail que nul journal n'a bien rapporté, c'est que la contagion ne se déclara chez le P. Dorgère que treize jours après son acte héroïque accompli le 1er février. Ce fut seulement le 14 qu'il tomba pour ne plus se relever. Le 5, il avait écrit à l'un de ses parents : « Une bande de saltimbanques, venue s'installer à Sainte-Anne, a perdu un homme de la variole noire. *J'ai eu là une corvée que tu ne peux t'imaginer.* Après cela, tout mon monde me fuyait. Pour l'instant, je crois n'avoir pas attrapé la maladie. »

Et c'est tout ! C'est tout ce qu'il dit de l'acte sublime que les mille voix de la Presse ont à l'envi célébré. Le 10, écrivant encore au même, il lui parlait d'un envoi de plantes dont il recommandait de prendre grand soin, de l'influenza dont il souffrait encore un peu... Mais plus un mot du varioleux ni de la variole. Quelle modestie ! Comme nous reconnaissons

travail. Treize jours après, le père Dorgère ressentait les premières atteintes du mal qui devait l'emporter.

Cette mort, si triste humainement parlant, est belle aux yeux de la Foi. J'ai été heureux, en accomplissant mes devoirs de maire, de remplacer auprès de l'ancien missionnaire, pendant les jours de sa maladie, ses parents et ses amis absents.

bien là le véritable héroïsme qui s'ignore lui-même !

Aucune explosion d'amertume à l'égard de ses paroissiens : « Tout *mon monde* me fuyait. » Il n'en dit pas davantage. « *Mon monde...* » que cette expression en dit long ! Ses paroissiens étaient devenus *son monde*, sur qui il concentrait le meilleur de son dévouement et de sa vie.

. . . .

Et maintenant qu'un peu de terre recouvre la dépouille mortelle de ce héros qui parcourut tant d'espaces pour son Dieu et pour l'honneur de son pays, inclinons-nous avec respect devant sa tombe glorieuse.

Honneur à celui qui fut le P. Dorgère !

F. Dubois.

Campagne du Dahomey

SOUVENIRS D'UN VIEUX SPAHI (1)

I

DESCRIPTION GÉNÉRALE DU DAHOMEY — TRAITÉS ET CAMPAGNES ANTÉRIEURS A 1892 — EXPÉDITION DE 1892 — COMPOSITION DE LA COLONNE.

Hanté par le désir de voir du pays et de prendre part à une expédition lointaine, j'avais demandé à faire partie de la colonne qui, vers le milieu de 1892, avait été formée pour aller châtier Béhanzin. Ce roitelet, plutôt bandit et marchand de chair humaine que chef de nation, était néanmoins un adversaire vraiment redoutable : depuis de longues années, à l'instigation d'un métis portugais, son conseiller intime, il se moquait de la France et de ses traités.

Une semaine après ma demande, j'embarquais à Marseille, avec armes et bagages, prêt à affronter les

(1) Ces souvenirs sont dédiés à l'*Ami du Drapeau* par un « vieux spahi » de nos amis, ancien porte-fanion du général Dodds. Une carte du Dahomey, dressée par un de nos dessinateurs d'après les plus récentes études des géographes, permettra aux lecteurs de suivre les opérations de la campagne.

rigueurs d'un climat meurtrier, un ami de ma famille m'ayant donné d'excellents conseils d'hygiène. Après vingt jours de traversée, je débarque à Kotonou par le fameux warf (1) qui aide à franchir la non moins fameuse barre de Guinée, énorme ressac, qui, dans tout le golfe de ce nom, interdit aux navires l'approche de la terre.

Quelques renseignements sur la situation du pays et sur les précédents de la campagne de 1892, me paraissent utiles avant d'en entamer le récit.

Le Dahomey, situé sur la côte occidentale d'Afrique, (golfe de Guinée), est un pays à peu près plat, couvert de forêts vierges et de marécages. Il est arrosé par plusieurs cours d'eau allant se réunir à l'Ouémé, qui forme la lagune de Porto-Novo, avant d'aller se jeter dans la mer. Le sol, d'une fertilité inouïe, comme toutes les terres vierges, est à peu près inculte. Les habitants se donnent tout juste la peine de récolter le maïs nécessaire à leur nourriture; d'ailleurs, que leur servirait-il d'amasser? dès qu'ils ont quelques réserves, Béhanzin les cueille immédiatement. C'est seulement vers Kana et Abomey, quand on se rapproche du repaire des brigands, qu'on commence à trouver des cultures entretenues par les troupeaux d'esclaves de Béhanzin. La principale richesse du pays consiste dans l'huile de palme (2), c'est le seul produit exporté par les factoreries.

La population se compose de deux éléments bien distincts : d'un côté, les nagots, gens paisibles, qui, bien dirigés, deviendront d'excellents cultivateurs; de

(1) Longue jetée qui s'avance dans la mer.

(2) L'huile de palme, assaisonnement obligé des mets indigènes, sert à fabriquer le savon de Marseille et à graisser les bottes de nos cavaliers.

l'autre, les guerriers de profession, environ 9000 à 10000 hommes ou femmes, véritables voleurs de grands chemins, vivant exclusivement du commerce des esclaves et du produit de leurs razzias sur les pays environnants. Cette troupe, parfaitement organisée contre l'envahisseur, comptait un corps de 2000 amazones à pied, spécialement dressées pour le service militaire. C'était la garde particulière du roi. Fanatisées par les féticheurs, grisées de gin au moment du combat, ce sont elles qui ont opposé à nos colonnes la plus forte résistance.

La France, qui possédait depuis très longtemps des établissements à Whydah, sur la côte, a signé, avec le Dahomey, plusieurs traités, dont deux principaux. L'un, du 19 mai 1868, nous cédait le territoire de Kotonou; l'autre, du 10 avril 1878, confirmant le premier, abolissait toutes les servitudes imposées aux colons français.

Ces traités, signés par le roi Glèglé, furent à peu près observés jusqu'à sa mort; mais son fils et successeur, Béhanzin, excité par les féticheurs, vrais maîtres du pays, très hostiles à notre influence, se livra à une série de protestations qui amenèrent un premier conflit en 1890.

C'est le 21 février de cette année que partit la première colonne expéditionnaire, sous les ordres du commandant Terrillon, à la tête de deux compagnies de tirailleurs sénégalais (affaires de Zoblo, 1er mars; Kotonou, 4 mars; Godomey, 25 mars; Atchoupa, 20 avril).

A la suite de dissentiments survenus entre le commandant Terrillon et le gouverneur civil Bayol, la direction des opérations passa aux mains du commandant Fournier, puis du contre-amiral de Cuverville.

Le gouvernement qui, jusque-là, ne soupçonnait pas les importants débouchés que nous assurait la conquête du Dahomey, jugea inutile l'envoi de nouvelles troupes, et chargea le père Dorgère d'une mission à Abomey.

Le 3 octobre, le missionnaire-diplomate conclut un traité par lequel la France s'engageait à payer au roi du Dahomey une rente annuelle de vingt mille francs, en échange du droit de perception des douanes à Kotonou. Le doux roi toucha sa rente, mais n'en continua pas moins à se moquer de nous et à razzier, comme par le passé, notre protégé Toffa, roi de Porto-Novo. On décida seulement en 1892 d'en finir une bonne fois avec lui; dans l'intervalle, il avait eu le loisir de faire ample provision d'armes à tir rapide, de canons et de mitrailleuses, ainsi que de munitions fournies par nos bons voisins des colonies anglaise du Lagos et allemande de Togo. Je me souviens, à ce propos, de ma stupéfaction après l'affaire de Dogba, où nous fîmes la connaissance des Dahoméens : le premier fusil que je ramassai était un superbe Chassepot, portant comme marque au logement de la culasse : « Manufacture impériale d'armes de Saint-Etienne, 1866. » Nous en avons ramassé bien d'autres par la suite, avec d'excellentes cartouches, sur les cadavres abandonnés, ce qui prouve que nos ennemis en étaient abondamment pourvus.

La colonne de 1892, placée sous les ordres du colonel Dodds, était composée de : 1 bataillon de marche de 800 hommes de la légion étrangère, volontaires et vieux soldats rompus depuis longtemps aux campagnes coloniales ; une compagnie de marche de 200 hommes d'infanterie de marine, volontaires également, mais trop jeunes pour la plupart; une batterie de 80 de montagne ; une section de 40 sapeurs du génie ; 1200 à 1500 tirailleurs sénégalais ; deux escadrons de spahis sénégalais, sous les ordres du chef d'escadron Villiers.

Le fleuve de l'Ouémé fut pris comme base des opérations. On organisa une flottille de quatre canonnières, destinée à transporter nos troupes le plus loin possible et surtout à assurer le ravitaillement.

La saison des pluies étant terminée au mois d'août, la colonne partit de Porto-Novo, et, par étapes, arriva à Dogba, sur la limite des royaumes de Toffa et de Béhanzin, sans avoir rencontré de résistance sérieuse. Le bivouac s'installa pour prendre quelques jours de repos sur un plateau couvert de palmiers, surplombant le fleuve. Position superbe, eau à volonté, forte ration de campagne, véritable Paradis.

II

SURPRISE DE DOGBA. — PASSAGE DE L'OUÉMÉ. — COMBATS D'ADÉGON ET DE POGUESSA. — LES AMAZONES. — ARRIVÉE A KOUSOUPA. — LES FÉTICHES. — RAVITAILLEMENT A L'ŒIL. — DANS LA FORÊT.

Le 19 septembre, un peu avant le lever du soleil, les petits postes furent surpris, bousculés avant d'avoir eu le temps de tirer un coup de fusil. 4000 Dahoméens se précipitèrent sur une face du carré qui ne comptait guère que 300 hommes pour les recevoir. Un peu plus, ils nous pinçaient sous la tente et nous étouffaient sans que nous puissions seulement dire ouf; mais ils eurent la bonne idée de hurler leur cri de guerre. Réveillés par cette sonnerie d'un nouveau genre, les légionnaires se forment à l'instant et ouvrent le feu ; deux pièces de 80, toujours prêtes et chargées à mitraille, fonctionnent en un clin d'œil.

Je me souviendrai longtemps de ce réveil. C'était une première affaire. Dans ma précipitation, impossible de mettre la main sur mon revolver que je n'avais pas eu la précaution de ranger la veille. A peine avais-je bondi hors de ma cagna (1), qu'un homme de la garde de police, atteint d'une balle au ventre, roulait à mes pieds, agonisant. Dire que j'ai eu peur n'est pas le mot. J'étais bien décidé, comme les camarades, à ne pas me laisser abîmer sans rien dire, mais, je l'avoue en toute sincérité, instinctivement je baissai la tête et saluai en entendant les premières balles siffler à mes oreilles ; l'émotion ne dura qu'un instant, et, ce mouvement nerveux comprimé, je fis mon devoir tout comme un autre. Comment, du reste, ne pas être électrisé par l'exemple des braves légionnaires qui vont de l'avant avec un sang-froid merveilleux, avec une audace insensée !

Après quatre heures d'un feu très nourri — distance maxima 50 mètres — les Dahoméens, démoralisés par les terribles effets du fusil Lebel qui allait les toucher jusque derrière les palmiers, se retirèrent dans le plus grand désordre, sans avoir pu évacuer tous leurs blessés. Ils laissaient 1800 hommes sur le champ de bataille.

Dans cette journée, la légion eut à déplorer la perte de son chef, le brave commandant Faurax. La lutte terminée, les cadavres furent empilés en mon-

(1) Hutte de branchage que les soldats se construisent en campagne.

ceaux et brûlés sur des bûchers. La crémation en plein vent n'a rien d'attrayant, mais elle est absolument nécessaire pour éviter l'infection sous ce climat torride.

Le 21 septembre, au matin, nous laissons à la garde du poste de Dogba — depuis *Fort Faurax* — la compagnie d'infanterie de marine dont les hommes, trop jeunes probablement, sont très éprouvés par les fièvres. La colonne, remontant la rive gauche de l'Ouémé, va s'installer à Zounou, trois jours après à Gbédé.

De Gbédé, les canonnières *Corail* et *Opale* partent, le 28, reconnaître le gué de Tohoué, où le colonel a l'intention de franchir l'Ouémé pour remonter vers Kana et Abomey. Les Dahoméens avec lesquels nous sommes presque en contact, sans nous en douter, ont creusé de tranchées les deux rives du fleuve, sur une longueur de quatre kilomètres en amont et en aval du gué. Ce point est extrêmement important pour eux, car ils sont persuadés qu'en raison de la crue énorme du fleuve après la saison des pluies, nous ne pourrons passer ailleurs pour marcher sur Abomey. Ils laissent nos canonnières remonter tranquillement jusqu'au gué, puis, au retour, les criblent de projectiles, balles et obus. Elles s'en tirent heureusement sans trop de mal, grâce aux remparts improvisés à bord avec le matériel des couchettes, paillasses, matelas et couvertures.

Dans ces conditions, le colonel jugeant que la traversée de l'Ouémé lui coûterait trop de monde, prend le parti de franchir le fleuve à l'endroit où nous sommes. Il fait réquisitionner toutes les pirogues du pays pour les joindre à celles du convoi fluvial, et, le 2 octobre au matin, à la faveur d'un brouillard intense, on établit des va-et-vient au moyen des canonnières ancrées au milieu de l'Ouémé. Lorsque le brouillard se lève, les Dahoméens peuvent apercevoir deux compagnies de la légion et la batterie déjà solidement installées sur l'autre rive.

La traversée des deux escadrons dura près de quatre heures, et ne fut pas une mince besogne. On avait imaginé des plates-formes arrimées sur des pirogues accouplées ; c'est là qu'il fallait hisser les chevaux comme pour un embarquement.

Le peloton qui a passé le premier est envoyé immédiatement en reconnaissance dans la direction du village de Poguessa. A peine a-t-il fait deux kilomètres dans la brousse que sa pointe tombe en plein sur une série de tranchées défendues par une pièce de canon et de nombreux fusils. Le sous-officier indigène Samba-N'Diaï, qui cherche à s'en emparer, est tué net ; ses hommes, entourés par deux ou trois cents Dahoméens, sont obligés d'abandonner son corps, malgré l'énergie du maréchal-des-logis Ceisson accouru à la rescousse. Ce brave Ceisson, qui était parvenu à charger le malheureux sur son cheval, nous racontait en rentrant quels efforts il avait faits pour maintenir en équilibre le corps ballant sur sa selle. Combien il lui fut pénible de laisser la dépouille de son camarade en trophée à l'ennemi !

Le 4 octobre, la colonne lève le bivouac à cinq heures du matin. Une section du génie marche en tête pour nous ouvrir un chemin à travers la forêt. Arrivée à l'endroit où Samba-N'Diaï avait été tué, elle est reçue à coups de fusil. Les détonations partent de terre : ce sont les amazones qui, enfouies dans des trous, recouvertes d'herbe, défendent le passage avec leurs Winchester à répétition.

Cette affaire dura de six heures du matin à trois heures du soir. Il nous fallut déloger ces dames, une à une, à la baïonnette. Les terribles guerrières, qui avaient reçu chacune un litre de gin — les litres que nous avons retrouvés après le combat étaient à peu

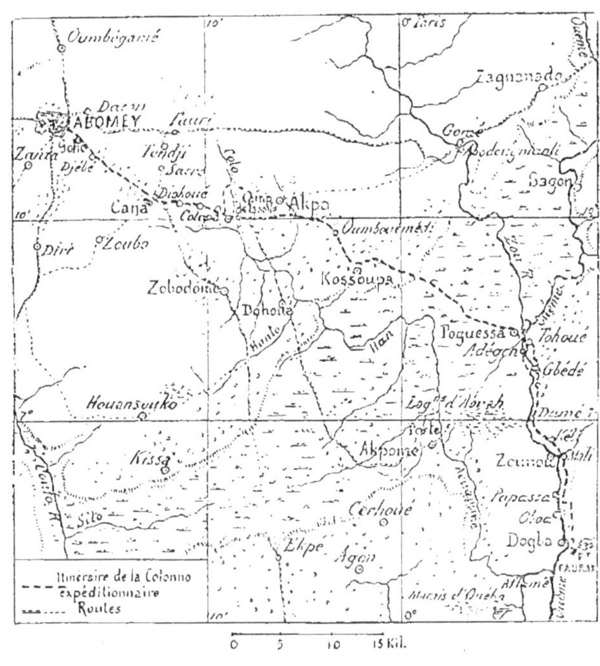

CARTE DU DAHOMEY

près vides — luttaient comme de véritables bêtes féroces. J'en ai vu qui, les bras et les jambes brisés par des balles, mordaient comme des chiens quand on voulait les saisir. Elles se firent toutes tuer, plutôt que de se laisser prendre vivantes.

Enfin les Dahoméens finissent par lâcher pied, et la colonne va s'établir à l'endroit où est maintenant le poste d'Adégon.

L'escadron avait retrouvé, sur son chemin, le corps de Samba-N'Diaï complètement mutilé. Nous l'enterrâmes avec le concours de l'abbé Vathelet, l'aumônier de la colonne, qui, heureusement, se trouvait avec nous à ce moment.

Le 6 octobre, une reconnaissance, sous les ordres du commandant Gonnard, chef d'état-major, est envoyée dans la direction de Poguessa. Le peloton de spahis (lieutenant Legrand) rencontre à un kilomètre du bivouac une petite rivière sur laquelle est jeté un pont construit avec des palmiers nouvellement abattus. Rien d'anormal n'apparaît, si ce n'est le corps d'un bouc saigné qu'on a suspendu à la tête du pont ; il est entouré de coquillages et de poignards en fer-blanc piqués en terre : c'est un fétiche qui doit arrêter les blancs.

Le point d'avant-garde va s'engager sur le pont lorsqu'une vive fusillade part de tranchées parfaitement dissimulées sur la rive opposée. Nous ne sommes pas en force et nous envoyons chercher deux compagnies de la légion. Dans la soirée, le ciel devient noir, la pluie tombe à torrents. C'est providentiel, car l'orage fait trembler les noirs comme la feuille et paralyse leurs efforts. Le commandant Gonnard, qui connaît le faible des ennemis, prend sur lui de transformer cette simple reconnaissance en une marche offensive. En vingt minutes, il enlève aux Dahoméens leur formidable position. Le passage est franchi.

Désormais, nous n'aurons plus affaire aux amazones presque complètement détruites dans ces deux derniers combats.

Le 7, nous campons près de Poguessa. Le 8, des cavaliers partent dans la direction de Kousoupa. Ils font plusieurs kilomètres sans rien apercevoir. Les Dahoméens sont en fuite ; ils ont évacué le village de

Saboui où ils avaient installé de véritables casernements, de quoi loger au moins un corps d'armée.

Le 9, la colonne, abandonnant la ligne de l'Ouémé, part de Poguessa pour remonter sur Abomey. Nous ne nous doutions guère de ce que nous perdions en nous éloignant d'Adégon, notre centre de ravitaillement.

Rude étape, ce jour-là, dans la forêt avant d'arriver à Kousoupa ; nous mettons toute une journée pour faire une quinzaine de kilomètres ! Je tiens la tête de la colonne. Sur la route, nous rencontrons de nouveaux fétiches. Comme je ne professe pas grand respect pour les idoles, je mets pied à terre et j'installe en travers de ma selle un superbe bouc décoré de dessins à l'huile de palme. Il respirait encore, n'étant qu'à demi étranglé par ses liens. Ainsi firent mes camarades des autres fétiches. Bien nous en prit, car de viande fraîche nous n'en reverrons de longtemps aux distributions, maintenant que nous nous éloignons de la rivière.

Tous les villages sont évacués et complètement nettoyés. Pour comble de malheur, les guides qui avaient garanti Kousoupa comme point d'eau, ne retrouvent plus les sources promises ; on en est réduit à un quart par homme. C'est mince ! Par faveur spéciale, nous héritons, huit de mes camarades et moi, d'une bouteille d'eau de Saint-Galmier dont me fait cadeau un officier de l'état-major.

Le lendemain 10, la pluie tombe pendant près d'une heure ; on défait les toiles de tente pour ramasser le plus d'eau possible.

Le 11, nous faisons seulement cinq kilomètres à travers la forêt ; la grand'route de Tohoué à Abomey qui avait été donnée comme ayant douze mètres environ, n'était pas assez large pour laisser passer les canons de 80, et nous étions obligés de faire des pauses tous les 500 mètres pour abattre des arbres énormes. Nous sommes en pleine forêt vierge ; c'est superbe, mais l'heure n'est pas à l'admiration.

III

PRISE D'OUMBOUÉMÉDI ET D'AKPA — RECONNAISSANCE DES SOURCES DU KOTO; FANTASIA HORS DE SAISON — SÉRIE DE COMBATS. MORT DU CAPITAINE MARMET — LE CAMP DE LA SOIF. TORNADE BIENFAISANTE.

Le 12 octobre, au matin, le peloton d'avant-garde est reçu à coups de fusil au moment d'entrer dans le village d'Oumbouémédi. Deux compagnies sénégalaises l'enlèvent à la baïonnette. Très démoralisé depuis l'affaire de Poguessa, l'ennemi s'est enfui, abandonnant un convoi assez important de maïs et de manioc, des cartouches et des fusils, ainsi qu'un outillage complet d'armurier.

Nouveau combat, le 13, et prise du village d'Akpa. L'ambulance s'y établit avec les blessés. Le lieutenant Jacquin (1) est laissé à la garde du village avec une compagnie sénégalaise et deux pièces de 80. Il a ordre d'occuper l'ennemi en tirant sur le tata de Kotopa, palais d'été de Béhanzin, qu'on peut apercevoir en grimpant sur les arbres. Pendant ce temps, les deux escadrons sont envoyés à Adégon pour ramener un

(1) Frère aîné du lieutenant qui prit Samory au Soudan.

convoi de cartouches. Je reste seul avec quinze spahis : nous représentons la cavalerie de la colonne.

Malheureusement l'ennemi a barré ses ruisseaux, et nos provisions d'eau sont épuisées. Aussi le colonel décide-t-il de s'emparer des sources du Koto, qu'on croit à peu près libres. Il me charge d'aller les reconnaître avec mes hommes. Nous filons au trot dans la direction un peu vague qui nous a été indiquée. A peine avons-nous fait une demi-lieue et atteignons-nous la lisière de la forêt que nous sommes criblés de coups de fusil : derrière les arbres sont embusqués des tireurs qui s'en donnent sur nous à cœur joie.

Par un heureux hasard, aucun homme n'est blessé, mais le plus dur n'est pas fait. Mes lascars ont senti la poudre, et se livrent à une fantasia échevelée. J'ai beau les rappeler; ils n'entendent rien, et tirent des coups de carabine en l'air, tout en faisant des voltes au galop devant les tranchées ennemies. Je n'ai jamais eu si chaud de ma vie! Cette scène dura plus de cinq minutes, une éternité! A force de crier, de hurler, de secouer mes hommes, je finis par les rallier, et nous continuons notre reconnaissance. Vains efforts : partout les passages sont gardés.

Sur ces entrefaites, la colonne arrive. La légion se précipite sur les tranchées qu'elle franchit et court s'emparer des sources; mais, mitraillée de tous côtés, elle est obligée de se replier avec 80 blessés.

Voilà bientôt trois jours que nos chevaux n'ont bu, deux jours qu'il ne nous reste plus une goutte d'eau. La soif est une souffrance intolérable, surtout avec 52 degrés à l'ombre. Et dire que l'eau est là, devant nous! Mais la forêt est impénétrable, et les ennemis ne veulent rien savoir : admirablement repérés au moyen de signaux transmis par des hommes placés de distance en distance, ils sont toujours prêts à la riposte. Leurs tireurs invisibles nous canardent avec des fusils de gros calibre; ils ont même des canons. Fort heureusement, les Allemands leur ont liquidé de vieux obus peu dangereux si l'on a soin de tomber à plat ventre dès qu'on les entend siffler. Seuls, les Sénégalais ne peuvent s'habituer à cette musique-là, et la note grave de l'obus semble avoir le don de les hypnotiser.

Les Dahoméens prennent à leur tour l'offensive, et attaquent le bivouac, les 14 et 15, mais sans succès. Notre victoire est chèrement achetée : le capitaine Marmet, officier d'ordonnance du colonel, est tué dans sa tente, atteint en plein ventre par une balle perdue. Pauvre capitaine! il venait d'apprendre la naissance d'un fils et de recevoir sa nomination de chef de bataillon. J'assiste à son agonie qui dure dix minutes. C'est déchirant! Tous, officiers et soldats, nous sentons des larmes qui nous viennent aux yeux.

Dans la soirée du 15, les escadrons rejoignent avec les cartouches. Ils nous annoncent qu'ils ont découvert en route une mare qui pourra fournir un peu d'eau pour la colonne; mais, attaqués deux fois pendant le trajet, et ne pouvant charger dans la brousse aussi haute que les hommes à cheval, ils n'ont pas eu le loisir de faire leur provision. Les escadrons remontent à cheval à huit heures du soir, emportant tous les bidons disponibles. Après une marche de 28 kilomètres par des chemins épouvantables, ils reviennent au camp où nous les attendions avec la plus vive impatience. Ce que contiennent les bidons n'est pas de l'eau : c'est de la boue, un véritable mortier où il y a à boire et à manger; mais à la guerre comme à la guerre, chacun se précipite. Ce n'est pas le moment de faire les difficiles. Ironie du sort! A peine étions-nous désaltérés que, au lever du jour, une tornade énorme arrive en tempête. Personne, je vous assure, ne parle de se mettre à l'abri sous la tente : les toiles sont immédiatement tendues, chacun prend un coin, et nous buvons à bouche que veux-tu. Délicieux! Et puis, quel bon tub!... Il y avait plus d'une semaine que nous ne nous étions lavé la figure.

Impossible de déloger les Dahoméens. Il faut en prendre son parti et retourner à l'ancien bivouac d'Akpa. Nous abandonnons, le 17, cet endroit maudit, le *Camp de la soif*, dont nous conserverons toute notre vie le souvenir.

IV

RETOUR A AKPA — BÉHANZIN DEMANDE A TRAITER — PRISE DU TATA DE KOTOPA — RAZZIA DE POULETS. CHASSE A COURRE : BREDOUILLE! — PASSAGE DU KOTO — UN DINER FIN — PRISE D'OUAKOU — COMBAT D'YOKOUÉ — PALABRES AVEC LE GRAND FÉTICHEUR. ASSAUT D'AMABILITÉS : BOEUFS VIVANTS ET EN BOITE — DESCRIPTION DE KANA. LE TEMPLE DES SACRIFICES HUMAINS — ABOMEY EN FLAMMES — RETOUR A PORTO-NOVO. OCCIPUT. UN SOUVENIR AUX MORTS — FRANCE!

Installation à Akpa. Notre effectif n'est plus que de 1200 hommes. C'est maigre! Nouvelles attaques les 20 et 21 octobre. L'ennemi nous harcèle maintenant pendant la sieste. Le 21, une pluie d'obus tombe au milieu du carré : les mitrailleuses elles-mêmes se mettent de la partie; mais nous faisons bonne contenance.

Repoussé avec de grandes pertes et craignant pour son palais d'été, Béhanzin se décide à nous envoyer des parlementaires. Le 23, à la nuit, on voit tout à coup des lanternes apparaître sur les quatre faces du camp; bientôt les parlementaires arrivent avec leurs drapeaux blancs. Ils demandent à traiter. Le colonel y consent, à condition que le palabre (1) ait lieu sur les rives du Koto, qui nous fournira l'eau dont nous avons si grand besoin. Béhanzin accepte, et la colonne se met en marche le 26. Malgré les promesses de l'ennemi, elle se tient sur ses gardes; heureusement, car elle est saluée à quelques kilomètres d'Akpa par les balles et les obus de nos bons Dahoméens. Voilà comment Béhanzin tient parole!

Le 27, la marche en avant continue. Le sol, où le minerai de fer abonde, est bien plus résistant; nous rencontrons quelques cultures, en particulier des champs d'oignons, dont nous faisons une consommation exagérée. Il y a si longtemps que nous sommes privés de légumes!

Nous voilà enfin près du tata de Kotopa. Cette immense et superbe construction est entourée de murs de huit mètres de hauteur sur deux d'épaisseur. Nous nous en emparons sans peine, quelques obus bien lancés en ayant rapidement délogé les occupants. J'y fais avec une patrouille la cueillette d'une demi-douzaine de poulets destinés à faire les frais de la popote. Sans bruit on leur tord le cou et on les enferme dans mon bissac, dans la crainte qu'un profane ne jette sur eux un œil d'envie et ne cherche à m'en décharger. On de-

(1) Les palabres sont des conférences dans lesquelles les nègres traitent leurs affaires.

vient égoïste, à ce métier-là! J'aperçois bien une chèvre, et je me livre à une véritable chasse à courre; mais la gaillarde, qui devine mes intentions, saute les obstacles avec une merveilleuse légèreté, et mon pauvre cheval fourbu n'est pas de taille à lutter.

Deux kilomètres plus loin, nous arrivons sur la rivière du Koto. Elle est enlevée, cette fois, à la baïonnette par une compagnie sénégalaise. On peut voir le commandant Audéoud, le sourire sur les lèvres, le monocle à l'œil, franchir le Koto au pas gymnastique, et arriver sur l'autre rive ragaillardi par ce bain délicieux. Il ne laisse en route que deux hommes légèrement blessés. Somme toute — et je l'ai constaté plus d'une fois dans la campagne — plus on va de l'avant et vite, moins on risque.

Tout le monde peut enfin boire à sa soif et se nettoyer des pieds à la tête. Le soir, grand gala : poulets, salades de queues d'oignon, oranges, citrons. Quelle bombance! Repos et séjour dans ce lieu enchanteur. Nous ne l'avons pas volé!

Le 1er novembre, une reconnaissance de spahis, sous les ordres du capitaine Fitz-James, se heurte, à 1200 mètres du camp, à une ligne de tranchées et se replie en bon ordre. Nous nous apercevons un peu tard que tous les matins nous avons fait la promenade des chevaux, les mains dans nos poches, sous l'œil de l'ennemi qui nous guettait sans rien dire. Nous devenons d'une insouciance!

Les 2 et 3 novembre, prise des tatas de Ouakou, après une résistance assez sérieuse.

Le 4, a lieu le dernier combat, le plus meurtrier pour nous, à Yokoué, près de Kana. Ce jour-là, Béhanzin joue son va-tout. Il a mis en ligne sa dernière ressource, 800 chasseurs d'éléphants, tous tireurs remarquables, armés de fusils à balles explosibles. La lutte est acharnée. Nous laissons près de cent des nôtres sur le champ de bataille, mais l'ennemi est obligé de céder.

Réduit à un effectif de 500 à 600 guerriers, Béhanzin demande à traiter ; il nous livre Kana, dont on exige la reddition. C'est un coup terrible porté à son prestige, Kana étant la Mecque du pays.

Le 6, les pourparlers commencent. Pendant douze jours, le général Dodds — notre colonel vient de recevoir sa nomination de général — tiendra de longs palabres avec le grand féticheur délégué par Béhanzin. Ce dernier, extrêmement retors, accorde toutes les indemnités qu'on voudra, mais ne veut pas admettre que la colonne entre en armes à Abomey. Conditions inacceptables pour nous. Aussi les affaires traînent-elles en longueur. Entre temps, afin de nous amadouer, le grand féticheur nous amène un troupeau de dix bœufs, disant que nous avons dû bien souffrir dans la brousse et que, pour nous remettre, il nous en donnera tous les jours autant. Le général ne demanderait pas mieux que de régaler de viande fraîche ses hommes écœurés par les conserves, mais il veut cacher notre misère : « Il prendra les dix bœufs — ils sont là, et il aurait mauvaise grâce à les refuser — mais inutile d'en ramener d'autres, il a des bœufs... en boîte et des provisions de toutes sortes ». Comme preuve à l'appui, il fait apporter plusieurs caisses de conserves dont nous ne savions que faire, une bouteille de champagne et un pot de confitures. Le tout est généreusement offert au parlementaire. Le bon nègre est très sensible à cette attention. Le pot de confitures surtout lui va au cœur : il le nettoie, sans avoir besoin de cuiller, en moins de temps qu'il n'en faut pour le dire. C'est extraordinaire ce que les noirs sont friands de sirops!

Pendant qu'on discute les conditions du traité, nous visitons les curiosités de Kana. Plusieurs des palais sont de véritables merveilles comme charpente; les toitures, qui partent presque de terre pour mieux abriter du soleil, forment une dentelle de bambous; ce sont des chefs-d'œuvre de patience. Mais ce qui nous intrigue le plus, c'est le fameux temple des sacrifices humains. Imaginez-vous une case ronde pavée de crânes; au centre, une grande auge en pierre à moitié pleine de sang desséché. C'est là que, tous les ans, les féticheurs coupaient de trois à quatre mille têtes, sous la haute surveillance de Béhanzin qui trônait en maître, fumant sa pipe et savourant son gin. Nous ne pouvons détacher nos regards de ce funèbre décor, et nous quittons le temple tout songeurs pour y revenir plusieurs fois.

Après douze jours de palabres, le général, impatienté, et craignant un piège, prévient le grand féticheur qu'il se dispose à marcher sur la capitale. Le noir lève les bras au ciel et dit qu'il va rendre compte au roi de sa mission. Dès le lendemain, la colonne lève le camp et se dirige sur Abomey. Les Dahoméens n'ont pas perdu leur temps : Abomey est en flammes! Ils ont tout évacué, tout flambé derrière eux pour gagner la brousse, où nous ne pouvons songer à les poursuivre.

La prise d'Abomey étant le but principal de l'expédition, la campagne est terminée. Il ne nous reste plus qu'à revenir sur nos pas. Une garnison est laissée à Abomey; des postes gîtes d'étapes sont installés à Kotopa, Kousoupa, Adégon et Dogba pour assurer les communications, et nous rentrons à Porto-Novo.

Nos pauvres chevaux, épuisés de fatigue et de privations, ne pouvaient plus rendre aucun service. On donna l'ordre de les abattre. Il me fallut dire adieu à mon brave Occiput, le fidèle compagnon de nos courses. J'embrasse une dernière fois sa bonne grosse tête, et je me sauve pour ne pas le voir achever d'un coup de revolver.

Avant notre départ pour Kotonou, où nous devons embarquer pour rentrer en France, nous assistons à une messe solennelle dite par l'abbé Vathelet, en souvenir de nos camarades morts au feu et de ceux qui viennent de succomber, terrassés par les fièvres et la dyssenterie. Ces derniers, pour nous, sont les plus à plaindre. Si la mort face à l'ennemi est douce et enviable, combien triste est l'agonie sur un lit d'hôpital, malgré les soins dont les bonnes sœurs des missions entourent leurs malades! Telles sont les pensées qui nous viennent à l'esprit pendant que notre rude et digne aumônier, un soldat lui aussi, nous parle avec son cœur de ceux qui ne sont plus.

Bien souvent, depuis notre retour en France, nous avons regretté la brousse africaine. Elle est parfois bien dure, la vie du soldat en campagne, mais elle a son charme, et, s'il ne dépendait que de nous, nous serions heureux de la revivre.

LIEUTENANT G.

Auerstædt

(14 OCTOBRE 1806)

Une coalition se forma contre la France, en 1806, sur les conseils de l'Angleterre. Au mois d'octobre, le roi de Prusse, cédant aux conseils du Czar, déclarait la guerre à Napoléon. Il croyait que la victoire resterait fidèle aux drapeaux prussiens, et que ses soldats seraient de taille à se mesurer avec les Français. Il comptait que le duc de Brunswick, et son état-major, formés à l'école du grand Frédéric, pourraient contrebalancer l'étonnante fortune de l'Empereur. L'avenir devait lui infliger une cruelle déception.

Deux armées prussiennes, déployées devant la ligne de l'Elbe, s'avançaient protégées par la forêt de Thuringe. Napoléon renouvela la manœuvre d'Ulm et d'Austerlitz. Il tourna la gauche des Prussiens, et se plaçant entre leurs armées et l'Elbe, coupa leurs communications et leur ferma la retraite.

Deux combats livrés les 9 et 10 octobre, à Scheeitz et à Saalfeld, mirent le désordre dans l'armée royale. Le 12, Davout s'emparait des magasins ennemis à Naumbourg. Le 13, l'Empereur prenait ses dispositions pour infliger aux Prussiens le désastre d'Iéna. Le maréchal Davout gardait les débouchés de la

Saale, à la tête de ses fidèles divisions, Morand, Gudin, Friant, Saint-Hilaire, fortes de vingt-six mille hommes et quarante pièces de canon.

Le 14 octobre, au point du jour, il fit passer à ses troupes les défilés et le pont de Kosen. Il les rangeait sur le plateau d'Auerstaedt, lorsque ses reconnaissances signalèrent une armée ennemie se dirigeant vers lui. La chose lui parut tellement forte, qu'il n'y crut pas d'abord et se renseigna par lui-même. Auprès de Davout, se trouvait un capitaine, nommé Trotbriand, attaché à sa personne depuis de longues années, qui possédait sa plus entière confiance. A six heures du matin, Trotbriant partait rendre compte à l'Empereur de la position dans laquelle allait se trouver le corps de Davout. Napoléon l'écouta et lui répondit : « Allez dire à votre maréchal qu'il faut qu'il se fasse tuer avec son corps d'armée, plutôt que de laisser les Prussiens passer par Naumbourg. Suivez la rive droite de la Saale, vous trouverez un pont couvert, occupé par les troupes du prince de Ponte-Corvo ! » Le capitaine, escorté de quatre hussards, part au galop. Arrivé près du pont, il est accueilli par un feu de mousqueterie très vif. Bernadotte avait abandonné cette position sans prévenir personne, et les Saxons s'en étaient rendus maîtres. Trotbriand voit le danger. Il explique à ses cavaliers les ordres de l'Empereur, leur commande de se disperser et de les transmettre, coûte que coûte, au maréchal. Lui-même traverse la Saale à la nage et arrive près de son chef.

De misérables rivalités s'étaient élevées entre Bernadotte et Davout. Tout à son dépit, offusqué par la gloire militaire de son collègue, Bernadotte avait remonté la Saale, afin de laisser son camarade livré à ses propres forces. A la demande qui lui fut faite, d'après les instructions de l'Empereur, d'unir ses forces à celles de Davout, il répondit par un refus.

Après le départ de son aide de camp, Davout prit ses dispositions pour combattre. L'avant-garde prussienne promptement rejetée sur le gros des troupes, il vit qu'il avait affaire à des forces considérables. C'étaient soixante mille hommes, dont quinze mille cavaliers, réputés les meilleurs de l'Europe, qui s'avançaient avec cent quinze pièces de canon, sous le commandement du roi, du duc de Brunswick, des maréchaux Schmittan et Mollendorf. Heureusement, la fortune de la France avait placé devant eux un corps d'élite où régnait une discipline inflexible et dont on pouvait attendre des prodiges de valeur.

Sans s'effrayer à la vue de la formidable ligne prussienne, le maréchal forme ses régiments en carrés. L'ennemi se précipite sur eux avec furie : ils ont l'air de points isolés, perdus, dans cette mer humaine. Des feux incessants tiennent l'ennemi à distance. Davout passe d'un carré à l'autre, communiquant à tous l'ardeur dont il est animé. La cavalerie prussienne vient se briser vingt fois sur les baïonnettes de ses fantassins. A ce moment, la victoire semble sourire au maréchal. « Le grand Frédéric a dit que ce sont les gros bataillons qui gagnent les batailles. Il en a menti ! ce sont les petits et les entêtés, comme vous et votre général ! En avant ! » Des cris, des acclamations enthousiastes, répondent à ces paroles. Les carrés se forment en colonnes d'attaque, se précipitent à la baïonnette sur les Prussiens, et jettent le désordre dans leurs rangs.

Il est une heure de l'après-midi. La moitié du corps d'armée de Davout jonche le champ de bataille. Le chapeau (1) du maréchal a été percé d'un biscaïen; ses habits, criblés de balles. Il envoie Trotbriand dire à Bernadotte de venir l'aider à achever la victoire. L'aide de camp trouve le prince de Ponte-Corvo sur un monticule d'où il suit le combat. — « Quels sont les braves qui sont morts? » demande-t-il. — Trotbriand lui cite Gilly, Hugonnet, et d'autres généraux tués ou mortellement blessés et ajoute : « M. le maréchal m'envoie vous dire qu'il n'a plus de réserve. Il vous prie de vous montrer pour qu'il puisse achever la déroute des Prussiens. » — Dites-lui qu'il n'ait pas peur, que je suis là. » A ces mots, le rouge monte au front du capitaine : « Mon maréchal n'a pas à avoir peur, puisqu'avec vingt-cinq mille hommes il en a battu soixante mille. — Qu'est-ce que vous dites? polisson ! Je vais vous faire arrêter ! — Si je croyais, lui crie Trotbriand, qu'un officier qui a l'honneur de servir l'Empereur pût être traité comme un laquais, j'arracherais à l'instant mes épaulettes ». Il s'éloigne au galop pour rendre compte au maréchal de sa mission, mais passant bien entendu sous silence tout ce qui lui était personnel, il se borne à lui dire que Bernadotte allait se mettre en marche.

La victoire des Français était complète : sur le champ de bataille couvert de cadavres prussiens, le duc de Brunswick et le maréchal Mollendorf étaient tombés mortellement atteints.

Le roi de Prusse dut se rendre à l'avis de son état-major lui conseillant de se rabattre sur l'armée d'Iéna. Il abandonna ses positions, laissant ses cent quinze bouches à feu au pouvoir de l'ennemi. Mais il jouait de malheur. Il trouva l'armée d'Iéna démoralisée :

(1) Le chapeau du maréchal Davout est conservé à Auxerre, au musée de Blocqueville.

Napoléon venait de l'écraser avec les corps de Ney, Lannes et Augereau. La vieille armée du grand Frédéric avait été détruite en quelques heures.

Le capitaine Trotbriand ne se sentait que médiocrement rassuré sur les suites de son aventure avec Bernadotte. Sur le champ de bataille, il reçut de Berthier l'ordre de se rendre immédiatement au grand quartier général. Il part sans prévenir son chef. Le prince de Neufchâtel le connaissait et l'appelait en plaisantant, M. Chateaubriand. « — Ah! vous voilà! M. Chateaubriand! Vous en faites de belles, vous manquez de respect à un maréchal de France? » L'officier veut se disculper. — « Cela ne me regarde pas! Montez auprès de l'Empereur qui vous attend là-haut! » Le malheureux grimpe l'escalier en tremblant. Il frappe à la porte, une voix brève lui crie d'entrer. — « Eh bien! monsieur, lui dit Napoléon, c'est vous qui vous permettez d'être insolent avec un maréchal de France? » — « Sire, répond le capitaine reprenant son sang-froid, que Votre Majesté me permette de lui raconter ce qui s'est passé. Je ne demande pas à me disculper. » L'empereur l'écoute en se promenant de long en large, les mains croisées derrière le dos. A la fin, il hausse les épaules. — « Allez attendre mes ordres! » En sortant, le capitaine se heurte au maréchal Davout qui venait rendre compte à l'Empereur de la bataille d'Auerstaedt. — « Que faites-vous ici? lui dit-il durement. Avez-vous oublié que les aides de camp des maréchaux n'ont d'ordres à recevoir que d'eux seuls? — Mais c'est l'Empereur qui m'a fait demander! — Allez en bas attendre mes ordres! » Au lieu de descendre, le capitaine reste sur le palier et colle son oreille à la porte. Davout parlait avec feu : « S'il avait voulu seulement montrer une tête de ses colonnes, j'aurais en ce moment dix mille hommes de plus au service de Votre Majesté. »

Trotbriand comprit alors que la colère de Napoléon porterait plutôt sur le prince de Ponte-Corvo que sur lui. Il alla trouver Berthier et lui raconta ce qu'il venait d'entendre. — « Allons ! Monsieur Chateaubriand, je vous félicite, mais vous engage à prendre garde une autre fois ! »

L'Empereur était dans la joie. La Prusse se trouvait dans l'impossibilité de lui résister. Il donna les témoignages de satisfaction les plus éclatants au corps d'armée du maréchal Davout, voulut qu'il entrât le premier dans Berlin, et récompensa son chef en le créant duc d'Auerstaedt.

CHARLES MÉRAUD.

Le Commandant Dominé

Le siège de Tuyen-Quan fut l'épisode le plus glorieux de la guerre du Tonkin ; il illustra le défenseur de cette place, le commandant Dominé.

Né à Vitry-le-François en 1848, d'une famille peu aisée, Dominé eut une jeunesse très laborieuse. Admis à Saint-Cyr en 1866, il rejoignait, deux ans après, le régiment de zouaves à Oran. Une bonne fortune l'y attendait: les tribus du Sud-Oranais venaient de se révolter, on formait une colonne pour les châtier. Le jeune sous-lieutenant en fit partie, et assista, à peine débarqué, au combat d'Aïn-Chaït. Blessé au bras droit, il ne quitta sa troupe que pour se faire appliquer un premier pansement. Une citation à l'ordre du jour lui valut la croix. Il était le plus jeune chevalier de la Légion d'honneur.

Pendant la campagne de 1870, le lieutenant Dominé partit avec le 2e zouaves. A la bataille d'Orléans, une balle lui fracassa le coude. Les médecins voulaient l'amputer. Le jeune officier sentant la carrière militaire fermée pour un mutilé, refusa de se laisser opérer. Contre toute prévision, il guérit.

Il retourna en Algérie, où il prit part à la répression de la révolte. En 1882, il entrait à l'Ecole de guerre, puis suivait la campagne du Mzab comme sous-chef d'Etat-Major. Dès l'annonce d'envois de troupes au Tonkin, le capitaine Dominé sollicita la faveur de faire partie d'un détachement du 2e africain. Promu au grade de chef de bataillon, en juin 1884, il passa au 1er régiment étranger.

Afin de tenir tête aux bandes de Pavillons-Noirs qui désolaient le pays jusqu'aux rives du Fleuve-Rouge, on s'était emparé, au mois de mai 1884, de la petite place de Tuyen-Quan. Le général en chef, Brière de l'Isle, confia ce poste important au commandant Dominé, dans le courant de novembre.

Tuyen-Quan est situé sur les bords de la Rivière-Claire. Elle affecte la forme d'un carré régulier, dont chaque face a une longueur de 300 mètres. Une porte est pratiquée au milieu, dans un renflement semi-circulaire qui sert de flanquement à l'escarpe. Chacune de ces portes est surmontée d'un mirador servant de réduit au poste de garde. A l'intérieur de la citadelle, au nord-ouest, se dresse un mamelon, non fortifié, dominant la place d'une quarantaine de mètres. Deux pagodes et un magasin à riz couronnent le sommet.

La garnison se composait de deux compagnies du 1er régiment étranger (390 hommes), d'une compagnie de tirailleurs tonkinois (102 hommes), de 31 tirailleurs de marine et 6 soldats du génie.

Comme auxiliaires, le commandant Dominé avait les capitaines Cattelin, de Borelly et Moulinay, les lieutenants Gœury et Naërt, les sous-lieutenants Royer et Vincent, de la légion étrangère, le lieutenant Derappe de l'artillerie, et le sergent Bobillot, chef du détachement du génie. Les 80 coolies chinois que nous occupions furent organisés en milice, sous le commandement d'un mandarin annamite. Il fut assimilé à un capitaine, ayant un fusil à répétition et un pistolet ; le *doï*, capitaine en second, eut un fusil à piston. Ce dernier sut prendre beaucoup d'autorité sur ses hommes, et rendit de véritables services.

L'artillerie de la place était en mauvais état, les approvisionnements défectueux. L'infanterie possédait

LE COMMANDANT DOMINÉ

300000 cartouches; la place avait des approvisionnements de vivres pour quatre mois, mais le tabac faisait défaut. Tout l'outillage du génie ne permettait pas d'occuper plus de 70 ouvriers.

Le commandant Dominé poussa ses travaux de défense avec la plus grande activité. Le 26 janvier, les rapports étaient interrompus avec Hanoï, et la brave petite garnison, livrée à ses propres ressources, au milieu d'une nuée d'ennemis.

Les Chinois semblèrent d'abord vouloir se contenter d'un simple blocus, tout en essayant des attaques de vive force ; mais devant l'énergique résistance des Français, ils durent se résoudre à un siège régulier. Dès les premiers jours du mois de février, ils commencèrent à creuser des galeries de mines pour pratiquer une brèche à l'angle sud-ouest de la forteresse. Le sergent Bobillot ordonna des contre-mines, qui, convenablement élargies, purent neutraliser en partie les effets des explosions.

Le 13 février, une mine éclate. On crie : « Aux armes ». Le capitaine Moulinay et sa section couronnent l'entonnoir. On repousse les Chinois, tandis que les travailleurs font rage pour élever un retranchement. Soudain, l'ennemi rentre dans ses tranchées. Les nôtres crient victoire. Ce n'était qu'une ruse de guerre. Un fourneau fait explosion, envoyant dans les airs le capitaine Moulinay et une partie de ses hommes. Quand les Français sont revenus de leur surprise, ils aperçoivent un des leurs qui a roulé à quelques mètres des retranchements ennemis. Ils veulent au moins soustraire son cadavre aux mutilations que les Chinois lui réservent. Le caporal Beulin s'adresse à Dominé accouru sur les lieux : « Mon commandant, il y a un des nôtres, mort de l'autre côté du rempart. Donnez-moi quatre hommes et un brancard, et je jure de le rapporter ! — Allez, lui dit le gouverneur. » Beulin rentrait quelques minutes après, rapportant son sanglant trophée. Acclamé par la garnison, il fut nommé sergent.

Le commandant Dominé était l'âme de la défense. Il avait fait garnir le sommet du mamelon de gabions et de sacs de terre, derrière lesquels les meilleurs tireurs de la légion étrangère fusillaient les ouvriers chinois. Là, installé près de la pagode qui lui servait de quartier général, il suivait les travaux du siège. Dès qu'une mine faisait explosion, il se laissait glisser le long du mamelon et se portait sur le lieu de l'action, encourageant combattants et tirailleurs.

Le peu de place dont nous disposons ne nous permet pas de donner de ce siège un récit aussi détaillé que nos lecteurs pourraient le désirer. Qu'il nous suffise de dire que cette brave garnison soutint un siège de trente-six jours de tranchée ouverte. Elle repoussa sept assauts, alors que les remparts de la place étaient crevés de quatre brèches.

Le général Brière de l'Isle n'était pas sans inquiétude sur le sort de Tuyen-Quan. Il voulait se porter au plus tôt à son secours. Dans ce but, il fit revenir la brigade Giovaninelli de Lang-Son à Hanoï, et la dirigea sur Tuyen-Quan.

Les troupes furent transportées en canonnières jusqu'à Vié-Tri. La Rivière-Claire devenant impraticable à ce moment, elles se dirigèrent vers le défilé du Duoc que défendaient 10000 ennemis, sous le commandement du roi du Yun-Nan et du général Luh-Vinh-Phuoc, celui que nos soldats nommaient plaisamment *le vieux phoque*. Le 26 février, on trouva à Phu-Doan un messager du commandant Dominé. Il était sorti de la citadelle en se laissant glisser dans le fleuve, caché dans un paquet de bambous. Il remit au général français une lettre dans laquelle le gouverneur affirmait pouvoir tenir encore une semaine et conseillait avec le plus admirable sang-froid, non pas de venir de suite au secours de la place, mais de manœuvrer pour couper la retraite à l'armée ennemie.

Enfin, le 2 mars, la brigade Giovaninelli enlevait la position du Duoc, et en chassait les Chinois. Par ses fusées, elle annonçait à Dominé son arrivée prochaine. Le 3, les braves défenseurs de la citadelle voyaient la colonne déboucher des forêts voisines.

Les généraux Brière de l'Isle et Giovaninelli, escortés de leurs états-majors, ouvrent la marche, précédés des tambours et des clairons du 1er régiment étranger. Bientôt, ils distinguent un groupe d'officiers qui s'est porté à l'avancée (1) de la citadelle. Un homme s'en détache et salue militairement le général en chef : « Ah ! c'est vous, Dominé ? » dit Brière de l'Isle. Il descend de cheval, et les deux braves se donnent une fraternelle accolade.

La garnison de Tuyen-Quan avait subi des pertes considérables : 192 hommes étaient hors de combat ; beaucoup d'autres, blessés légèrement, continuaient leur service, soutenus par une énergie surhumaine. Tous les clairons avaient disparu. Ce fut un sergent de la légion qui sonna les honneurs du détachement, et salua l'arrivée du général. Tuyen-Quan n'était plus qu'une ruine.

L'héroïque défense de Tuyen-Quan valut au commandant Dominé le grade de lieutenant-colonel. Depuis, des raisons de santé ont obligé le colonel Dominé à prendre sa retraite. Nul doute cependant que, si l'heure du danger vient à sonner, il ne reprenne sa place à la tête de nos armées.

CHARLES MÉRAUD.

(1) Petit poste en avant de celui qui garde la porte d'une citadelle.

A la Poursuite de Samory

I

ESCLAVE, PROPHÈTE, CONQUÉRANT — SIÈGE DE KÉNIÉRA — INTERVENTION DE LA FRANCE — CAMPAGNE DU COLONEL DESBORDES.

La récente capture de notre vieil ennemi Samory va faire faire un pas décisif à la colonisation du Soudan. Débarrassée de ce tyranneau barbare qui terrorisa pendant vingt ans cette belle colonie, la France pourra se livrer sans obstacle à sa mission bienfaisante et civilisatrice.

On a peu de documents sur les premières années de Samory. Né vers 1830, près de Bammako, sur le Niger, il fut fait prisonnier dans son enfance, et devint l'esclave d'un marabout (prêtre mahométan), nommé Moro, qui l'instruisit comme son fils et lui donna sa confiance. En qualité de chamelier, Samory alla jusqu'à Sierra-Leone où il vit de près et étudia les Européens. Revenu près de son maître, il songeait à de meilleures destinées et rêvait de conquêtes.

Au Soudan, quiconque veut se tailler un royaume doit être plus ou moins *prophète*. Samory le savait, et il prétendit être l'Elu de Dieu. Grand, maigre, la voix chaude et vibrante, il était merveilleusement doué pour fanatiser des êtres aussi crédules et aussi superstitieux que les nègres, et il sut acquérir sur eux un véritable ascendant. Alléchés par l'espoir d'une vie d'aventures et de pillage, beaucoup furent prêts à le suivre. Se jetant un jour sur son maître Moro, il le fit enchaîner en lui-disant : « Je vais répandre au loin la parole de Dieu, toi, tu prieras ici pour le succès de mon entreprise », puis, suivi de nombreux partisans, il entra en campagne.

Samory rencontra une certaine résistance à l'ouest de Ségou, vers la partie montagneuse du Ouassoulou dont la population belliqueuse parvint à le tenir à l'écart. Il tourna alors ses efforts vers le Niger et ses affluents, où il déploya les talents d'un habile tacticien, d'un véritable conquérant.

A l'opposé de son devancier Al-Hadji-Omar, celui qui causa tant de souci au général Faidherbe, Samory ne procédait pas uniquement par la violence : il usait d'une sorte de diplomatie. Jetait-il son dévolu sur une province, il y envoyait d'abord des émissaires, s'y créait un parti à force d'intrigues et de cadeaux, envenimant soigneusement les querelles locales, puis il accourait sous prétexte de soutenir ses partisans. Quand un village tentait de lui résister, au lieu de courir les risques d'un assaut sanglant, il le bloquait étroitement, s'en remettant à la famine du soin de réduire l'ennemi. C'était alors un luxe de pillage, de massacres et d'incendies, dont nos guerres européennes ne peuvent donner une idée.

Voici quelle circonstance nous mit en contact avec lui.

Kéniéra, gros village situé sur la rive droite du Niger, centre d'un commerce actif d'esclaves et de poudre d'or, avait la réputation d'une riche cité. Il n'en fallait pas davantage pour exciter les convoitises du prophète qui, prétextant quelques mauvais traitements infligés à ses partisans, marcha contre ce village. Tout pliait devant lui.

Abandonné à ses seules ressources, le roi de Kéniéra songea à implorer le secours des Français qui venaient de s'établir à Kita.

On disait merveille de leurs armes à tir rapide et à longue portée ; on les avait vus enlever en un tour de main des positions réputées imprenables par les meilleures armées nègres : ils viendraient peut-être à bout du prophète !

Le roi de Kéniéra fit donc demander aide et protection au commandant du poste de Kita, M. Montségur. Celui-ci, n'ayant pas qualité pour répondre d'une façon catégorique, laissa seulement entrevoir la possibilité d'un prompt secours, puis, pour gagner du temps, envoya à Samory un lieutenant indigène, nommé Alakamessa, avec mission de plaider la cause des gens de Kéniéra. Mais Samory ne voulut rien entendre et parla de lui couper la tête. Ce ne fut qu'à grand'peine qu'Alakamessa put s'échapper et revenir au poste français rendre compte de sa mission.

En réponse à notre ultimatum, Samory levait le camp et venait bloquer Kéniéra. On était alors au mois de novembre 1881.

Cependant l'appel du pauvre roi à la France n'avait pas été vain. Malgré l'épidémie de fièvre jaune qui régnait alors au Sénégal, le colonel Desbordes parvint à rassembler à Kayes une colonne de ravitaillement et partit pour Kita. Mis au courant de la situation par M. Montségur, il était fort perplexe, d'autant plus qu'il lui était interdit de passer Kita. Mais les populations du Niagassola abandonnaient déjà leurs villages et réclamaient de la France la protection promise, et il craignait une insurrection générale s'il laissait impunis les brigandages du prophète. Aussi il n'hésita pas à fournir une marche de 250 kilomètres, pour se lancer à la poursuite d'un ennemi vingt fois plus nombreux et exalté par ses récents succès.

Le 11 février 1882, une petite colonne de 220 hommes, avec deux canons, sortait de Kita. Le 25, passant le Niger à Falama, elle se trouvait, sur la rive droite du fleuve, à 40 kilomètres de l'ennemi. La population restait atterrée. Les chefs des villages vinrent trouver le commandant, ils se disaient perdus. Impatienté, Desbordes parla d'enrôler les femmes, les guerriers étant si lâches. « Tu as raison, lui répondit le roi, nos femmes sont plus braves que nous », puis, se tournant vers le docteur Martin-Dupont, il ajouta : « As-tu un médicament qui puisse donner du courage à moi et à mes hommes ? »

Le lendemain, le colonel reprenait sa route, escorté de deux cents guerriers de Bala, armés jusqu'aux dents, couverts d'amulettes, qu'il avait enfin décidés à l'accompagner. Il avançait, jouissant du bonheur de voir le drapeau français acclamé comme un libérateur, au lieu de le voir maudit comme un conquérant. Kéniéra tenait toujours. On pouvait arriver à temps, comme autrefois Faidherbe l'avait fait, en 1857, pour Médine assiégée. Longues étaient les marches, courtes les stations au bivouac.

II

PRISE DE KÉNIÉRA — TRAITÉS AVEC LA FRANCE — MISSION DU CAPITAINE PÉROZ — CAMPAGNES DU COLONEL COMBES, DU CAPITAINE BRAULOT, DU COLONEL AUDÉOUD — PRISE DE SIKASSO — SAMORY CAPTIF.

Le 27 février, vers six heures du matin, on entendit quelques coups de fusils à l'avant-garde, et on vit accourir le lieutenant Alakamessa, un prisonnier bien ficelé couché en travers de sa selle. Tombé sur deux coureurs de Samory, il en avait capturé un, pendant que l'autre prenait la fuite. On allait enfin avoir des nouvelles. Hélas! elles étaient navrantes! Depuis trois jours Kéniéra appartenait à Samory; depuis trois jours le village brûlait, les exécutions ne discontinuaient pas. Si l'armée noire n'avait pas encore levé le camp, c'est que le partage du butin la retenait.

Le colonel sentait qu'il devait à tout prix infliger une leçon au prophète. Le lendemain, à huit heures du matin, il se trouvait en vue de Kéniéra. Samory, déjà prévenu de l'arrivée des Français par le fugitif échappé à Alakamessa, fit le fanfaron. Enivré par ses récentes victoires, méprisant le petit nombre de ses adversaires, il dit qu'il voulait avoir des blancs pour amuser ses femmes, promit une forte prime pour la tête du colonel, et marcha droit aux Français.

Le combat fut acharné. « Me voici, moi, Alakamessa, criait le lieutenant indigène. C'est à moi que Samory voulait couper le cou dans sa case! Qu'il vienne donc maintenant, le lâche, se mesurer avec moi! Honte à lui! » On fit de part et d'autre des prodiges de valeur, mais les nègres lâchèrent pied. L'artillerie, entrant en ligne, acheva la déroute. Samory était en fuite, et les Français restaient maîtres du champ de bataille.

L'aspect de Kéniéra pouvait donner l'idée de la guerre africaine dans toute son horreur. Ce village, si riche naguère, n'était plus qu'un monceau de ruines; les puits étaient remplis de cadavres; un immense brasier consumait des têtes et des membres humains : Samory était passé par là!

Desbordes regagna précipitamment Kita. Son but n'avait pas été entièrement atteint. Samory toutefois était battu. Les populations comprenaient que notre mission était une mission de protection, et que la France saurait, à l'heure dite, réduire à l'impuissance le terrible prophète.

Samory tenta encore, en 1883, de s'opposer à la fondation de notre poste de Bammako. Jusqu'en 1886, il mit des obstacles à notre établissement sur le Niger. A cette époque, fatigué de la lutte, il demanda la paix, et signa un traité qui plaçait ses états sous le protectorat de la France.

Pour confirmer ce traité, en 1888, une mission composée du capitaine Péroz, du lieutenant Plat et du docteur Fras, partit pour Bissandougou. Longtemps dupé par Samory, qui se laissa aller un jour jusqu'à prononcer des paroles insultantes pour notre ambassade, le capitaine Péroz se rendit au palais où trônait Samory entouré de sa garde, de ses conseillers et de ses griots (1). En tête marchaient les officiers,

(1) Nègres troubadours attachés à la personne des chefs, qui dansent et chantent en s'accompagnant d'instruments : tam-tam, castagnettes en fer, violons à trois cordes, balafon ou piano de bambou.

puis venaient un spahi portant le guidon tricolore frangé d'argent et les soldats de l'escorte. Arrivé devant Samory, Péroz lui fit dire par son interprète : « Je vais te lire le traité ; si tu oses encore nous insulter, je déchirerai le drapeau, insigne de ma mission, et j'en briserai la hampe. Ce sera alors une guerre sans merci entre les Français et toi. » Puis, une fois la lecture achevée : « Tu as entendu la volonté du roi de France, j'attendrai huit jours ta décision, et ce sera alors à ton choix la paix ou la guerre. » Grâce à cette initiative hardie qui n'était pas sans péril, Péroz rapporta un traité qui devait pour l'avenir établir nettement les droits de la France au Soudan.

Samory rompit ses engagements en 1892. Harcelant nos postes de la vallée du Milo, il razziait impitoyablement toute la population des tribus voisines pour la vendre au marché. Il se formait ainsi une sorte de trésor de guerre vivant qui le suivait partout; les Anglais de Sierra-Leone le fournissaient de munitions et d'armes à tir rapide.

Le colonel Combes s'attaquait à Samory, faisant chasser ses lieutenants par de petites colonnes mobiles. Afin de ne laisser aucune relâche à l'ennemi, il continuait à tenir campagne pendant la saison des pluies. Les difficultés qu'éprouva le commandant en chef pour nourrir et approvisionner les postes et sa colonne de 1750 hommes, furent des plus considérables. Il dut faire porter plus de 28000 charges sur le dos des nègres, à une distance de plus de 400 kilomètres du point de ravitaillement. On regarda comme un prodige que les troupes européennes n'aient jamais manqué de viande fraîche ni de vin pendant cette campagne.

Les sofas de Samory lâchèrent pied devant nos

baïonnettes; son lieutenant Bilali, son bras droit, celui qu'on appelait le grand Bilali, l'ami des Anglais, en fut réduit à traverser le Milo à la nage, sous la fusillade des tirailleurs sénégalais. L'étoile du prophète commençait à pâlir.

Au mois d'août 1897, il semblait décidé à une paix sérieuse, et nous offrait l'occupation de Bouna. Le capitaine Braulot fut chargé d'en prendre possession avec une troupe de 80 hommes ; mais ce brave officier, attiré dans un guet-apens par les lieutenants de Samory, fut tué avec une partie de ses soldats.

On comprit qu'il fallait en finir. Tout fut organisé en conséquence. Les lieutenants Desmars et Méchet s'emparèrent de la ville de Kong. Samory tenta, mais en vain, de nous arracher cette place forte. Se voyant impuissant contre nous, il décida le roi Babemba à nous déclarer la guerre. C'est alors que le lieutenant-colonel Audéoud entra en campagne et s'empara de Sikasso, ville de 20000 âmes, défendue par une armée de 12000 hommes.

C'en était fait de la puissance de Samory. Il abandonna son pays, emmenant toute la population restée fidèle, environ 60000 personnes, dans un massif de forêts qui s'étend, parallèlement à la côte, des bords du Bas-Niger à la Guinée. Nos colonnes le poursuivirent sans relâche, le harcelant, lui enlevant convois et prisonniers. Au mois de septembre dernier, il tenta de rentrer dans la vallée du Haut-Niger. Les tirailleurs du lieutenant Woëlfel l'arrêtèrent. Son fils Kény-Mory tombait sous nos coups, au moment où, traversant le Cavally, il essayait de gagner la république de Libéria. Traqué par le capitaine Gouraud et le lieutenant Jacquin, le prophète fut fait prisonnier : son règne venait de prendre fin.

Notre vieil ennemi n'avait pas eu la consolation de trouver, sur le champ de bataille, cette mort qu'il avait si longtemps bravée. Pour échapper à la honte de la défaite, il voulut se tuer, mais on l'en empêcha, et on l'exila dans l'île de Missangué, à Ndjolé (Haut-Ogôoué), loin de ces peuplades qu'il savait si bien fanatiser et soulever contre la France.

Le célèbre captif habite aujourd'hui sur l'emplacement de l'ancien poste, au nord de l'île, avec son fils — un élève des missionnaires, — son griot, leurs femmes et quelques enfants. Il passe ses journées dans les factoreries du voisinage, mendiant du tabac et des allumettes. En bon musulman, il ne laisse rien voir de ses regrets et se résigne à son sort. C'était écrit !... (1)

CHARLES MÉRAUD.

(1) Samory est mort d'une pneumonie, le 2 juin 1900. Pendant l'Exposition, les visiteurs du pavillon du Soudan ont pu admirer son portrait dû au pinceau de M. G. de la Nézière.

Les Tirailleurs au Soudan

Les héros de Fachoda sont à l'ordre du jour.

A la revue du 14 Juillet, en les voyant défiler si crânement, officiers en tête, salués par les cris enthousiastes de tout un peuple, nous avons eu comme une vision d'Afrique française déjà forte et prête à la lutte. Écoutez le salut que leur adresse M. de Montaudouin, un poète bien cher à *L'Ami du Drapeau* :

14 Juillet 1899.

Fantassin leste, à la peau noire,
A l'œil brillant, aux dents d'ivoire,
Enfant du brûlant Sénégal,
Au service de notre France
Tu partis plein de confiance,
Et fus un soldat sans égal.

Sous l'obéissance passive,
Tu gardais ta gaieté native,
Et, prêt à tous les dévouements,
Le rire ouvrant tes larges lèvres,
Tu bravais les balles, les fièvres,
La famine, les caïmans.

Mais à l'heure mélancolique,
L'heure où dans les sylves d'Afrique
L'éléphant vient au marigot,
Quand le lion s'éveille et gronde,
Et que montant des bords du monde,
La lune argente le Congo,

Tu ne cherchais plus ton village,
Ses cases de roseau sauvage
A l'ombre des palétuviers,
Les bamboulas des nuits de fête,
Où tournoyait, sorciers en tête,
La danse hurlante des guerriers...

Non, c'était la cité lointaine,
Dont tous, du fifre au capitaine,
Se parlaient, le soir, attendris,
Et, comme eux, dans le grand silence,
En songeant à la ville immense,
Tu répétais : « Paris ! Paris ! »

Enfant, ce n'était pas un rêve :
Vois un peuple entier qui se lève
Pour acclamer ses Africains ;
Vois Paris qui vers toi s'avance,
A l'ombre du Drapeau de France,
Avec des lauriers dans les mains.

Soldat, sois fier, car l'on t'acclame,
Et tes frères, l'orgueil dans l'âme,
Pour t'accueillir, ouvrent leurs rangs ;
Les honneurs rendus à tes armes
Font tout à coup monter des larmes
Aux yeux troublés des vétérans...

De retour là-bas, sous la tente,
Au milieu de la brousse ardente,
Nos cris retentiront encor,
Quand, songeant à quelque bataille,
Tu regarderas ta médaille
Tu toucheras ton galon d'or.

La présentation est faite. Et maintenant si vous voulez faire plus ample connaissance avec les tirailleurs sénégalais, ce corps d'élite, si curieux à étudier, si digne d'attirer notre attention, suivez-les avec moi au Soudan et en campagne, vous les verrez à l'œuvre.

RECRUTEMENT — ÉDUCATION MILITAIRE — ENTRÉE EN MÉNAGE — FORMATION D'UNE COLONNE EXPÉDITIONNAIRE — LA MARCHE — LE CAMPEMENT — L'ATTAQUE.

Aux tirailleurs, les volontaires ne manquent pas : esclaves en fuite, esclaves rachetés et élevés par les Pères Blancs (1), habitants des villages voisins de nos postes, qui ont fui la misère ou la tyrannie d'un roitelet africain, ils sont heureux de s'enrôler sous nos drapeaux. Au régiment, ils trouveront des camarades, pourront se marier et fonder une famille; on y vivra sur le pied de l'égalité si chère aux nègres; les officiers seront bons pour eux. Est-on malade, blessé, le toubile (médecin) traite sans distinction, avec un égal dévouement, les blancs et les noirs. Riantes perspectives pour ces grands enfants !

L'engagé volontaire est conduit à la caserne des tirailleurs, à Saint-Louis. Le voilà soldat ! Revêtu de son bel uniforme, bien encadré par des Européens, il se sent grandi à ses propres yeux. Quand les chefs lui parlent, ils disent toujours « Nous autres blancs ! » et le moricaud reprend toujours : « Nous autres blancs! »

(1) Les braves enfants conservent pour leurs premiers maîtres une profonde reconnaissance. A la gare de Laroche, lors du passage de Marchand, il nous a été donné de voir Jean, son ordonnance — plus connu sous le nom de *Demi-Tour* — tendre les mains vers un groupe, en donnant les marques de la plus vive allégresse. Il venait d'apercevoir un prêtre de nos amis dont la longue barbe lui rappelait les Pères de là-bas : « Père, moi enfant des Pères de Loango ! » et sa bonne figure culottée s'illuminait d'un large sourire; puis le nègre et le prêtre causèrent comme de vieilles connaissances.

Très sensible au point d'honneur, il aime la France, sa patrie. Demandez-lui ce que c'est que le Drapeau qui clapote au vent au milieu du camp, il vous fera cette belle réponse : « C'est le gri-gri des blancs auxquels il rappelle leur pays, en même temps qu'il les soutient dans la mauvaise fortune. » L'ambition est pour quelque chose dans son enthousiasme. Les rêves d'un brillant avenir lui sont permis : il peut être caporal, sergent, médaillé, mieux que cela, même ! Ne voit-il pas un de ses compatriotes, Mahmadou-Racine, parader dans son uniforme de capitaine, avec la croix de la Légion d'honneur sur la poitrine ?

Son éducation militaire achevée, si le tirailleur veut se marier, il ira s'établir à proximité de Saint-Louis, au village de Guet'N'Dar, où il se construira bien vite une maison en charpente brute, en cloisons de paille. En campagne, sa femme lui servira d'ordonnance, et portera ses bagages. Hâtons-nous d'ajouter que la négresse n'est pas encombrante. Elle est très gaie, chante continuellement, fait la cuisine, blanchit le linge : c'est la ménagère laborieuse par excellence. Il y a bien parfois parmi les négresses des explications un peu vives — les femmes sont partout les mêmes — mais le cas est rare. Le colonel Galliéni raconte qu'un jour il y eut dans son camp un crépage de chignons homérique. Les batailleuses conduites au poste de police devinrent la risée de leurs compagnes, et l'exemple fut salutaire.

Une expédition se prépare. Une colonne va se former. Elle se compose d'éléments un peu disparates : les tirailleurs d'abord, le gros de la troupe ; les marsouins et légionnaires qui chevaucheront à dos de mulet ; puis la *vraie* cavalerie, les spahis, gaillards à la taille gigantesque — manteau rouge et casque en flanelle blanche — ; enfin l'artillerie avec des pièces de 80, dont les projectiles ne sont pas trop forts pour renverser les murs en pisé (terre durcie) ou les palissades en troncs d'arbres des tatas (forteresses des chefs nègres).

Suivons maintenant la colonne, et embarquons-nous avec elle à Saint-Louis, sur des bateaux à vapeur. Après dix jours de voyage, nous arriverons à Kayes, centre de ravitaillement et véritable point de départ de nos expéditions.

Deux heures du matin viennent de sonner.

Aussitôt la diane retentit. On se lève, on plie bagage, à la hâte on expédie un quart de café, on se met en marche : il est urgent de profiter de la fraîcheur de la nuit. La lune projette sur la brousse une lueur douteuse. Ces heures sont les plus favorables aux surprises : les noirs voient mal dans les ténèbres, on approche facilement des sentinelles ennemies, on les empêche de donner l'alarme.

En tête s'avance un guide, un espion. Doute-t-on de sa fidélité, on lui passe au cou une corde avec un nœud coulant : cette précaution prévient toute velléité de fuite. Viennent ensuite les soldats en file indienne, les mulets, les porteurs, les auxiliaires qui serviront au besoin d'éclaireurs. L'aspect de cette colonne, qui ondule silencieusement dans les grandes herbes à la clarté de la lune, est fantastique.

Enfin, le soleil se lève ! Un coup d'œil sur nos troupes. Quelle différence entre le défilé de nos beaux régiments de France et celui de cette caravane militaire ! Mais autres pays, autres mœurs. Il fait ici une chaleur torride. La tenue des hommes laisse un peu à désirer : les godillots sont bientôt placés sur les sacs, et tous les noirs cheminent pieds nus. Plus l'astre monte dans le ciel, plus la soif devient ardente. La fatigue abat les plus courageux.

Vers 9 heures, on arrive à l'étape, au point où il y a de l'eau. Les tentes se dressent avec une activité fiévreuse. Les Européens se laissent tomber sur le sol brûlant, et cherchent dans le sommeil l'oubli d'une si rude existence ; les tirailleurs font leurs corvées et celles de leurs camarades, moyennant un biscuit ou un morceau de pain.

A 4 heures, le camp reprend son animation : on se lave à grande eau, les cuisines s'installent, on fait la soupe et le repas réconfortant de la journée. On se réunit par groupes, entre compatriotes ; quelques vieux jeux de cartes sortent du fond des sacs, on parle du pays. Les noirs, pendant ce temps, fument des feuilles de tabac pilées dans leurs courtes pipes de fer, dansent en rond, écoutent le grillot — le barde de la compagnie — qui chante les hauts faits du régiment.

Mais le soleil baisse, il faut prendre les précautions pour la nuit. Mulets et chevaux sont rentrés dans l'intérieur des feux. Bientôt chacun repose sous la garde des sentinelles. Que celles-ci soient vigilantes ! Le rugissement du lion, qui trouble le silence de ces belles nuits d'Afrique, lui annonce qu'il n'a pas seulement à faire bonne garde contre les hommes. Et cela pendant toute l'expédition qui dure des mois, parfois des années. En campagne, les jours se suivent et se ressemblent, à moins qu'une escarmouche ou l'attaque d'un village ne vienne à en rompre la monotonie.

On est en vue du village qu'il s'agit d'emporter. On a formé le bataillon carré. Dans le lointain, la fusillade crépite ; les mains impatientes frémissent sur le bois des fusils. Défense absolue de tirer. Devant les rangs, les officiers se promènent tranquillement, causant avec leurs hommes ; par derrière se tiennent les sous-officiers attendant le signal du combat.

Le moment d'agir est venu. Les officiers sont rentrés à leur poste dans l'intérieur du carré. Les feux de salve éclatent; l'artillerie a ouvert une brèche dans les murs en pisé du tata. Le clairon sonne la charge, les compagnies se forment en colonne, et la troupe hurlante se précipite à l'assaut, baïonnettes en avant.

Le village est en notre pouvoir.

Le soir, une large fosse reçoit les morts, devant la troupe réunie ; les chefs prononcent une prière et quelques paroles d'adieu sur la tombe des braves qui ont succombé, leur souhaitant le repos promis à ceux qui meurent pour la Patrie.

LE DIJONNAIS.

Un Grognard

Jean-Roch Coignet est assurément l'un des types les plus intéressants de l'espèce maintenant disparue des vieux grognards. Il naquit à Druyes (Yonne) en 1776, et il fut *soldat*, puis *sous-officier au 1er Régiment des Grenadiers de la Garde, vaguemestre du petit et du grand quartier impérial, fourrier du palais* et enfin *capitaine d'état-major, premier chevalier de la légion d'honneur.* Je trouve tous ces titres soigneusement inscrits au-dessous du nom de Coignet, sur la couverture verte d'un livre imprimé en 1853, à Auxerre, chez Perriquet. Car, ne vous déplaise, notre *grognard* a écrit lui aussi ses mémoires, et, quoiqu'il n'ait appris à écrire qu'à trente-cinq ans, il est arrivé à composer un livre du plus grand intérêt.

On a publié de nos jours les mémoires de Marbot, de Thiébault. Ce sont des mémoires de généraux, nous y trouvons surtout la peinture des mœurs et de la vie des officiers supérieurs du temps; dans les *Cahiers* de Coignet, c'est le peuple des soldats qui se meut, qui se montre à nous tel qu'il fut.

Il ne faut pas chercher dans l'œuvre de Coignet le style élégant que l'on trouve chez ses confrères plus haut gradés — j'ai déjà dit qu'il apprit à écrire à trente-cinq ans et il fut jusqu'à la fin brouillé avec l'orthographe — mais son style a une originalité, une saveur qui ne sont pas sans charme. Il donne partout libre cours à son humour bourguignon que l'on est parfois tenté de croire un peu gascon.

Coignet n'eut pas une enfance heureuse. A l'âge de huit ans, il eut le malheur de perdre sa mère, et son père épousa une méchante servante qui bientôt le maltraita et le battit nuit et jour. La marâtre refusait même la nourriture au pauvre Jean-Roch et « lui serrait le cou pour lui donner de la mine. » N'y pouvant plus tenir, il s'enfuit un jour de la maison paternelle, emportant une chemise pour tout bagage. Il se loua d'abord comme petit pâtre : il gagnait vingt-quatre francs par an et une paire de sabots. Il devint ensuite conducteur de chariot, passant sa vie dans les grands bois et couchant entre les pattes de son bœuf pour échapper au froid. Nous assistons ensuite à son initiation comme farinier, jardinier, laboureur, dresseur de chevaux chez un maquignon de la Brie. Enfin, le 6 fructidor, an VII, deux gendarmes viennent lui apporter une feuille de route pour Fontainebleau, il a trouvé sa véritable voie.

A Fontainebleau, Coignet fut incorporé dans un bataillon en formation où, si nous l'en croyons, la discipline était loin d'être parfaite. Dès les premiers jours, une « révolution » éclata dans les rangs des conscrits, et la moitié s'en allèrent chez eux. Force resta pourtant à la loi : on donna quinze jours aux déserteurs pour revenir au corps ; ce temps passé, les retardataires furent ramenés par les gendarmes et tout le monde fut mis à la raison.

Le premier événement historique auquel assista notre héros est le coup d'État du 18 brumaire. Il ne paraît pas s'être inquiété beaucoup de la violation des droits de l'Assemblée nationale qui siégeait à Saint-

Cloud. Le récit qu'il fait de l'entreprise audacieuse de Bonaparte est joli :

« Tout à coup nous entendons des cris, et Bonaparte de sortir et de tirer sa petite épée, et de remonter avec un peloton de grenadiers de la garde. Et puis on crie encore plus fort; les grenadiers étaient sur le perron et dans l'entrée. Et puis nous voyons de *gros monsieurs* qui passaient par les croisées ; les manteaux, les beaux bonnets et les plumes tombaient par terre ; les grenadiers arrachaient les galons de ces beaux manteaux.

« Bonaparte rappelle son frère Lucien qui était le président, et lui dit de se placer dans le beau fauteuil, avec Cambacérès à sa droite et Lebrun à sa gauche. Et les voilà installés. »

Coignet fut envoyé à l'armée d'Italie. Il prit part aux combats de Montebello, de Marengo et obtint comme récompense de sa belle conduite un fusil d'honneur. Revenu en France, il fut peu après incorporé dans la Garde, et quand Napoléon institua l'ordre de la Légion d'honneur, il fut le premier grenadier appelé à recevoir la croix. Laissons-le nous raconter cette journée qui fut la plus belle de sa vie :

« On fit venir les sous-officiers et soldats marqués pour recevoir la croix, et nous nous trouvâmes dix-huit cents dans la garde.

« Le 14 juin 1804, la cérémonie eut lieu au dôme des Invalides. Voilà comment nous étions placés : à droite en entrant, sur des gradins, jusqu'en haut, était la garde; les soldats de l'armée étaient à gauche sur des gradins pareils, et les invalides étaient au fond jusqu'au plafond. Le corps d'officiers occupait le parterre, toute la chapelle était pleine.

« Le Consul arrive à midi, monté sur un cheval

couvert d'or, les étriers massifs étaient en or. Ce riche coursier était un cadeau du Grand Turc; on fut obligé de mettre des gardes autour pour ne pas le laisser approcher (ce n'était que diamants sur la selle). Le Consul se présente, le plus grand silence règne dans la chapelle, il traverse tout ce corps d'officiers et va se placer à droite, dans le fond, sur un trône; Joséphine était en face, à gauche, dans une loge; Eugénie, au pied du trône, tenait une pelote garnie d'épingles, et Murat avait une nacelle remplie de croix. La cérémonie commence par les grands dignitaires, qui furent appelés par leur rang d'ordre. Après que toutes les croix furent distribuées, on fit porter une croix à Joséphine dans sa loge, sur un plat que Murat et Eugénie lui présentèrent.

« Alors on appela : « Jean-Roch Coignet! » J'étais sur le deuxième gradin; je passai devant mes camarades, j'arrivai au parterre et au pied du trône. Là, je fus arrêté par Beauharnais qui me dit : « Mais on ne passe pas. » Et Murat lui dit : « Mon prince, tous les légionnaires sont égaux; il est appelé, il peut passer. »

« Je monte les degrés du trône. Je me présente droit comme un piquet devant le Consul, qui me dit que j'étais un brave défenseur de la patrie et que j'en avais donné des preuves. A ces mots: « Accepte la croix de ton consul », je retire ma main droite qui était collée à mon bonnet à poil, et je prends ma croix par le ruban. Ne sachant qu'en faire, je redescendis les degrés du trône en reculant, mais le Consul me fit remonter près de lui, prit ma croix, la passa dans la boutonnière de mon habit avec une épingle prise sur la pelote que Beauharnais tenait. Je descendis et traversant tout cet état-major qui occupait le parterre, je rencontrai mon colonel, M. Lepreux, et mon commandant Merle qui attendaient leurs décorations. Ils m'embrassèrent tous les deux au milieu de tout ce corps d'officiers, et je sortis du dôme. »

Quelle journée pour notre brave Coignet! Après la peine, il était à l'honneur. Tout le monde le félicitait, les passants l'arrêtaient dans la rue pour voir sa croix de plus près. Mais ce fut bien le reste, quand le factionnaire lui présenta les armes à la porte de la caserne... Coignet resta suffoqué et, ne sachant comment exprimer sa reconnaissance, il mit cent sous dans la main du factionnaire et l'invita à dîner.

Les fêtes de ce monde ont parfois de tristes lendemains ; Coignet en fit la douloureuse expérience. Deux ou trois jours après qu'il eut reçu la croix des mains de Bonaparte, on l'empoisonna.

Les motifs de cet attentat ne sont pas bien clairement expliqués dans les *Cahiers*. Coignet prétend avoir été la victime des mouchards de Cadoudal qui, ne pouvant atteindre le premier Consul, voulurent du moins se venger sur un de ses braves soldats... Quoi qu'il en soit, voici comment notre héros narre l'aventure :

« Je voulais aller chez mon compatriote, M. Champromain, marchand de bois de Druyes, qui demeurait près le Jardin des Plantes. Arrivant au Palais-Royal, je rencontrai un superbe homme qui m'accoste, pour voir ma croix, me dit-il, et me prie de lui faire l'amitié de venir prendre une demi-tasse de café avec lui. Je refusai, mais il insista tant que je me laissai tenter ; il me mena au café de la Régence,place du Palais-Royal, qui longe cette place à droite. Arrivé dans ce beau café, il fait venir deux demi-tasses et il me dit : «Votre café va refroidir,prenez votre tasse. » Et, sitôt prise, il se lève et me dit : « Je suis pressé. » Il va payer et sort. Je ne venais que finir ma tasse ; je me levai qu'il était disparu.

« En sortant du café, je tombai sur le pavé. Tout mon corps se tortillait, j'étais en double ; des coliques me tordaient les boyaux. On vint à mon secours ; le monde du café, je crois, me fit porter à notre hôpital, au Gros-Caillou, et je fus de suite traité. On me fit boire je ne sais quoi, on me fit bassiner un bon lit, et l'on fit venir M. Suze, le premier médecin, très grêlé et borgne, un excellent homme. Il s'aperçut de suite que j'étais empoisonné ; il ordonna un bain et des frictions avec de l'huile qui infectait. Un infirmier, bras nus, me frottait le ventre à tour de bras ; un autre était tout prêt pour le relayer, et ainsi toute la nuit et tout le jour, pendant huit jours. Et les coliques ne se passaient pas.

« Il fallut mettre des ventouses sur le ventre, souffler avec un soufflet ; et, lorsque le feu était éteint, on coupait la peau avec un canif. Et puis, on mettait un bocal renversé sur mon ventre pour pomper le sang. On m'épuisa de telle sorte que l'on pouvait voir, avec une chandelle, au travers de mon corps. Et les infirmiers de frotter nuit et jour. »

D'après ces lignes, on peut juger de la force du tempérament de Coignet. Bien peu de nos lecteurs, j'en suis sûr, seraient capables de supporter un pareil traitement. Tout était extraordinaire en ce temps-là, les hommes comme les événements.

Grâce sans doute aux énergiques frictions de ses infirmiers, Coignet revint assez vite à la santé. Il obtint un congé qu'il alla passer à Druyes, où il n'était jamais retourné depuis l'âge de huit ans. Nous devons croire qu'il avait alors fort bonne mine sous son brillant uniforme de grenadier, puisqu'il nous raconte naïvement, qu'étant allé à la messe, le lendemain de son arrivée, « tout le monde se portait du côté du chœur pour voir ce beau militaire décoré. »

A son retour au régiment, Coignet fut envoyé au camp de Boulogne et de là en Allemagne où il assista aux batailles d'Austerlitz et d'Iéna, d'Eylau. Dans ce dernier combat, la garde eut beaucoup à souffrir, et Coignet échappa par miracle à la mort. Il nous raconte qu'il vit tomber à côté de lui le fourrier de sa compagnie dont un boulet venait d'emporter la jambe. Sans s'émouvoir, le brave fourrier « coupa un peu de chair qui restait et cria : « J'ai trois paires de bottes à Courbevoie, j'en ai pour longtemps ! » Il prit deux fusils pour se servir de béquilles et s'en fut tout seul à l'ambulance. »

Coignet assista, à Tilsitt, à l'entrevue de Napoléon avec l'empereur de Russie et le roi de Prusse. On fit de grandes fêtes à cette occasion et la garde française offrit un repas à la garde russe. Ce fut superbe, quelque chose comme un prélude des manifestations franco-russes d'aujourd'hui.

« Le 30 juin 1807, notre repas était sur table à midi. On ne peut pas voir des tables mieux décorées, avec des surtouts en gazon garnis de fleurs. Au fond de chaque tente, deux étoiles et les noms des deux grands hommes tracés en fleurs, avec les drapeaux français et russes.

« Nous partîmes en corps pour aller au-devant de cette belle garde qui arrivait par compagnies ; nous prîmes chacun notre géant par-dessous le bras, et comme ils n'étaient pas aussi nombreux que nous, nous en avions un pour deux. Ils étaient si grands que nous pouvions leur servir de béquilles. Moi, qui étais le plus petit des grenadiers, j'en tenais un seulement ; j'étais obligé de regarder en l'air pour lui voir la figure ; j'avais l'air d'être son petit garçon. Ils furent confus de nous voir dans une tenue si brillante : il fallait voir nos cuisiniers bien poudrés, en tabliers blancs pour servir ; on peut dire que rien n'y manquait.

« Nous plaçâmes nos convives à table entre nous, et le dîner fut bien servi. Voilà la gaîté qui se fait parmi tout le monde !... Ces hommes affamés ne purent se contenir ; ils ne connaissaient pas la réserve que l'on doit observer à table. On leur servit à boire de l'eau-de-vie ; c'était la boisson du repas, et, avant de la leur présenter, il fallait en boire, et leur remettre le gobelet en fer-blanc qui contenait un quart de litre, son contenu disparaissait aussitôt ; ils avalaient les morceaux gros comme un œuf à chaque bouchée. Ils se trouvèrent bientôt gênés ; nous leur fîmes signe de se déboutonner, en en faisant autant. Les voilà qui se mettent à leur aise ; ils étaient serrés dans leur uniforme par des chiffons pour se faire une poitrine large.

« Après le repas, un de nos farceurs voulut se déguiser en Russe et fit quitter à l'un d'eux son uniforme ; ils échangèrent et partirent bras dessus bras dessous. Arrivés dans la belle rue de Tilsitt, notre farceur quitte le bras de son Russe (habillé en français), il court pour rejoindre et rencontre un sergent russe, auquel il ne fait pas de salut, et qui lui applique deux coups de canne sur les épaules. Se voyant frappé, il oublie son déguisement, saute sur le sergent, le terrasse, il l'aurait tué, si on l'avait laissé faire, sous le balcon des deux empereurs que cette scène fit bien rire. Le sergent russe resta sur place et tout le monde fut content, surtout les soldats russes. »

Peu de jours après, Coignet fut nommé caporal,

quoique ne sachant ni lire, ni écrire. Il avait trente-trois ans, il était chevalier de la légion d'honneur et comptait un nombre... incalculable de campagnes. Que diraient nos modernes élèves-caporaux, si on leur faisait attendre aussi longtemps qu'à Coignet les deux galons de laine tant convoités ?

Coignet fut nommé sergent le 18 mai 1809, à Vienne, quelques jours avant la sanglante bataille de Wagram, dans laquelle il pensa cent fois trouver la mort. Autour de lui, nous raconte-t-il, « les boulets enlevaient des files de trois hommes à la fois, les obus faisaient sauter les bonnets à poil à vingt pieds de haut ».

Revenu en France, il assista aux fêtes du mariage de Napoléon avec Marie-Louise. Il vit de près les splendeurs de la Cour impériale et nous en fait, dans ses *Cahiers,* la description la plus enthousiaste et aussi la plus comique. Écoutons ce récit du banquet offert par la Ville de Paris à l'Empereur et à l'Impératrice :

« Je me trouvais de service pour commander un piquet de vingt hommes dans l'intérieur de l'Hôtel de Ville, en face de cette belle table en fer à cheval, et mes vingt grenadiers, l'arme au pied, devant ce banquet servi tout en or et viandes froides. Autour du fer à cheval, des fauteuils ; le grand était au milieu qui marquait la place de l'Empereur. Le cortège fut annoncé ; le général vint me placer et me donner ses instructions.

« Le maître des cérémonies annonce : *l'Empereur!* Il paraît suivi de son épouse et de cinq têtes couronnées. Je fais porter et présenter les armes; puis je reçus l'ordre de faire reposer l'arme au pied. J'étais devant mon peloton, en face de l'Empereur; il se met à table le premier et fait signe de prendre place à ses côtés. Ces têtes couronnées assises, la table est desservie, tout est enlevé et disparaît, les découpeurs sont à l'œuvre dans une pièce à côté. Derrière chaque roi ou reine, trois valets de pied à un pas de distance ; les autres correspondaient avec les découpeurs et passaient les assiettes, sans faire plus qu'un demi-tour pour les prendre ; quand l'assiette arrivait au plus près du souverain, le premier valet la présentait, et si le souverain secouait la tête, l'assiette disparaissait ; de suite, une autre la remplaçait. Si la tête ne bougeait pas, le valet plaçait l'assiette devant son maître.

« Comme ces morceaux étaient bien découpés, chacun prenait son petit pain, le rompait et mordait à même, ne se servait jamais de couteau, et, à toutes les bouchées, il se servait de sa serviette pour s'essuyer la bouche ; la serviette disparaissait et le valet en glissait une autre. Ainsi de suite, de manière que, derrière chaque personnage, il y avait un tas de serviettes qui n'avaient servi qu'une fois à s'essuyer la bouche.

« On ne soufflait mot. Chacun avait un flacon de vin et d'eau, et personne ne versait à boire à ses voisins. Ils mordaient dans leur pain et se versaient à boire à leur gré. Par des signes de tête, on acceptait ou on refusait. Il ne fut permis de parler que lorsque le Souverain maître adressa la parole à son voisin. Si c'est imposant, ça n'est pas gai. »

Mais Napoléon ne laissait pas longtemps ses grognards au repos. Coignet dut bientôt reprendre la vie pénible des camps et se remettre en marche à travers l'Europe. Selon son expression, « il n'avait eu jusque-là qu'un lit de roses, il lui était maintenant réservé d'en défricher les épines, » c'était la campagne de Russie qui commençait,

Pour se faire une idée exacte de ce que nos armées eurent à souffrir dans cette désastreuse campagne, il faut lire le récit de Coignet. On voit dans ses *Cahiers* les chemins encombrés de voitures abandonnées, de cadavres d'hommes et de chevaux ; on entend les plaintes des longues files d'hommes s'avançant dans les champs de neige,mourant de faim et de froid, presque inconscients, n'ayant même plus le courage de se défendre.

Pour sa belle conduite dans le cours de la campagne, Coignet fut nommé lieutenant, puis capitaine, et, par une faveur spéciale, il obtint de rester dans la Garde. Il eût préféré rester simple soldat dans ce corps d'élite qu'être nommé officier dans un autre corps.

Vinrent les jours sombres de l'invasion. Coignet attaché à l'état-major général suivit Napoléon sur tous les champs de bataille où se jouèrent les destinées de l'Empire. Il n'abandonna pas son maître dans le malheur et lui fut fidèle jusqu'à la fin. A Fontainebleau, quand l'Empereur adressa ses derniers adieux à ses compagnons d'armes, Coignet était encore là, versant des larmes de sang.

« Il lui fut accordé six cents hommes pour sa garde; il fit prendre les armes et demanda des hommes de bonne volonté ; tous sortirent des rangs et il fut forcé de les faire rentrer : « Je vais les choisir. Que personne ne bouge ! » Et, passant devant le rang, il désignait lui-même : « Sors, toi ! » et ainsi de suite. Cela fut long, puis il dit : « Voyez si j'ai mon compte. — Il vous en faut encore vingt, dit le général Drouot. — Je vais les faire sortir. »

« Son contingent fini, il choisit les sous-officiers, les officiers, et il rentra dans son palais, disant au général Drouot : « Tu conduiras ma garde à Louis XVIII, à Paris, après mon départ. »

« Lorsque tous les préparatifs furent terminés et ses équipages prêts, il donna l'ordre, pour la dernière fois, de prendre les armes. Tous ces vieux guerriers arrivés dans cette cour naguère si brillante, il descendit du perron, accompagné de tout son état-major, et se présenta devant ses vieux grognards : « Que l'on m'apporte mon aigle ! » Et le prenant dans ses bras, il lui donna le baiser d'adieu. Que ce fut touchant ! On n'entendait qu'un gémissement dans tous les rangs ; je puis dire que je versai des larmes de voir mon cher Empereur partir pour l'île d'Elbe. »

Après le départ de Napoléon, l'armée fut licenciée et Coignet, placé en demi-solde, revint à Auxerre. La dernière partie des *Cahiers* nous initie aux petites misères de la vie d'un officier en demi-solde. La mise en surveillance, les dénonciations, la suspicion continuelle dans laquelle on vivait, exaspérèrent le vieux brave.

Un jour il est convoqué à un service solennel, célébré à la cathédrale, pour le repos de l'âme de Louis XVI.

« L'église était pleine ; après le service, M. l'abbé Viard monta en chaire, le général nous fit signe de sortir du chœur pour nous mener en face de la chaire. L'abbé Viard lut le testament de Louis XVI d'une voix de stentor ; après sa lecture, le voilà qui tombe sur l'usurpateur Bonaparte qui avait porté le carnage chez toutes les puissances avec ses satellites, ces buveurs de sang qui égorgeaient les enfants au berceau. Alors toutes les figures de ces vieux guerriers devinrent pâles ; je croyais étouffer de colère. »

L'épisode peut-être le plus curieux de la vie de Coignet est son mariage. Il s'était épris d'une épicière, sa voisine, nantie d'un bon magot et aussi... de plusieurs prétendants, ce qui ne faisait pas l'affaire de Coignet : « Ah ! me dis-je, on veut me souffler cette demoiselle. Il ne faut pas perdre de temps. Le même jour, je vais chez mademoiselle Baillet ; c'était son nom de famille : « Mademoiselle, je désirerais avoir du café et du sucre. — Volontiers, monsieur, dit-elle. — Je voudrais avoir le café frais moulu. — Je vais vous en moudre, combien en voulez-vous ? — Une livre me suffit. » Et voilà que je lui fais tourner son moulin.

« Cette opération terminée et mes deux paquets attachés, je paye : — Je n'en ai pas pris beaucoup. — Tant pis, monsieur. — Ce n'est pas cela que je désirais ; c'est à vous que je veux parler. — Eh bien, parlez, je vous écoute. — Je viens vous demander votre main pour moi ; je fais ma commission moi-même, sans préambule et sans détour ; je ne sais pas faire de phrases ; c'est en franc militaire que je vous demande. — Eh bien, je vous réponds de même, cela se peut. — Eh bien, mademoiselle, votre heure, s'il vous plaît, pour parler de cette sérieuse affaire ? — A six heures. »

Et l'affaire se conclut et, pendant trente ans, le brave capitaine vécut heureux auprès de « son épouse chérie », partageant ses loisirs entre son jardin, sa boutique et ses occupations d'auteur.

Ses *Cahiers* surtout lui tenaient au cœur. Sur la fin de sa vie, il devint l'habitué d'un café fréquenté par les voyageurs de commerce et se mit à faire de la réclame. Un nouveau venu ne paraissait point sans que Coignet liât conversation avec lui : « Tu vas acheter *ma belle ouvrage.* » On acceptait, et ainsi ses volumes se dispersèrent aux quatre coins du monde.

Coignet n'était pas un ingrat. Lorsqu'il mourut, il laissa une somme de 700 francs pour les frais d'un grand repas, qui devait être servi au retour de ses funérailles. Cent vingt invitations furent adressées à ses chers souscripteurs, les voyageurs de commerce.

Le repas fut très animé. Un poète du cru récita des vers de circonstance, et les libations en l'honneur du défunt se prolongèrent bien avant dans la nuit. Le lendemain, un déjeuner, composé d'une soupe *à la Jacobine* et des reliefs du banquet, réunissait de nouveau les amis qui *retrinquèrent* de plus belle à la mémoire du héros.

L. DARCY.

Le Duc d'Aumale

I

NAISSANCE — ÉDUCATION — LE LYCÉE HENRI IV.

Henri-Eugène-Philippe-Louis d'Orléans, duc d'Aumale, est né à Paris le 16 janvier 1822.

Il était le quatrième fils de Louis-Philippe. Le père rêvait pour ses fils une éducation qui les mît en communion d'idées et de sentiments avec leurs contemporains. Il décida donc que ses héritiers suivraient les cours du Lycée Henri IV.

L'idée parut à Charles X, alors régnant, une innovation désastreuse. Il fit venir son cousin et le chapitra inutilement. Bientôt les royaux bambins faisaient leur entrée dans le monde universitaire. Ordre avait été donné aux professeurs de les traiter comme s'ils eussent été de simples rejetons bourgeois. Ils jouissaient — unique privilège — d'une salle à manger particulière, dans laquelle ils pouvaient admettre journellement quelques-uns de leurs camarades à partager leur repas, sous la surveillance de leur précepteur, M. Trognon. Les bambins, qui se pourléchaient les lèvres en se rendant au festin, se faisaient d'étranges illusions ! Le prix d'un déjeuner avait été réglé, par décret, à un franc cinquante. Le dîner ne pouvait coûter plus de quarante sous — style de l'époque. Allez donc, dans ces conditions, organiser un vrai *Balthazar !*

D'Aumale fut vite apprécié du petit monde dans lequel il vivait. Son caractère doux et aimable, sa nature généreuse et brave, les sages conseils d'une mère qui lui répétait constamment qu'il n'était pas au-dessus de ses condisciples, toutes ses belles qualités lui firent de nombreux amis sur les bancs du collège. Aussi M. de Talleyrand avait-il coutume de dire en parlant de d'Aumale et de ses frères : « Ce sont des « jeunes gens comme on n'en voit guère et des prin- « ces comme on n'en voit pas ! » Un prix d'histoire et un prix de discours remportés au concours général furent les premières palmes obtenues par le futur académicien.

II

LE SOLDAT. — PREMIÈRES CAMPAGNES (1839-1841) — LE COL DE LA MOUZAÏA — CHEVALIER DE LA LÉGION D'HONNEUR — COLONEL DU 17e LÉGER — L'ATTENTAT QUÉNISSET — BONTÉ DU PRINCE.

En 1839, d'Aumale prit rang dans l'armée française. Un décret le nomma d'emblée capitaine au 4e de ligne. Afin de lui donner une éducation militaire plus rapide et plus complète, on l'envoya suivre les exercices du camp de Fontainebleau.

Quelque temps après, on se préoccupait beaucoup

des services que pouvait rendre une troupe de formation récente, les chasseurs à pied, comme tireurs et comme marcheurs. Une école de tir venait d'être ouverte au camp de Vincennes, d'Aumale y fut envoyé.

Les études ne sont pas la seule occupation à laquelle un militaire, fût-il prince du sang, doit se livrer. L'armée française combattait en Afrique. A cette rude école se formait une pépinière de bons généraux et de vaillants soldats. Sans doute, la guerre contre les Arabes ne rappelait que de loin les immortelles campagnes du commencement de ce siècle. Mais il y avait de grandes fatigues à supporter, de réels dangers à courir. Le jeune capitaine sentait que sa véritable place était au feu. Il fit tant d'instances, plaida si chaleureusement sa cause, qu'il obtint de rejoindre son frère aîné, le duc d'Orléans, alors général de division. Il lui fut adjoint comme officier d'ordonnance.

Quand les vieilles compagnies virent passer dans leurs rangs ce jeune homme frêle et blond, elles se demandèrent quel service on pouvait bien attendre de lui. Les soldats ne tardèrent pas à s'apercevoir « qu'une âme guerrière est maîtresse du corps qu'elle anime ».

Le prince arrivait à temps. Le maréchal Vallée devait prendre possession de Médéah, et la campagne promettait d'être rude. On savait toutes les forces d'Abd-el-Kader massées au thénia (col) de la Mouzaïa, fortifié avec soin.

Le maréchal Vallée prit le commandement en chef des troupes appelées à opérer.

Le col n'est abordable, en venant de la ferme de la Mouzaïa, que par la crête occidentale, dominée tout entière par le piton de la Mouzaïa. Depuis six mois,

Abd-el-Kader couvrait de redoutes et de tranchées ce lieu, regardé comme le point le plus important de l'Algérie. Néanmoins, on ne pouvait tourner cette position redoutable. Le duc d'Orléans fut chargé de l'enlever avec sa division renforcée de trois bataillons.

Au lever du jour (12 mai 1840), les troupes, divisées en trois colonnes, s'élancèrent à l'assaut. Écoutons le duc d'Aumale raconter lui-même ce glorieux épisode :

« On fit poser les sacs et nos admirables soldats partirent pleins de joie, bondissant comme des chèvres, avec une ardeur qu'on ne peut décrire, mais qu'on n'oublie jamais. A peine étaient-ils lancés dans la montagne qu'une fusillade épouvantable se fit entendre sur le pic de Mouzaïa, et, en levant la tête, nous vîmes la brigade Duvivier s'avancer au pas de course au milieu d'un nuage de fumée. Un instant, on crut l'attaque compromise ; on ne voyait plus nos troupes ; mais la fusillade continuait derrière un pli de terrain ; le feu plongeant de l'artillerie et de la mousqueterie arabe infligeait des pertes cruelles à nos soldats, mais n'arrêtait pas leur élan. On les vit reparaître. On battit la marche du 23e et nos petits fantassins débouchèrent, grandis par le danger, plus droits qu'à la parade, l'œil en feu, le jarret tendu, comme s'ils allaient à la fête. Quand on arriva à la montée la plus raide, le 2e bataillon monta tout droit au milieu des broussailles ; les tambours et les clairons battaient la charge, et les derniers coups de feu leur servaient de basse : c'était superbe. Je trouvai Gueswiller épuisé, assis par terre, sans pouvoir avancer ; je me jetai à bas de mon cheval, je le forçai d'y monter, et, me fiant à mes jambes de dix-huit ans, je rejoignis à la course les grenadiers qui marchaient en avant des tambours. J'arrivai au moment où l'on plantait sur la position le drapeau du 23e; l'autre colonne débouchait en même temps par la gauche. Quand je vis ces braves soldats de tous les régiments confondus, courant encore pour lancer quelques derniers coups de feu aux ennemis qui s'enfuyaient, quand je vis avec cela cette scène imposante de la nature éclairée par le soleil couchant, le délire me prit comme les autres...

« J'assistai alors à une scène magnifique. Lamoricière, Duvivier, Changarnier arrivaient à pied, débraillés, sans col, couverts de sueur et de poussière, leurs habits criblés de balles, pêle-mêle avec des soldats de toutes armes. Dès qu'ils virent mon frère, ils fondirent en larmes, et pendant cinq minutes : « Vive le roi ! Vive le duc d'Orléans ! » fut tout ce qu'on put tirer d'eux. On échangea alors quelques paroles brèves et franches comme on en dit en ces grandes circonstances. Ce sont de ces émotions qu'on n'oublie jamais (1). »

La journée avait été sanglante : le vieux général Marbot, le célèbre conteur, qui servait comme aide de camp du duc, fut blessé d'une balle à la cuisse. C'était la dix-septième blessure qu'il recevait dans son aventureuse carrière.

Plusieurs engagements eurent lieu qui nous assurèrent la ville de Médéah; le duc d'Aumale s'y distingua par sa bravoure et son entrain. Une fièvre violente le consumait; cependant, il refusa constamment de monter dans une voiture d'ambulance : « Je me reposerai quand on ne se battra plus ! » disait-il. A

(1) Notes du duc d'Aumale, citées par M. G. Picot.

la suite de cette campagne, il fut mis à l'ordre du jour de l'armée et fait chevalier de la Légion d'honneur « pour avoir : 1° chargé volontairement le 27 avril (au combat de l'Affroun) à la tête du 1er régiment de chasseurs d'Afrique (auquel il était allé porter un ordre); 2° le 12 mai, donné son cheval au colonel Gueswiller démonté, et marché avec les grenadiers du 23e à l'assaut du col de Mouzaïa (1). »

Il eut plus tard bien d'autres décorations, mais nulle ne lui fut plus chère que sa croix de chevalier, celle qu'il avait gagnée en Algérie, et bien des fois, vers la fin de sa vie, on l'entendit dire qu'il voulait que cette croix brillât sur son uniforme quand on le déposerait dans son cercueil.

Le duc d'Aumale vint alors passer quelques semaines à Paris. Mais l'Afrique l'attirait. Il repartit bientôt, et fit deux nouvelles campagnes, comme lieutenant-colonel du 24e de ligne. Il continua à montrer les plus fortes qualités militaires, et il fut de nouveau cité à l'ordre du jour.

A la suite de cette campagne, le duc d'Aumale tomba gravement malade et dut venir prendre en France un repos bien mérité. On lui ménagea une ovation.

Le 17e léger avait beaucoup souffert en Afrique. On voulut que le jeune prince présentât aux populations son glorieux drapeau, qui avait été haché par les balles arabes, et n'avait plus que quelques lambeaux d'étoffe à la hampe. Le colonel Bedeau, nommé général, fut remplacé par le duc d'Aumale, qui ramena le régiment en France. Des ovations furent organisées dans toutes les villes que traversaient ces braves gens. En entrant à Avallon, le duc d'Aumale entend des cris

(1) Extrait des états de service du duc d'Aumale.

perçants sortir de la foule massée sur son passage; il s'approche, il s'informe : « Monseigneur, lui dit une femme du peuple, c'est mon petit garçon qui veut vous embrasser ». — « Qu'à cela ne tienne ! » répond le prince, et saisissant le bambin, il l'embrasse sur les deux joues. On comprendra facilement l'enthousiasme que soulevait une bonté si simple et si charmante.

Cette marche triomphale faillit avoir un dénouement tragique.

Le 13 septembre 1841, le régiment entrait à Paris. Le duc d'Orléans était allé au-devant de son frère à Corbeil, le duc de Nemours l'avait rejoint à Vitry.

A midi, le 17e léger trouvait un nombreux état-major à la barrière du Trône et s'avançait au milieu des rues du Faubourg-Saint-Antoine, toutes noires de monde. L'enthousiasme était à son comble. On acclamait les soldats et leur jeune colonel.

A la hauteur de la rue Traversière, un groupe d'individus se présenta en criant : « Vive le 17e! à bas Louis-Philippe! à bas Guizot! à bas la famille royale! à bas les princes!! » On entendit un coup de feu, et le cheval du lieutenant-colonel, frappé d'une balle à la tête, tomba en entraînant son cavalier.

Les soldats voulaient se précipiter sur la foule. Le duc d'Orléans fit mettre l'arme au pied, et obligea tous les hommes à rester sur les rangs. Des sergents de ville et des gardes municipaux arrêtèrent l'assassin. C'était un scieur de long, nommé Quénisset, né à Selles (Haute-Saône). On reconnut en lui un soldat condamné autrefois à cinq ans de boulet, pour voies de faits envers un supérieur, et dont la peine avait été commuée en trois années de détention. Évadé au bout de deux ans, il vint se cacher à Paris, se fit affilier à la Société des Égalitaires. Traduit devant la Chambre des pairs, il fut condamné à mort. Louis-Philippe le gracia, le fit déporter en Amérique, où il mourut en 1850.

Cet incident porta au comble la popularité du duc d'Aumale. Tous les chauvins — et ils étaient nombreux à cette époque — le regardaient comme le futur grand capitaine qui devait un jour rendre à la France le rang militaire qu'elle avait sous Napoléon Ier.

Chacun racontait quelque trait montrant la nature sensible et affectueuse, le caractère doux et prévenant du jeune prince. On ne tarissait pas d'éloges sur la bonne grâce qu'il mettait à rendre service aux personnes qui s'adressaient à lui, devançant, quand il le pouvait, les désirs des solliciteurs.

« Un jour, au moment de partir pour l'Afrique, il se promenait à cheval, avec un aide de camp, dans les environs de Marseille ou de Toulon. Tout à coup, un paysan, voyant deux officiers en petite tenue, s'approche, et, avec cette naïveté qui fait croire à bien des gens du peuple que tous les militaires se connaissent entre eux, il leur parle de son fils, fourrier dans un régiment d'Afrique.

« Le prince, que cela intéresse et amuse, feint de connaître le fourrier et fait jaser le père. Il en obtient des renseignements assez complets pour retrouver le jeune homme en Afrique.

« Quelques mois plus tard, il écrivait lui-même au bonhomme pour lui annoncer que son fils se portait bien, qu'il était sergent-major et que son ami, le fils du roi Louis-Philippe, se chargeait de son avancement. » (Hippolyte Castille, *Portraits historiques*).

Le duc d'Aumale jouissait alors d'une fortune considérable, grâce à l'héritage du prince de Condé. Il n'entre pas dans le cadre de ce récit de raconter les lamentables circonstances qui lui valurent cette magnifique fortune, pas plus que de réfuter les atroces calomnies auxquelles elle donna naissance. L'usage qu'il en fit constamment força du moins tout le monde, amis et ennemis, à reconnaître que la richesse ne pouvait tomber en de meilleures mains.

Encourageant toutes les bonnes œuvres, venant en aide à toutes les infortunes, il réservait cependant la plus grande partie de ses libéralités à sa famille militaire, à l'armée.

Pendant une année entière, le duc d'Aumale et son régiment tinrent garnison à Courbevoie. Dans les moments de loisir que lui laissait son commandement, le jeune colonel poursuivait ses études.

III

1842 — LA PRISE DE LA SMALA — MARIAGE DU PRINCE — IL EST NOMMÉ GOUVERNEUR DE L'ALGÉRIE — REDDITION D'ABD-EL-KADER.

Nommé général de brigade en 1842, il s'embarqua à Brest pour retourner en Afrique, visita en passant Lisbonne et Gibraltar. En 1843, il commande la subdivision de Médéah et opère de nombreuses razzias.

Tout à coup, il apprend que notre ennemi le plus tenace, Abd-el-Kader, campe à quelque distance, sur la frontière du petit désert. Il combine de suite une opération ayant pour but de le prendre et de mettre ses troupes dans la nécessité de poser les armes.

Il avait été chargé de conduire à Boghar un approvisionnement considérable; après avoir rempli sa mission, il s'aventura au-delà de cette localité. Le 10 mai 1843, il s'avançait à la tête de 1,300 fantassins et de 600 chevaux, lorsqu'il apprend que la smala d'Abd-el-Kader campait près des sources de Aïn-Taguin. L'infanterie, épuisée, ne peut plus avancer. Le temps presse cependant. D'Aumale et ses cavaliers se lancent sur la trace de l'ennemi. A la vue des masses qu'il va falloir aborder, nos alliés hésitent. Ils supplient le jeune général d'attendre au moins l'arrivée de l'infanterie. « Personne de ma race n'a jamais reculé », s'écrie le prince, et il donne le signal du combat. Sa petite troupe fond sur le camp de l'émir. Surpris par cette attaque inattendue, les Arabes n'opposent qu'une faible résistance. « La peur paralysa notre intelligence, a dit un des réguliers de la smala, et immobilisa les mouvements, même des plus braves. La frayeur appela le désordre, le désordre fit naître la déroute. Nous étions d'ailleurs étourdis par les cris des femmes, des enfants, des mourants, des blessés; mais quand, après notre reddition, nous pûmes reconnaître le petit nombre des vainqueurs, le rouge de la honte couvrit nos visages. »

L'affaire ne dura pas beaucoup plus d'une heure. « Nous n'étions que 500 hommes, a dit le duc d'Aumale dans son rapport officiel, et il y avait cinq mille fusils dans la smala. On ne tua que des combattants et il resta trois cents cadavres sur le terrain. Nous avons eu neuf hommes tués et douze blessés. »

On n'avait pu cerner tout entière cette immense ville de tentes ; il avait fallu y faire une coupure. Le reste s'enfuit dans un désordre indescriptible. Le trésor d'Abd-el-Kader, ses troupeaux, ses armes, ses tentes et plus de trois mille prisonniers restèrent en notre pouvoir. La mère et la femme de l'émir purent s'échapper, grâce au dévouement de quelques serviteurs fidèles. Heureusement l'infanterie arriva pour garder cette multitude ; elle avait fait trente lieues en trente-six heures, sans laisser en arrière un homme, ni un mulet.

Le général Bugeaud félicita chaudement le jeune prince. « La fortune n'a été presque pour rien dans votre succès. Vous devez la victoire à votre résolution, à la détermination de vos sous-ordres, à l'impétuosité de l'attaque. Vous avez bien fait de ne pas attendre l'infanterie ; il fallait brusquer l'affaire comme vous l'avez fait. La décision, l'impétuosité, l'à-propos, voilà ce qui constitue le vrai guerrier. »

Il fallait un prince jeune et ne doutant de rien, s'appuyant sur des hommes comme Yusuf et Morris, pour accomplir ce coup d'une hardiesse admirable. Aussi n'y eut-il, ni dans l'armée, ni dans la nation, aucune protestation, lorsque, au mois de juillet suivant, le prince fut nommé lieutenant-général, et, bientôt après (octobre 1843), chargé du commandement de la province de Constantine.

Le 23 novembre 1844, il épousait une princesse de Naples, Marie-Caroline-Auguste de Bourbon, fille du duc de Salerne. De cette union naquirent quatre enfants qui moururent tous avant leur père.

Le maréchal Bugeaud ne partageait pas les vues des ministres de Louis-Philippe sur l'administration de la colonie. Fatigué de ces dissentiments, le cabinet accepta la démission du duc d'Isly. Dans le cœur du roi germait l'idée de faire une vice-royauté d'Afrique à la tête de laquelle il placerait le duc d'Aumale. Un décret nomma ce dernier gouverneur général (11 septembre 1847).

Fort connu et apprécié dans ce pays, le nouveau gouverneur fut bien accueilli de tout le monde. La masse de la nation approuva et applaudit ; les Arabes soumis à la France firent éclater leur enthousiasme, quand ils apprirent qu'ils allaient être gouvernés par le fils du « sultan des Français ».

Peu de temps après son entrée en fonctions, d'Aumale eut l'heureuse chance de faire faire un grand pas à la pacification de l'Algérie, par la prise d'Abd-el-Kader.

Depuis le désastre d'Aïn-Taguin, ce chef, autrefois redoutable, voyait chaque jour diminuer son influence. Le 14 août 1842, l'empereur du Maroc, qu'il avait entraîné à sa suite contre nous, voyait son armée taillée en pièces, par le maréchal Bugeaud, dans la plaine de l'Isly. A la suite du bombardement de ses côtes par le prince de Joinville, il signait le traité de Tanger, s'engageant à interner Abd-el-Kader sur quelque point de son empire, suffisamment éloigné de nos frontières.

Pendant des années, l'émir cherche à nous susciter de nouveaux ennemis. Mais, traqué continuellement par nos colonnes, il voit ses tribus les plus fidèles, lasses de la lutte, l'abandonner l'une après l'autre.

L'adversité aigrit les âmes. Abd-el-Kader voyait son ancien allié, l'empereur du Maroc, lui déclarer la guerre, et le repousser de ses états sur le territoire français.

Dans la nuit du 11 décembre 1847, Abd-el-Kader tenta une dernière fois la fortune des armes. Il tombe sur un camp marocain, qu'il met au pillage. Le lendemain matin, écrasé par des forces en nombre triple des siennes, il ne peut que protéger la fuite de sa deïra, dépôt ambulant composé de trois mille personnes, hommes, femmes, enfants, avec leurs bêtes de somme et leur bagage.

Son plan est de suite arrêté. Encombré d'une telle multitude, il n'aura pas l'agilité nécessaire pour échapper aux colonnes qui le poursuivent. Il faut cependant sauver ces malheureux de la dure prison marocaine. Il doit avant tout les faire passer sur le sol algérien et les remettre à la générosité française. Alors il cherchera à gagner le désert en attendant l'heure de Dieu.

L'important est de franchir la Malouïa à un mauvais gué. On se met en marche. Mais on est continuellement harcelé par la tourbe marocaine. A la tête des derniers réguliers qui lui restent fidèles, Abd-el-Kader combat et protège la fuite de ses serviteurs. Il ne perd pas une femme, pas une tente, pas un mulet, mais la moitié de ses soldats jonche le champ de bataille. La deïra vient de franchir le Kiss, se trouve sur le territoire algérien et envoie demander l'aman au général Lamoricière, chargé de surveiller la frontière du Maroc avec une colonne volante.

L'émir peut alors songer à sa sûreté personnelle. Pour sortir des possessions françaises et gagner le sud, il n'a qu'à traverser un étroit passage dans la montagne. Malheureusement Lamoricière l'a fait garder. Partout où l'indomptable chef se présente pour fuir, il se heurte à une de nos patrouilles. Il comprend alors qu'une fois dans la plaine et le jour venu, il sera traqué sans relâche et fait prisonnier. Redoutant les traitements infligés à nos malheureux soldats tombés entre les mains des Arabes, il se décide à faire appel à la générosité française.

Abd-el-Kader s'embarqua à Nemours et vint à Mersel-Kébir. Là on le transborda sur une frégate qui l'amena à Toulon.

Lorsque le gouvernement de Louis-Philippe fut renversé en 1848, le bruit se répandit, en Algérie, qu'il était remplacé par une régence. Mais, dès que le duc d'Aumale eut appris l'installation du gouvernement provisoire, il fit paraître une proclamation invitant le peuple et l'armée au calme le plus absolu.

Il est bien certain que si son frère le prince de Joinville et lui avaient voulu braver les nouveaux élus, ils auraient pu retenir l'Algérie en leur possession, au moins pendant quelques mois, et causer de graves embarras à la métropole.

Le 3 mars, ayant appris la nomination du général Cavaignac comme gouverneur général de la colonie, il remit les pouvoirs au général Changarnier, en attendant l'arrivée de son successeur.

« Soumis à la volonté nationale, disait-il dans son « ordre du jour d'adieu, je m'éloigne, mais du fond « de l'exil, tous mes vœux seront pour votre prospé-« rité et la gloire de la France, que j'aurais voulu « servir plus longtemps. »

Lorsque le vieux roi Louis-Philippe en exil lut ces belles paroles, il ne put s'empêcher de s'écrier : « Voilà un noble langage digne de d'Aumale! »

Le prince de Joinville et le duc d'Aumale s'embarquèrent sur le *Solon* qui les conduisit à Gibraltar. Ils apprirent là que le roi et sa famille s'étaient retirés en Angleterre; ils se disposèrent à les rejoindre.

IV

L'EXIL — SÉJOUR EN ANGLETERRE — LE DUC D'AUMALE ÉCRIVAIN

La carrière militaire du duc d'Aumale se trouvait un moment interrompue. Nous allons le suivre en exil et voir rapidement de quelle façon il s'y conduisit.

Quelques semaines après leur retraite, l'Assemblée Constituante comprit les princes d'Orléans dans le décret de bannissement à perpétuité porté contre leur famille. L'exil, fort supportable d'ailleurs avec la fortune qu'il possédait, paraissant devoir être de longue durée, il s'installa confortablement dans les environs de Londres et occupa une maison habitée par son père de 1813 à 1815.

Le duc fut bientôt connu de ses voisins qui le rencontraient dans ses chevauchées matinales. Il partageait son temps entre la chasse et la littérature. Son rendez-vous de Woodnorton, dans le Worcestershire, sa meute et ses écuries devinrent légendaires dans les Trois-Royaumes.

Sa villa, construite au bord de la Tamise, reliée à Londres par tous les moyens de locomotion imaginables, fut bientôt célèbre par la royale hospitalité qu'on y recevait. Le duc aimait à réunir, autour d'une table bien servie, ses nombreux amis et à retrouver, dans les joies d'une vive et spirituelle conversation, une image des réunions d'autrefois. en France.

Tout d'ailleurs parlait de la patrie dans sa demeure, dès qu'on avait franchi le seuil d'Orléans-House. Des toiles de maîtres de l'École française couvraient les murs, des objets d'art, les dernières productions de l'esprit parisien, encombraient toutes les chambres. Mais surtout ce qui rappelait le plus la vie de Paris, c'étaient les manières simples, sans apprêt, la franchise militaire, la gaîté naturelle, l'air avenant du maître de la maison !

Le duc d'Aumale se montrait un bibliophile distingué, ardent et éclairé. Sur les rayons de sa bibliothèque, dont il aimait à dresser un catalogue annoté, se rangèrent bientôt des livres précieux : l'*Eschyle* annoté par Racine, l'*Aristophane* de Rabelais, le *César* de Montaigne. Mais il ne se bornait pas seulement à être le possesseur de ces pièces inestimables, il écrivait et bientôt sa réputation littéraire égala sa gloire militaire.

Il fit paraître successivement : *Les Zouaves et les Chasseurs à pied,* dans la *Revue des deux Mondes* (sans signature), — *La captivité du roi Jean,* — *Le siége d'Alésia, étude sur la septième campagne de César en Gaule,* — *Lettre sur l'Histoire de France,* brochure piquante, adressée au prince Napoléon, suivie d'un cartel en bonne forme, que le prince s'empressa de refuser. Cette brochure fut saisie par la censure impériale, l'imprimeur et l'éditeur perdirent leurs brevets. — *L'Histoire des princes de Condé,* — *L'Autriche,* article paru après le désastre de Sadowa, — enfin le fameux opuscule : *Qu'a-t-on fait de la France ?* Ce dernier ouvrage fut poursuivi, traqué, saisi par la police impériale. Il n'en fut pas moins distribué 50,000 exemplaires.

En 1861, le duc d'Aumale prononça dans un banquet de Londres un discours qui eut un immense retentissement. Établissant un parallèle entre la littérature française et la littérature anglaise, il vantait la liberté et affirmait que, ni les malheurs de sa famille, ni aucun événement ne pourrait altérer ses sentiments, et qu'il continuerait à répéter avec l'historien de Rome : *Potior periculosa libertas quieto servitio !*

Aucun journal français n'osa reproduire ce discours. Un imprimeur, qui avait promis d'imprimer sa traduction si elle ne contenait rien de politique, refusa de prêter son concours. Le duc le fit citer devant le tribunal de la Seine, mais les juges estimèrent que, le discours contenant des allusions politiques, le contrat était rompu et que l'imprimeur pouvait refuser ses presses.

Cependant le duc d'Aumale et le prince de Joinville voyaient grandir leur réputation en France et devenaient de véritables héros de légende. On aimait à rappeler le retour des cendres de Napoléon Ier, et le prince de Joinville, faisant jurer à son équipage de faire sauter le vaisseau plutôt que de rendre leur précieux dépôt aux Anglais, qui se repentaient de nous l'avoir remis. Les vieux soldats d'Afrique parlaient de ce jeune capitaine, qui se promenait dans leurs bivouacs, causant aux hommes, répandant sur tous ses bienfaits.

Des articles non signés parus dans la *Revue des Deux Mondes*, ou bien des brochures d'un style vif, alerte, agressif, empêchaient les lettrés d'oublier ces princes dont ils avaient vu la jeunesse laborieuse. La bourgeoisie, qui regrettait Louis-Philippe et sa famille, dont elle appréciait la simplicité, les vertus domestiques, riait en racontant les bons mots que les princes décochaient à l'Empire. Un jour le duc d'Aumale, arrivé incognito à Paris, recevait de la police l'ordre de repartir immédiatement, sous peine d'une expulsion *manu militari*.

Quelques années après, les princes arrivaient à Bade, se donnaient le malin plaisir de vivre au grand jour, sous les yeux de la police impériale, et de recevoir leurs fidèles amis qui leur apportaient l'expression de leur dévouement.

De son côté, l'Empire empêchait l'entrée de leurs ouvrages en France, poursuivait et ruinait leurs imprimeurs, mettait le séquestre sur leurs biens. Le duc d'Aumale s'en vengeait d'un mot. Un jour, répondant à un bonapartiste qui lui demandait comment il se portait : « Je suis très bien, merci ! ma santé n'a point été que je sache confisquée ! »

V

LE RETOUR DANS LA PATRIE — PROCÈS BAZAINE — LE COMMANDANT DU 7e CORPS.

La terrible guerre de 1870 venait d'éclater : à la première nouvelle de nos désastres, le duc d'Aumale, ses frères et ses neveux sollicitèrent l'autorisation de venir défendre le territoire envahi ; on déclina ces offres ! Seul le duc de Chartres, dont la physionomie était moins connue, put prendre part à la guerre, grâce à la complicité d'un ami fidèle. Sous le nom de Robert Le Fort, le vieux fondateur de sa race, il s'engagea comme volontaire dans une compagnie de marche. On le sut en Allemagne. La reine de Prusse écrivit alors à la reine d'Angleterre : « Nous apprenons que le duc de Chartres s'est engagé, sous un nom supposé, dans les francs-tireurs. Ceux-ci ne sont pas considérés comme militaires, et quand on les prend, on les fusille. Tâchez de nous faire savoir de quel côté se trouve le prince, afin que, s'il est fait prisonnier, il ne lui arrive pas malheur. »

La reine Victoria envoya cette lettre au duc d'Aumale, et demanda ce qu'il fallait répondre. « Répondez, écrivit-il, qu'il n'y a pas lieu de s'inquiéter de Chartres. On ne le prendra pas vivant. » De telles paroles caractérisent un homme, et sonnent comme le clairon.

Le duc d'Aumale ne put avoir le bonheur de rentrer alors dans l'armée ; il resta en Angleterre pendant toute la guerre, suivant anxieusement les douloureux épisodes de l'année terrible.

Le 8 février 1871, il se présenta aux élections législatives dans le département de l'Oise et fut élu député. Au mois de mars 1872, il obtint sa réintégration dans les cadres de l'armée. Au mois d'octobre 1873, le duc d'Aumale présida le conseil de guerre qui devait juger le maréchal Bazaine. Voulant connaître les lieux où s'était déroulé le drame de Metz, il demanda au gouvernement prussien l'autorisation d'aller visiter les champs de bataille de la Lorraine, offrant de faire ce voyage incognito. Le gouvernement allemand exprima le désir que cette excursion n'eût pas lieu.

Dans les débats, le président déploya une autorité, un tact, une hauteur de vues qui furent justement remarqués. Son attitude fut sévère et patriotique pendant toute la durée des séances. On citera longtemps sa réponse à l'accusé. « Il n'y avait plus de gouvernement légal, il n'y avait plus rien, avait dit Bazaine pour se justifier. — Il restait la France » répondit le duc d'Aumale. Avec tous les juges il signa le recours en grâce au maréchal de Mac-Mahon, après la condamnation à mort de l'accusé.

Un décret du 28 septembre le nomma chef de corps à Besançon. Il déploya dans ce commandement une rare habileté, s'occupant de faire acquérir à nos troupes les qualités qui leur avaient fait défaut pendant la néfaste guerre de 1870. Ajoutons que les services auxiliaires étaient l'objet de tous ses soins, et que le duc d'Aumale passait pour être la terreur des intendants. Il fut remplacé dans son commandement et appelé aux fonctions d'inspecteur d'armée, le 11 février 1879.

Il eut toujours en France l'attitude d'un soldat, ne s'occupant nullement de politique. Il ne put malgré cela éviter d'être de nouveau privé de son grade et soumis à la loi de proscription, portée contre les membres des familles ayant régné en France. Il ne partit cependant pas sans avoir adressé au président de la république une lettre de noble protestation.

Par un testament déjà ancien, le duc avait légué à la France le château et le domaine de Chantilly. Dans l'exil, il n'eut pas un instant la pensée de révoquer cette donation. Au contraire il choisit ce moment pour la rendre publique. Il chargea l'Académie française de garder les magnifiques collections qui font de Chantilly un musée unique au monde.

Bientôt une nouvelle décision gouvernementale intervint en faveur du prince (9 mars 1889) et le président Carnot signa son rappel qu'il regardait « comme un acte de justice envers le patriote qu'était le duc d'Aumale. »

VI

LES DERNIÈRES ANNÉES — MORT ET FUNÉRAILLES

Vers la fin de 1893, on offrit au duc d'Aumale la présidence de la *Croix rouge*. Il fut heureux d'accepter : car c'était un lien de plus entre lui et l'armée qu'il aimait toujours avec passion. Il s'y dévoua tout entier et, sous sa direction, la société prit un nouvel essor.

Bien qu'il sentît déjà le poids des années, le prince restait alerte et plein d'entrain. En 1895, il recevait à Chantilly la princesse Hélène, seconde fille du comte de Paris, et son fiancé, le duc d'Aoste : il fit les honneurs avec sa grâce habituelle, montra même une gaîté d'enfant. Un soir, le dîner venait d'être annoncé et l'on se préparait à passer dans la salle à manger ; il se mit à marcher devant ses invités en marquant le pas et en agitant sa canne comme un tambour-major. Soudain il se tourne vers les fiancés, qui le suivaient, et leur dit : « Peut-être préférez-vous que je fasse le bedeau qui vous conduira à l'autel. » Et il commença à marcher processionnellement en frappant le parquet de sa canne.

Cependant la fin approchait : en décembre 1896, la mort vint lui donner un premier avertissement. Un soir il fut pris d'une syncope si rapide qu'on dut le coucher. Il réclama lui-même un prêtre et envoya chercher le curé de la Madeleine. L'abbé Hertzog arrivé, le duc fit sortir tous les assistants, se confessa et demanda l'extrême-onction qu'il reçut avec une ferveur touchante.

La crise fut vite conjurée et si complètement qu'il put travailler de nouveau avec son activité ordinaire. Il assistait aux séances de l'Académie, écrivait des rapports pour l'Institut, recevait les ambassadeurs accrédités à Paris.

Au mois d'avril, il partit pour son magnifique domaine de Zucco en Sicile. Il avait décidé de rentrer le 26 mai et il avait promis à l'abbé Hertzog de communier le lendemain, fête de l'Ascension.

Il ne devait pas revoir la France : en apprenant l'incendie du Bazar de la Charité, où avaient péri sa nièce, la duchesse d'Alençon, et plusieurs de ses vieux amis, il eut le cœur déchiré. Deux jours après, il mourut subitement, succombant à une rupture d'anévrisme (7 mai 1897).

Le corps fut ramené en France : on lui fit de magnifiques funérailles à la Madeleine avec tous les honneurs dus à son rang de grand-croix de la Légion d'honneur. Mort, il recueillait plus d'hommages qu'il n'en avait jamais recueilli vivant. Chacun eut le sentiment que quelque chose de très grand venait de disparaître ; on redisait les légendes d'Afrique et les brillantes chevauchées du jeune vainqueur de la smala, on rappelait le vibrant amour de la patrie qui avait inspiré tous les actes de cette vie glorieuse.

Le grand mort repose avec tous les membres de sa famille dans la chapelle de Dreux. L'histoire mettra sur sa tombe cette inscription héroïque : Henri d'Orléans, duc d'Aumale, a bien mérité de la patrie.

CHARLES MÉRAUD.

Siège de Pékin [1]

(1900)

I

LA COUR — LES BOXEURS — PREMIERS TROUBLES

« Le gouvernement, dit Confucius le philosophe si vanté des Chinois, est *ce qui est juste et droit* » Précepte admirable !... Mais il y a loin de la théorie à la pratique, et, si nous en croyons les diplomates européens, la cour de Pékin a fait jusqu'ici bon marché de « ce qui est juste et droit ».

Les événements qui, au mépris de toutes les lois, de toutes les conventions, viennent de se dérouler comme une tragédie, prouvent une fois de plus que, dans

(1) Quatre cités distinctes, enceintes d'énormes remparts, forment la ville de Pékin :

1° En avant, la *ville chinoise*, un trapèze géométrique où sont enclavés des bois, des temples et des bourgs, avec des rues animées et commerçantes ;

2° La *ville tartare* — un immense carré de 32,720 mètres de pourtour — la mieux défendue avec ses murailles de 41 pieds de haut, au sommet desquelles quatre chariots pourraient circuler de front (50 pieds de large), avec ses portes fortifiées et d'innombrables forts à cinq étages ;

3° La *ville impériale* ou *ville jaune*, qui doit son nom à la couleur de ses tuiles vernissées ;

4° La *ville interdite* ou *violette*, ainsi nommée parce que jadis on devait employer du mortier violet pour ses constructions.

l'Empire du Milieu, donner sa parole et la violer, c'est tout un. Aujourd'hui, l'impératrice, l'empereur, les princes sont innocents comme la timide colombe : seuls, les Boxeurs, des brigands, des révolutionnaires, ont causé tout le mal... Croyons cela, selon la pittoresque expression d'un journaliste, et buvons du *thé!*

Personne n'est dupe : les Boxeurs ont été des instruments, un peu trop complaisants peut-être, voilà toute la vérité!

En quelques mots, résumons ce qui s'est passé, ce qui se disait, avant la série des attentats barbares dont les légations et le Peï-Tang furent l'objet, attentats que nous voulons raconter. Vers le milieu de 1899, M. Pichon, ministre de France à Pékin, recevait de tous les côtés à la fois, par les évêques de Chine, les missionnaires, les explorateurs, des informations très sûres, très catégoriques, l'avertissant que les sociétés secrètes s'organisaient partout, soutenues hypocritement par l'impératrice. Il savait aussi que les rebelles (?) parcouraient le pays, arborant des drapeaux où se lisait cette inscription : « Protection à la dynastie, guerre aux étrangers! » ou bien ces mots encore plus suggestifs : « Par ordre de l'empereur, anéantissons les Européens! »

Une petite explication sur cette dynastie nous paraît nécessaire. En Chine, la loi de succession au trône tient beaucoup du caprice. L'impératrice, Si-Tay-Heou (1), voyant que l'empereur actuel Koang-Su était

(1) C'est une bien curieuse figure que celle de l'impératrice douairière.

Fille d'un maréchal tartare de haute noblesse, elle entra à seize ans au harem impérial en qualité de seconde épouse. A la mort de l'empereur, son mari, qui l'avait exclue du conseil de régence, elle fit, dès le jour de son enterrement, décapiter ou empoisonner, suivant leur rang, tous les régents et gouverna à leur place. Plus tard, elle installa sur

incapable d'avoir un héritier et intriguait contre elle, nomme un héritier présomptif, âgé d'environ quatorze ans, petit-fils du prince Toan (ou Tuan), cinquième frère de l'empereur Shien-Tong, mort en 1860.

Le prince Toan était un mécontent, victime d'une double injustice qui l'avait éloigné du trône, pour y faire parvenir ses deux frères cadets. Le choix de l'impératrice rend au vieux prince une grande influence. Quittant l'exil volontaire où il s'était retiré, il revient avec une haine implacable contre les Européens, et, de tout ce qui s'est fait depuis 1860 — progrès accomplis, concessions, tolérance, civilisation — il ne veut rien reconnaître. Autour de lui se sont groupés tous les vieux-chinois, et tous les personnages qui ont conservé la haine de l'Européen et de la religion chrétienne. Les autres princes et les mandarins qui se sont succédé aux affaires depuis 1860 acceptaient, eux, les progrès venus d'Europe, et, par des décrets successifs, y compris celui du 15 mai 1899, signé par l'impératrice elle-même, protégeaient la religion. Mais le parti vieux-chinois l'a enfin emporté, soutenu par les Boxeurs ou « Grands Couteaux ». Ah! que des esprits mal éclairés n'aillent pas faire à ces brigands l'honneur immérité de les confondre avec de sincères nationalistes : ils forment une secte vraiment diabolique, dit Mgr Favier : invocations, incantations, obsessions et même possessions, rien n'y manque. Les faits extraordinaires de ses adeptes seront peut-être mis par les savants sur le compte du magnétisme, de

le trône son neveu Kouang-Su. En 1898, il lui prit fantaisie de redevenir la maîtresse : quelques gifles, assure-t-on, furent administrées au neveu, et le neveu passa par toutes ses volontés. Il faut dire que, dans son palais, pour s'entretenir la main, elle boxe et lutte avec ses favoris. Toute impératrice qu'elle est, elle tient à rester « femme à poigne ».

l'hypnotisme; on les appellera hystériques ou convulsionnaires; pour nous, l'action du démon est visible. La haine du nom chrétien porte les Boxeurs aux plus grands excès. Répandus dans chaque village, ils se reconnaissent à jour donné pour attaquer telle ou telle chrétienté... Et jamais, dans le peuple, on ne les a pris pour des rebelles et des révoltés, mais bien pour les plus chauds partisans de la cour, qui couvrait de son autorité tous leurs excès. En voici une preuve. Au mois de novembre 1899, on pouvait lire à Fatchan l'affiche suivante : « Nous annonçons au public que notre Empire du Milieu a reçu dans les temps anciens les enseignements transmis par Confucius, lesquels constituent l'ensemble des principes primordiaux les plus exacts que l'on connaisse depuis dix mille siècles. Il y a plusieurs décades, les démons de l'Océan pénétrèrent pour la première fois à Canton. Ils combinèrent aussitôt des plans pour s'emparer de nos territoires. Ils ont sapé notre pays et enseigné leur sorcellerie aux gens, cherchant à corrompre le peuple jusqu'à ce que les sujets de la grande dynastie des Sing fussent imprégnés de leur ignoble poison. Aujourd'hui, les citoyens à l'esprit juste et élevé frémissent de colère contre cette poignée de venimeux démons de l'Océan... »

La proclamation continue en exhortant le peuple à démolir les églises, à raser les maisons des convertis et à s'emparer de plusieurs Chinois xénophiles pour qu'ils soient punis selon la rigueur des lois : chaque tête de Chinois xénophile est mise à prix 2,500 francs.

Les convertis devront, pour éviter les châtiments, aller abjurer solennellement dans un endroit indiqué ; le délai accordé s'étend jusqu'au 20 novembre. Ce jour-là, les chapelles seront détruites et les étrangers seront massacrés. Voilà un document qui assurément prouve la complicité du gouvernement chinois.

En présence de ces dispositions, les puissances européennes auraient dû agir : elles étaient averties.

Le 13 mars 1900, M. Delcassé entre en pourparlers avec la Russie pour se concerter avec elle et consulte en même temps l'Angleterre, l'Allemagne et les États-Unis qui... mal renseignés, envoient des réponses optimistes. Sur ces entrefaites, l'évêque de Pékin, Mgr Favier, vient en France, il avertit de nouveau le ministre des Affaires étrangères et repart précipitamment, inquiet de la tournure que prennent les événements, comme il l'avoue lui-même dans une lettre du 18 mai 1900. « Mon séjour en France a été bien rapide ; l'amabilité de tous n'a pu me retenir plus longtemps hors de mon vicariat et je me félicite d'y être rentré. J'avais l'intuition que de graves événements se préparaient et qu'une tempête pouvait s'élever. *En cas de cyclone, le commandant doit être sur la passerelle, dût-il s'y faire attacher.* »

Le saint évêque ne se faisait pas d'illusions et il rentra à Pékin juste à l'heure du danger.

En effet, les Boxeurs, en mai, se rapprochent de la capitale. M. Pichon, M. de Giers, le corps diplomatique tout entier, effrayés à bon droit, exigent de la Chine la répression des rebelles et réclament instamment des gardes auprès de leurs gouvernements respectifs. Enfin quelques détachements sont annoncés. Il fallait se hâter... mais comment arriver jusqu'à Pékin ? Ici se place le curieux épisode que raconte le Père du Cray, procureur à Tien-Tsin : « Les puissances européennes ont débarqué à Takou un total d'environ 700 hommes. La Chine a fait mine de s'opposer à leur débarquement, mais a dû s'incliner. Le soir même, les trois quarts de ces troupes partaient pour Pékin, mais le gouvernement leur refusa de mettre leurs munitions de guerre sur le train. Notre dévoué consul général, M. du Chaylard, qui, suivant son expression favorite, *ne perd pas le Nord*, commande un train spécial pour lui, consul de France, et le voilà parti pour Pékin, accompagné de deux matelots et portant avec lui toutes les munitions. Quand il arrive à la gare de Pékin, il est aussitôt en présence de plus d'un millier d'individus qui cherchent à l'entourer. Les deux matelots de l'interroger : « Que faut-il faire ? » — « Rien, leur est-il répondu, je vais essayer un moyen ; s'il ne réussit pas, nous aviserons. » Et le consul, prenant sa canne, s'avance vers la foule en la brandissant ; les Chinois reculent et reculent encore ; ils ne se rappellent pas que le talus va subitement en pente et les voilà qui tombent à qui mieux mieux en arrière, les uns sur les autres. Le consul, profitant de la situation, leur montre d'un geste qu'ils aient à passer derrière la barrière, ce qu'ils font tout penauds. Cependant ils se demandent quel est ce petit homme qui les a ainsi fait reculer, et le consul s'entend appeler par son nom chinois. Il se retourne et voit ces gens lui faire de grandes prostrations. Il se demande ce que cela signifie, quand il s'aperçoit que, dans leur saut, ils ont perdu leurs souliers, lesquels gisent pêle-mêle sur le quai. Il leur permet alors de venir un à un retrouver leur bien, et, pendant que se jouait cette comédie, on transportait les munitions sans incident. »

C'était le 31 mai. Faisaient partie des détachements 75 Français. Le Tsong-li Yamen (1) avait spécifié que

(1) « Quand il fut décidé que les ministres européens résideraient à Pékin, on dut désigner un tribunal pour discuter les affaires avec eux. A cet effet, au lieu de choisir un des grands ministères, le gouver-

les troupes étaient destinées à la seule garde des légations, mais M. Pichon, passant outre, conduisit lui-même 30 marins au Peï-Tang. Ainsi divisée, la troupe, déjà si faible, ne pouvait pas offrir une longue résistance. Entre temps, on apprend que le prince Tuan s'est mis ouvertement à la tête du mouvement, pendant que le prince Ching organise une contre-révolution en faveur des étrangers : xénophobes et xénophiles sont en présence; les premiers l'emportent et les événements se précipitent.

Le 13 juin, 300 Boxeurs attaquent les légations et sont mis en fuite par les renforts arrivés le 31 mai. Le même jour, la chapelle protestante, l'église du Toung-Tang, l'église du Nang-Tang sont brûlées, ainsi que la maison des élèves interprètes et un missionnaire, le père Garrigue, est massacré. Le 14, les avenues des légations étaient barricadées, avec défense expresse à tout Européen de s'aventurer au dehors. Et les troupes n'arrivent pas, et de nouveau les ministres insistent, pressent : « Il est absolument indispensable, écrit M. Pichon au commandant de Marolles, que vous soyez à Pékin au plus vite, si vous ne voulez pas y être trop tard... Depuis ma dernière lettre, il y a eu des scènes horribles. Toutes les missions religieuses, protestantes et catholiques, ont été incendiées, sauf l'évêché (Peï-Tang), qui a 40 marins pour le garder, mais qui est extrêmement menacé.

« Je n'ai pas l'habitude d'exagérer les choses ni d'être pessimiste. Je me maintiens dans la vérité simple depuis le début de cette triste affaire. Si vous

nement chinois préféra créer un tribunal spécial décoré du titre de *Tsoung-li-ko-kouo Yamen*, c'est-à-dire, tribunal pour traiter les affaires de tous les royaumes. Il est situé dans l'est de la ville, à deux kilomètres des légations. » (*Péking*, par Mgr Favier).

tardez, je ne peux répondre de rien, et il est possible que vous ne trouviez que des décombres à la place de nos légations ».

Et le 17 juin, après de nouveaux incendies, de nouveaux massacres, le Tsong-li Yamen affirme sérieusement qu'il répond de la vie de tous les Européens, à la condition que les troupes alliées n'entrent pas à Pékin. Enfin, voyant que ces troupes ne sont pas signalées, le gouvernement donne vingt-quatre heures aux ministres et aux étrangers pour quitter Pékin... ayant, sans nul doute, l'intention de les faire massacrer tout à son aise sur les routes.

Nous voici arrivés, après ces longs mais indispensables préliminaires, au drame proprement dit : le siège des légations et le siège du Peï-Tang. L'un et l'autre forment une véritable épopée, dont les héros, les martyrs, connus et inconnus, n'ont rien à envier aux plus admirables figures des siècles passés.

Le journal de M. Pichon, de M. Morisse, son interprète, de M. Darcy, de Mgr Favier, les récits de quelques autres personnages qui ont vu de près les événements, vont nous fournir de précieux renseignements.

II

AUX LÉGATIONS (1)

Devant l'ultimatum insolent et perfide du Tsong-li Yamen, les ministres se réunissent en conseil à la légation de France, et sont d'avis qu'il faut gagner du

(1) Au sud de la ville tartare. Voir le plan de Pékin et la légende.

temps. Ils répondent donc au prince Tuan que le délai imposé est insuffisant. Comment organiser, en effet, en si peu de temps et sans autre garantie que la loyauté chinoise, un départ dont les préparatifs exigeaient plusieurs jours? Dans la même note on sollicite pour le lendemain une audience des princes. Pas de réponse. Quelques jours plus tard, nouvelle dépêche du corps diplomatique demandant à être mis en communication avec les amiraux; les ministres étaient tous d'avis que le séjour à Pékin offrait encore moins de dangers que le départ pour Tien-Tsin, et qu'il fallait à tout prix éviter cet exode. Toutefois, comme il était impossible de faire connaître cette résolution au gouvernement chinois, il fut décidé de lui laisser entendre que, seule, la présence des ministres à Pékin était capable d'amener des solutions amiables — mais que, si la cour persistait dans son idée première, les légations et tous les réfugiés attendraient pour quitter la capitale l'arrivée des détachements en route, qui serviraient d'escorte.

En même temps, le baron de Ketteler, ministre d'Allemagne, annonçait sa visite au Tsong-li Yamen pour le lendemain. Mais le 20, à une nouvelle réunion des ministres, des renseignements furent fournis représentant la situation en ville comme inquiétante, et le baron de Ketteler, engagé par ses collègues à s'abstenir de la visite annoncée, se rangea à cet avis. Il fut donc décidé que M. Cordes, son interprète, se rendrait seul au Tsong-li Yamen. Comme il allait monter en chaise, le baron, changeant subitement de détermination, monta également dans sa chaise, qui partit la première, accompagnée de son escorte. Dans la rue de Ha-Ta-Men, beaucoup d'agitation; à mi-chemin, M. Cordes aperçut dix soldats assis devant un poste de police, et tenant leurs fusils appuyés sur la cuisse, le canon dirigé vers la chaussée, qui est à cet endroit visiblement en contre-haut. Aussitôt un coup de feu partait, et le baron de Ketteler, frappé à la tête, tombait en avant hors de la chaise; au même instant, M. Cordes recevait une balle dans le bas-ventre, et, quoique gravement blessé, parvenait à s'enfuir et à se réfugier dans l'hôpital américain. Que l'on juge de la consternation et de l'indignation des ministres en apprenant ce tragique événement!

Sur le champ ils réclament des explications aux ministres chinois... Ceux-ci répondirent — le soir seulement — que le départ pouvait être un peu différé, que l'empereur avait rendu un décret dans ce sens, qu'il fallait renoncer à venir au Tsong-li Yamen, la route n'étant pas sûre... Et aucune explication sur le crime commis le matin même.

Ce silence était un aveu... et dès lors, il fallait s'attendre à tout. Il fut donc décidé qu'à la première attaque les légations seraient évacuées par les femmes et les enfants qui se réfugieraient à la légation d'Angleterre, centre de la résistance et quartier général. Il était temps; à quatre heures précises, au moment où expirait le délai de 24 heures, des coups de feu étaient tirés contre le poste de la légation d'Autriche et contre la douane; les Boxeurs essaient d'y mettre le feu, mais les troupes françaises et autrichiennes chargent et déblaient la place.

Le lendemain, nouveaux incendies. Le commandant allemand de Montalma fait évacuer la légation de France, et M. Pichon se réfugie avec toute sa suite à celle d'Angleterre. Et là les Boxeurs reviennent à la charge, promènent leurs torches aux quatre coins de la ville, se précipitent comme des fous au pied des

CARTE DE LA CHINE ET PLAN DE PÉKIN

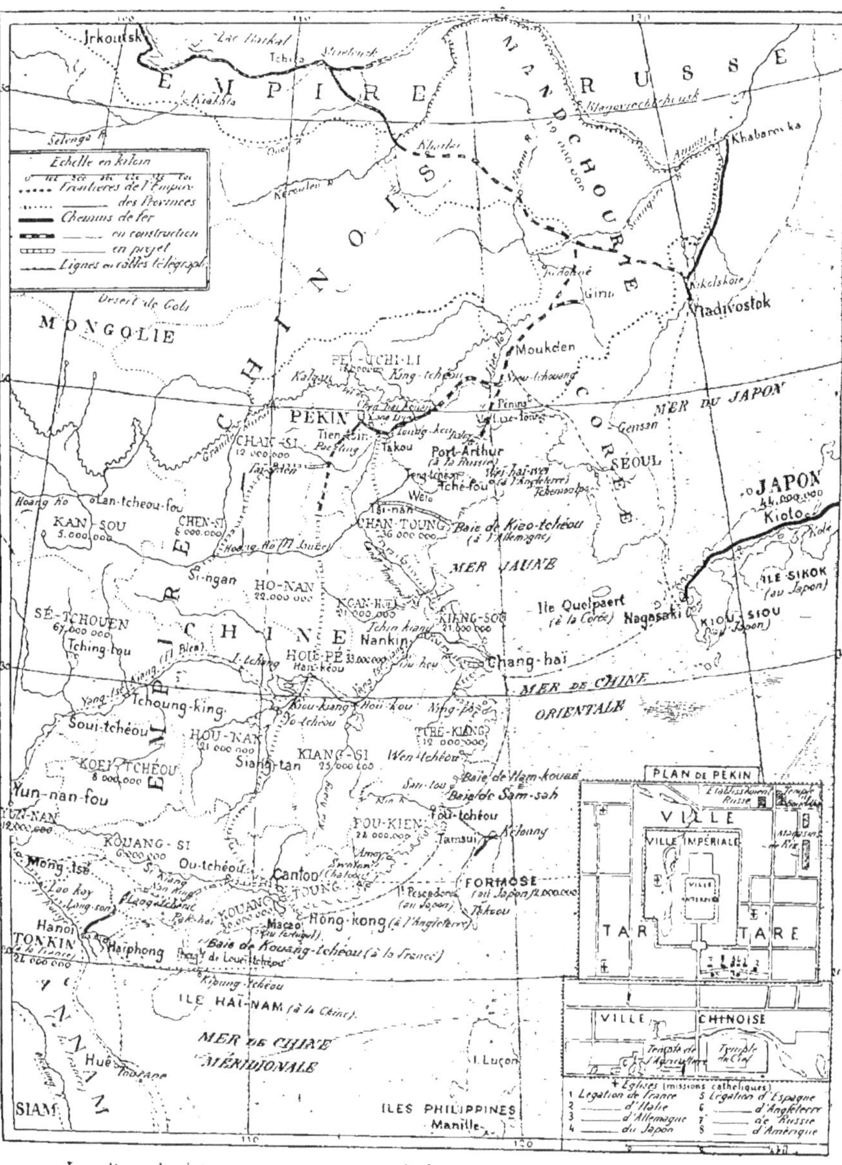

Les étymologistes nous sauront gré de leur donner ici la signification de quelques mots chinois: *Pé* veut dire Nord; *Nan*, Sud; *Tong* Est; *Si*, Ouest; *Haï*, Mer; *Tian*, Ciel; *Chan*, Montagne; *Kiao*, Pont; *Kou*, Ancien; *Kouan*, Porte; *Hou*, Lac; *Ho*, Fleuve; *Hoang*, Jaune; *Hong*, Rouge; *Tang*, Église; *Fou*, Chef-lieu de département; *Tchéou*, Chef-lieu d'arrondissement; *Hien*, Chef-lieu de canton; *King*, Résidence impériale; *Kiang* ou *Kong*, Rivière.

Ainsi, *Pé-tang* signifie Église du Nord; *Si-tang*, Église de l'Ouest; *Hou-pé*, au Nord du lac; *Hou-nan*, au Sud du lac; *Fou-tchéou* est à la fois chef-lieu de département et d'arrondissement, etc.

murailles, cherchant à les escalader au moyen de griffes, tombent en tas sous la mitraille ; d'autres arrivent, et d'autres encore, plus nombreux, plus fous encore, emplissant la nuit de leurs hurlements. La légation d'Italie, la légation de Hollande, la légation de Belgique brûlent ; la fusillade et le canon n'arrêtent plus. C'est une pluie d'obus et de balles, et toujours le flot Boxeur battant les murailles. On décide de sortir pour les repousser ; on ne réussit pas ; par trois fois nos troupes se brisent et sont forcées de battre en retraite. Et pendant cette lutte, le prince Tuan et l'impératrice font afficher sur le grand canal une proclamation disant que les troupes impériales (1) protégeront les troupes européennes, et défendant aux troupes impériales de tirer sur elles ! Étrange protection en vérité ! Au même moment, le lieutenant Darcy défend héroïquement la légation de France attaquée sur ses quatre façades ; le matelot Le Goance est tué à ses côtés, et l'aspirant Herbert qui dirigeait le tir du haut d'un toit tombe frappé d'une balle en plein front. Comme tout semblait désespéré et qu'on pouvait craindre l'invasion subite des Chinois, bien vite, pour qu'au moins son cadavre soit respecté, on enterre le pauvre soldat mort au champ d'honneur. Un prêtre est là, heureusement, qui récite les dernières prières et bénit ce martyr du devoir. Peu après, c'était le tour d'un autre français,

(1) L'armée chinoise comprend :

1° Les tartares, ou hommes de bannières. On les distingue à la couleur de leurs uniformes et de leurs drapeaux (jaune, blanc, rouge, bleu, etc.). Tous dévoués à l'empereur. Ils ont pour armes l'arc, les flèches, les piques, les sabres, les fusils à mèche et espingoles. En plus de ses armes, chaque homme porte dans son fourbi la pipe, l'éventail et le parapluie traditionnel.

2° Les chinois, avec chefs tartares.

3° Les mouzols qui fournissent à l'empereur la cavalerie et l'artillerie à cheval.

engagé volontaire, M. Wagner. On l'enterre, lui aussi, à la légation même, et ses funérailles sont saluées par le canon chinois, le bruit assourdissant du tam-tam et des gongs.

De loin, ceux qui assistent à la funèbre cérémonie, peuvent voir les ennemis agitant d'immenses bannières et poussant des cris de sauvages. « Un canon, dit le lieutenant Darcy, nous bombarde à moins de 150 mètres ; les Chinois essaient d'incendier l'édifice où nous nous trouvons, en envoyant quelques fusées fixées à des morceaux de bois ; ils vont jusqu'à lancer des flèches dont l'extrémité est garnie d'allumettes enflammées ; les balles pleuvent sur les murs et sur les toits ; à peine étions-nous là depuis quatre ou cinq minutes que deux explosions se produisent sous la maison presque simultanément. Enseveli au milieu des décombres jusqu'aux épaules, je ne parviens qu'à grand'peine à me dégager en laissant mon fusil ».

Arrive la date du 14 juillet... Loin de la mère-patrie, la Fête Nationale était vraiment, les autres années, un jour de bonheur et de réjouissances, et toutes les légations, sympathisant avec la légation de France, lui offraient leurs souhaits et prenaient part à ses réceptions.

Hélas ! pour les pauvres assiégés ce fut une journée de larmes et d'angoisses, une des plus tristes de leur long martyre. — Laissons parler M. Pichon, en citant cette touchante et belle page de son journal : « Rendez-vous était pris pour célébrer la Fête Nationale à la légation de France... Quand j'y vais, à huit heures, c'est la douleur au cœur. Il faut se raidir pour ne pas sentir défaillir son courage et sa foi dans la délivrance devant le spectacle qui s'offre à ma vue.

« Notre légation n'existe plus ; le pétrole, la poudre,

les balles, les boulets et les obus n'en ont laissé debout que des murs carbonisés qui dressent en face de nos barricades leurs silhouettes noircies et trouées, et autour desquels sont plantés des drapeaux chinois comme en pays conquis. C'est une vision lamentable avec une consolation pourtant, celle de l'intrépidité de nos défenseurs. Le capitaine Darcy, ses matelots, les chefs et les matelots autrichiens, les volontaires, sont admirables; il serait difficile de trouver, dans les annales des luttes où la bravoure supplée au nombre, une page plus belle que celle sur laquelle ils gravent leurs noms.

« Mais sera-t-elle jamais connue? Que deviendront les lignes que j'écris? Survivra-t-il un seul témoin des faits que je raconte? L'incendie guette ce journal du siège, comme la mort nous guette nous-mêmes. »

Dérision suprême! Voulant sans doute célébrer à sa manière la Fête Nationale, Yong-Lou écrit, ce jour-là même, à sir Claude Macdonald pour offrir aux ministres des légations de se rendre au Tsong-li Yamen sous la protection des troupes impériales et d'y résider jusqu'au jour où ils pourraient regagner leur pays. Cette proposition est accompagnée de protestations d'amitié et de dévouement; heureusement les ministres refusèrent... quel sort les attendait, s'ils s'étaient fiés à la bonne foi du gouvernement? Quelques jours auparavant, le 9 juillet, Yu-Hsien (1) avait invité tous les missionnaires, au nombre de quarante-trois, anglais, français et américains, à se rendre dans son Yamen à Taï-Yuen-Fou, sous prétexte de leur remettre un sauf-conduit pour aller jusqu'à la côte.

(1) Les journaux publient aujourd'hui (12 décembre) une dépêche de Chine annonçant que Yu-Hsien sera certainement exécuté si les puissances demandent sa mort.

Innocemment, les missionnaires acceptèrent cette offre; ils se rendirent au Yamen : là, on les mit en pièces et leurs têtes furent ensuite exposées aux quatre portes de la ville... C'est sans doute le succès de ce guet-apens qui avait inspiré au gouvernement chinois jaloux l'ambition de le renouveler, en pavoisant les murs de Pékin avec les têtes des ministres européens. Quelques jours après, le Tsong-li Yamen transmettait à M. Pichon un télégramme chiffré venant de Paris. Le ministre des Affaires étrangères envoyait au représentant de la France « l'expression de la cordiale sympathie du Gouvernement et du Parlement » et lui annonçait sa promotion au grade de commandeur de la Légion d'honneur. « Il me donne, ajoute M. Pichon, ce qui est plus particulièrement aimable, *et me touche plus que tout le reste,* des nouvelles de ma mère, qui est en bonne santé. » N'est-ce pas simple et grand à la fois ce délicat aveu du bonheur aimé d'un fils recevant des nouvelles de sa mère qu'il n'espère plus revoir en ce monde !

Nouvelle tentative perfide, nouveau guet-apens.

Le ministre d'Angleterre reçoit une lettre signée King insistant sur la gravité croissante du mouvement des Boxeurs dont l'extermination des chrétiens était le but et auxquels la destruction des légations pourrait seule donner satisfaction, et invitant les ministres étrangers à se retirer temporairement à Tien-Tsin avec une escorte chinoise... Naturellement le corps diplomatique refusa énergiquement.

Le lendemain, changement de décor : le Tsong-li Yamen, sur mandat impérial, fait parvenir aux légations des pastèques, des aubergines, des cornichons, des concombres. — Ce sont en Chine des cadeaux distingués. — Miracle ! pas de poison caché dans ces légumes et ces fruits! Ils n'étaient pas mangés encore, que présents moins agréables, les balles, les obus recommençaient à pleuvoir sur les légations.

Un mot peint bien la situation : les secrétaires du Tsong-li Yamen écrivent à sir Robert Hart, ministre d'Angleterre, et lui disent :

« Les gouvernements étrangers sont très inquiets de la situation de leurs ministres en Chine; envoyez donc à Londres un télégramme qui sera communiqué aux gouvernements étrangers et les rassurera. » Sir Robert répondit : *Si je télégraphiais la vérité, personne ne voudrait la croire*... Les Chinois élevaient chaque nuit des retranchements destinés à les rapprocher de la légation et, en se réveillant, les assiégés apercevaient de nouveaux murs plus rapprochés de quelques pieds que ceux de la veille. A un moment, on pouvait entendre les officiers chinois s'entretenir entre eux; pendant les dernières nuits, ils exhortaient leurs hommes à charger les étrangers et à les exterminer avant l'arrivée des armées de secours. Mais les soldats répondaient « qu'ils ne pouvaient affronter les baïonnettes! »

Cruels, sauvages, mais pas braves les Chinois!

Et que l'on n'oublie point que les assiégés, sans communication aucune avec le dehors, étaient peu riches en munitions... quelques jours de plus et toute résistance était impossible. On croit rêver en lisant certains détails particuliers de ce siège de deux mois, siège dont l'horreur apparaît plus grande encore, lorsqu'on songe que ces retards prolongés rendaient la délivrance problématique, et ne laissaient plus guère aux assiégés que la perspective de la mort, et de quelle mort! Quant à se rendre, personne n'y a jamais pensé.

Un témoin affirme que les Chinois n'ont pas tiré moins de 10,000,000 de cartouches et plus de 4,000 coups de canon, dont 450 dans une seule journée... Et nous ne parlons pas ici de ce qui s'est passé au Peï-Tang.

Pendant les trois premières journées du bombardement, 2,800 projectiles sont tombés dans le quartier étranger, et un jour on a rempli un tonneau des balles ramassées dans les jardins. Cinquante-quatre soldats de l'infanterie de marine ou marins ont été tués. A la légation d'Angleterre, qui était, comme nous l'avons dit, le quartier général, on a découvert, après la délivrance, un tunnel parfaitement boisé, d'une longueur de plus de cinquante mètres, et venant aboutir sous la maison même de sir Claude. Tout était prêt, et la poudre a été trouvée déposée à l'entrée même du tunnel; quelques heures de plus, et tout le monde succombait.

Il paraît même que l'entrée du souterrain fut découverte par hasard, grâce à la présence de soldats chinois qui étaient venus rôder autour, et sur lesquels on tira en en tuant deux.

Louer les soldats qui se sont défendus en héros ne suffit pas, et il serait injuste d'oublier les courageuses femmes qui, pendant ces heures et ces jours d'agonie, ont donné le plus bel exemple. Aussi ne pouvons-nous résister au bonheur de citer quelques passages du récit touchant de l'une de ces vaillantes, madame Berteaux, femme du chancelier de la légation de France. « Il n'y a pas eu, dit-elle, la moindre attaque de nerfs, ni de crises de larmes, aucune manifestation d'épouvante ou de terreur. Nous ne songions pas à pleurer, mais à soutenir par notre attitude le sang-froid, le courage de nos maris. Même, les Françaises réfugiées à la légation d'Angleterre ont tenu à participer à la défense, et nous avons, avec nos toiles de tentes, nos draps et nos robes, fabriqué des sacs que nous emplissions de terre, pour augmenter la protection des barricades... On n'était pas trop à son aise à la légation d'Angleterre; dans notre maison, qui n'avait que quatre pièces, nous étions trente; on couchait huit dans la même chambre, tout habillées, sur des matelas s'alignant sur le parquet, mais on dormait si peu... Vite, on s'habitua aux alertes continuelles, au bruit du tocsin d'alarme, aux grondements du canon, au crépitement des balles, et dans la journée, quand la pluie de plomb cessait, les enfants allaient jouer dans le jardin de la légation. Ils jouaient à la guerre, les pauvres petits! Il y avait le camp des Européens et le camp des Boxeurs! Et les plus jeunes, inconscients du danger, de la mort qui planait incessamment sur eux, imitaient la canonnade en criant : Boum! boum! Et quand, de nouveau, sifflaient les balles, vite ils accouraient près des mères anxieuses. Il n'y avait pas moins de cent cinquante enfants; cinquante étaient encore des nourrissons. Trois vaches leur fournissaient du lait; mais il fallut manger les vaches et l'on se servit de lait concentré, dont heureusement il y avait une grande provision. Dix de ces pauvres petits moururent... Nous n'avions plus que pour huit jours de vivres. Le menu des repas était tous les jours le même : le matin, un bifteck de cheval entouré de riz de la plus mauvaise qualité; le soir, du cheval en daube et du pain noir fait avec toutes sortes de graines : du riz, du blé avarié, du maïs, de l'avoine... Nous avions parmi nous un Européen réfugié avec sa femme et son petit chien, qu'il aimait comme un enfant et qui s'appelait Tambou. « Tenez-le bien en laisse, lui dit un jour une dame, ou notre ordinaire variera. » « Si l'on faisait cela, répondit sérieusement le protecteur du toutou, je ne lui survivrais pas. » Et la dame de rire. »

Une autre dame, une Parisienne, à qui l'on reprochait sa gaîté au milieu des circonstances les plus graves, répondit un soir : « Nous ne serons peut-être plus demain, rions donc encore aujourd'hui. »

Comment des soldats ne seraient-ils pas des braves, des héros, quand ils ont près d'eux de telles femmes?

Et ce trait, que raconte M. Pichon, n'est-il pas, lui aussi, touchant, plein de grandeur? « Un de nos matelots, blessé quelques jours auparavant par un de ses camarades dont le fusil lui a perforé le poumon en se déchargeant par imprudence, est mort à l'hôpital anglais. Quelques minutes avant de mourir, il a reçu la visite de celui qui l'a tué. Il s'est contenté de lui dire : « Je ne t'en veux pas; tout ce que je te demande est de faire dire une messe pour moi, dès que tu seras de retour au pays. » Je trouve, moi profane, cette parole sublime dans la bouche de ce pauvre enfant! » C'était un chrétien, ce matelot, voilà tout. Et sur son lit de mort, en pensant à la France, à son village, à son vieux père, à sa mère, au crucifix du foyer domestique, à sa première communion, il a voulu mourir en pardonnant. Héroïsme et simplicité sont souvent synonymes.

C'était le 11 août. Le 12, un autre Français, le capitaine Labrousse, est frappé d'une balle, et sa mort cause d'immenses regrets, car c'était un officier distingué, d'un courage indomptable et d'une volonté de fer.

Le 13, la fusillade redouble, plus furieuse que jamais; mais tout à coup, à deux heures du matin, on entend au loin le canon, et bientôt le doute n'est plus possible : les troupes européennes approchent, l'allégresse est générale.

Ecoutons encore parler une vaillante femme, l'épouse de M. Pichon.

Elle écrit à sa mère : « Combien j'ai prié Dieu matin et soir, le suppliant de venir à notre secours, de nous conserver l'espoir de vivre et de nous revoir! Il m'a exaucée. Le 10 août, sont arrivées les lettres des généraux anglais et japonais en marche sur Pékin... A partir de ce moment, nous n'avons plus qu'une idée : tenir, tenir quand même... Dans la nuit du 13 au 14 août, au milieu de la fusillade, nous entendons tout à coup des coups de canon, tirés avec régularité au lointain. Cette fois, il n'y a plus de doute : ce sont nos bienheureuses troupes... Elles approchent ; nos pauvres cœurs peuvent à peine supporter une telle joie. Nous n'osons pas encore croire à la délivrance ; nous l'avons si souvent espérée... Toute la nuit se passa ainsi ; auprès de nous, l'attaque continuait avec fureur ; au loin, ce bruit libérateur qui semblait s'approcher peu à peu... La matinée du 14 s'est passée à attendre les événements. Tout à coup, vers trois heures de l'après-midi, un jeune homme accourt de la muraille en criant : « Les allemands sont dans la ville chinoise ». Je me précipite pour le dire à Stéphen, et presque aussitôt, nous voyons arriver devant notre maison une centaine de soldats... quelle joie, quel délire !... Nous pleurons, Stéphen m'embrasse devant tout le monde. Moi, j'embrasse le capitaine Darcy, notre vaillant défenseur. Tout le monde est rayonnant. On s'aborde, on se serre les mains... C'est un bonheur inexprimable, après toutes les angoisses que nous avions supportées...

« Moi, je me sauve dans ma chambre pour rendre

grâce à Dieu qui nous a sauvés... Puis tout à coup, je pense à la malheureuse baronne de Ketteler qui souffre seule au milieu de l'allégresse générale, car elle pleure son mari... Je vais la trouver chez elle pour lui dire que je pense à elle et la plains de toute mon âme... Pauvre malheureuse femme !... »

La première, Mme Berteaux, dont nous avons déjà parlé, donna la nouvelle de la délivrance. Elle revenait un jour de la légation de France, où elle allait souvent, en pleine zone dangereuse, avec son mari, réconforter par quelques paroles les héroïques marins français et autrichiens, quand elle vit un soldat anglais pénétrer dans le jardin par l'orifice d'un égout. C'était un lancier d'un régiment indien, un Sikh (1) qui venait en tête d'un détachement de secours, et qui, s'agenouillant, *fit à haute voix sa prière*, ses compagnons étant massés autour de lui. C'était vraiment la délivrance.

Pendant le siège, un chrétien du Peï-Tang s'était dévoué pour venir aux légations chercher des nouvelles, et M. Pichon lui avait tenu ce langage :

« La légation française et les autres ministres doivent se retirer dans la légation d'Angleterre ; le ministre d'Allemagne est bien réellement tué, et son interprète blessé ; la légation d'Autriche est évacuée et va flamber ; le projet de quitter Pékin est abandonné ; *préparons-nous au dernier voyage*, mais espérons encore. »

Et le même M. Pichon termine son journal par ces mots : « Le 15, au lever du jour, on m'avertit qu'on entend le clairon de nos troupes. Je me lève pour recevoir le général Frey qu'accompagne M. d'Anthouard.

(1) Les *Etats Sikhs* sont de tous les Etats indigènes de l'Inde ceux qui ournissent à l'Angleterre les meilleurs soldats.

Le *miracle* auquel il était presque interdit de croire, est accompli : nous sommes sauvés ! »

Les hommes étaient devenus impuissants, Dieu s'est montré... Son intervention, nous la constaterons plus visiblement encore, après les péripéties du siège du Peï-Tang où nous allons voir lutter et mourir d'autres martyrs. Mais nous n'avons pas voulu quitter les légations sans dire avec tous ceux qui croyaient y trouver un tombeau, qu'elles ne furent sauvées que par un miracle. Et c'était le 15 août. La Reine du Ciel que les femmes et les petits enfants avaient implorée ; l'Etoile de la mer que les matelots avaient appelée à leur secours, choisit le jour glorieux de l'Assomption pour faire éclater sa puissance et sauver ceux qui en Elle avaient mis leur confiance.

III

AU PEÏ-TANG. (1)

« De toutes les défenses organisées pendant le siège, celle de l'évêché de Pékin est peut-être la plus étonnante et la plus remarquable. » (Rapport de M. Pichon.) Le correspondant d'un journal écrivait : « Je

(1) Le *Peï-Tang* (église du Nord) fut donné par l'empereur à la mission catholique, en 1885, après entente avec le pape et le gouvernement français dont le droit de protection sur les établissements religieux était incontestable et incontesté. M. Constans, alors ambassadeur de France, grâce à son énergie et à sa connaissance des Chinois, rendit à la mission des services signalés et obtint pour elle, du vice-roi Li-Hung-Chang, de précieux avantages.

Le terrain concédé est situé à une demi-lieue des *Légations* dans la ne sache pas qu'il y ait dans l'antiquité quelque chose de plus émouvant que la résignation et l'énergie de ces milliers de personnes, assiégées, menacées de toutes parts, manquant de tout, et, finalement, sauvées uniquement parce qu'elles n'ont pas désespéré. »

Il suffit de lire, et on ne peut le faire que les larmes aux yeux, le journal de Mgr Favier, pour comprendre la vérité, la sincérité de ces témoignages, et même une pâle analyse, un résumé forcément très incomplet nous montrera que la Foi peut encore aujourd'hui, comme aux premiers siècles de l'Église, enfanter des héros et créer des martyrs.

Donnons d'abord la liste des assiégés : Mgr Favier et son coadjuteur Mgr Jarlin, plusieurs prêtres, plusieurs frères, 22 sœurs de charité, 30 marins du *D'Entrecasteaux*, commandés par le lieutenant Henry, 12 marins italiens, 111 élèves des grand et petit séminaires, 900 hommes ou jeunes gens réfugiés, 1,800 femmes et jeunes enfants, 450 jeunes filles des écoles ou des orphelinats, 51 bébés de la crèche, soit en tout environ 3,420 personnes, dont 71 Européens.

Mgr Favier, on le voit, on le sent, n'a jamais eu, lui, confiance dans la bonne volonté de la Cour et, à la veille même du siège, trouvant, à chacune de ses visites aux légations, les ministres portés à l'espérance, il ne cessait de leur prêcher la vigilance et de leur répéter qu'une attaque était imminente. Et pourtant, Dieu sait si lui aussi, le bon évêque, en avait

Ville Impériale (voir, sur le plan, l'emplacement marqué d'une croix à gauche). Enclos de murailles, mesurant 350 mètres du nord au sud et 220 mètres de l'est à l'ouest, il comprend toutes les fondations catholiques, cathédrale, évêché, séminaires, habitations des missionnaires, imprimerie, écoles, etc...

reçu, de la part de la Cour et des mandarins, des protestations de dévouement et d'amitié! Les regardant comme hypocrites et mensongères, il se mit à l'œuvre, dès le 1er juin, pour organiser la résistance. Ce jour-là, nous l'avons déjà dit, M. Pichon, malgré la défense formelle du Tsong-li Yamen, lui avait conduit 30 marins sur les 70 qui lui avaient été envoyés la veille. Ce n'était pas chose facile de faire du Peï-Tang une place forte à cause de l'immense périmètre à protéger (1,400 mètres) et de la pénurie d'armes : à peu près 50 fusils, quelques sabres et 500 longs bâtons garnis de fer.

Le drame commence par une scène vraiment peu banale. Le 3 juin, l'évêque de Pékin se rend au palais impérial pour remettre à l'impératrice, de la part du Souverain Pontife, une lettre et un présent. Il est reçu en grande pompe, avec beaucoup d'égards, par le prince Tsing qui, au nom de Sa Majesté, accepte lettre et cadeaux en manifestant les plus vifs sentiments de respect et de reconnaissance et promet de protéger les chrétiens... Hélas! des actes auraient mieux valu que des paroles ; mais, en Chine comme... en Europe, on a appris à ne répondre aux avances du Chef de l'Église que par l'ingratitude et la persécution. Pilate aussi voulait protéger le Sauveur ! A peine installé au Peï-Tang, le lieutenant Henry, jeune homme de 23 ans, aussi pieux que brave, un vrai Breton, examine la place, j'allais dire le champ de bataille. Vite, il se rend compte qu'avec ses 30 marins, il ne réussira jamais à défendre dans toute son étendue l'enceinte de l'évêché, et on se décide à faire de l'église le centre de la résistance et un lieu de refuge, en cas d'attaque. Ces précautions font rire le gouverneur de la ville qui vient rendre visite à l'évêque et lui dit : « Vous n'avez rien à craindre, les Boxeurs n'oseront pas attaquer le Peï-Tang. » Quelques jours après, le bon mandarin n'aurait pas parlé de la sorte, car, le 14, au milieu de la nuit, les Boxeurs entourent la résidence épiscopale en criant : « Cha, cha, tuons, tuons, chao, chao, brûlons, brûlons ! Le 15, au matin, ils arrivent en grand nombre, tous habillés de rouge ; ils brûlent des bâtons d'odeur, font des prostrations, puis s'avancent en troupe serrée... ils sont à 200 mètres, quand les marins leur envoient des feux de salve nourris, et 47 de ces derniers prétendus invulnérables, restent sur le terrain. Ce succès donne du courage aux assiégés, mais bientôt les Boxeurs, furieux de leur échec, reviennent à la charge en poussant des cris épouvantables et, accompagnés de troupes chinoises parfaitement régulières, entourent le Peï-Tang. Les incendies des églises, des banques, des maisons des chrétiens, jettent de toutes parts sur l'horizon de sinistres lueurs et, de temps à autre, quelque chrétien fugitif, dit Mgr Favier, vient nous demander asile et rapporte les plus lamentables nouvelles. Le 19, c'est un domestique du Si-Tang qui nous apprend que le Père Doré est mort brûlé dans sa chambre avec une vingtaine de chrétiens !... Peu de jours auparavant, ce brave Père m'avait dit : Monseigneur, si je suis attaqué, puis-je me servir de mon fusil ? — Je lui répondis : Assurément, c'est permis en cas de légitime défense. — Il ajouta : Mais, si c'était pour défendre ma seule personne, serait-il plus parfait de ne pas m'en servir ? — Je dis alors : Assurément, être massacré pour le bon Dieu sans se défendre, c'est le vrai martyre... Et le bon Père ne s'est pas servi de son arme. A partir de ce moment, l'évêché est complètement bloqué et toute communication avec le dehors, surtout avec les légations, devient impossible et les scènes de carnage et de deuil sont presque ininterrompues.

Le vendredi 22 juin était le jour fixé par un mandement de l'évêque pour la consécration du vicariat au Sacré Cœur. A genoux au pied de l'autel, un prêtre en lisait les premiers mots quand un obus vient briser un vitrail de l'église où tout le monde était réuni, et tue une pauvre femme. Une panique bien compréhensible s'empare de l'assistance, et on évacue l'édifice au bruit des coups de canon qui se succèdent à chaque minute. Plusieurs colonnettes en brique et des fenêtres géminées volent en éclats, les clochetons sont en miettes, mais la croix reste toujours debout. A trois heures, l'attaque est encore plus violente, et tout à coup un canon chinois placé à 300 mètres de l'entrée fait sauter un battant de la grande porte. Le lieutenant Henry et Mgr Jarlin perdent patience, et entraînant à leur suite une poignée de marins et de chrétiens, ils sortent sous une salve bien nourrie, et s'emparent audacieusement du canon chinois. En ce seul jour, 530 coups de canon ont bombardé l'évêché. Évêques, prêtres, marins, chrétiens, tout le monde était bien fatigué... les Boxeurs, sans doute, avaient aussi besoin de repos, car la nuit fut calme, mais, dès le matin, le lendemain, l'attaque recommence. « J'étais assis, dit Mgr Favier, sur un petit banc, près de notre grande porte, à côté du commandant, et nous regardions voler en éclats les marbres de la façade de notre belle église, lorsqu'un adroit tireur envoya une bombe au pied même de la croix, qui, brisée, tomba sur le parvis. J'avais été si heureux de sceller cette belle croix de marbre, au sommet de l'édifice, il y a treize ans seulement! Enfin, si le bon Dieu nous sauve, elle reprendra sa place! » La fusillade continue, mais, du côté des assiégés, les minutions diminuent... On croirait que les Boxeurs s'en doutent, et, par un stratagème grossier, ils essaient de les faire dépenser en pure perte en installant des mannequins sur le toit des maisons... les marins ne s'y laissent pas prendre. Le 27, croyant le poste d'entrée anéanti par leur fusillade, les ennemis, Boxeurs et soldats réguliers, s'avancent au pas de course; des feux de salve bien dirigés les mettent en déroute; ils jettent lâchement leurs armes que nos marins se hâtent de ramasser. Ils reviennent bientôt, lançant des bombes incendiaires et des flèches enflammées contre la grande porte, et en même temps, ils l'arrosent de pétrole, au moyen de pompes à incendie. Mais tout le monde tient bon, et la grande porte est sauvée. Les marins, enhardis, deviennent intrépides... Pleins de foi, ils disent hautement que le bon Dieu les protège, et on les voit souvent baiser le scapulaire et le crucifix que tous portent sur eux. A minuit, ils n'y tiennent plus, et veulent faire une sortie pour donner une bonne leçon aux Boxeurs qui, à moins de 30 mètres, les arrosent de pétrole! Ils en tuent dix, mettent les autres en fuite, et rapportent deux pompes, de la poudre, du plomb, des caisses de vêtements. « Le lendemain, 29, fête de de saint Pierre et saint Paul, nous offrons, écrit Mgr Favier, nos souhaits de fête au brave commandant Paul Henry. Nous parlons d'Angers son pays, et du bonheur que ses parents auront à le revoir. Il nous dit : « Vous verrez que nous sauverons le Peï-Tang; peut-être quelques-uns de nous ne seront plus; je serais heureux de mourir pour une si belle cause; j'espère que le bon Dieu m'ouvrirait le paradis. Si je dois disparaître, je ne disparaîtrai que lorsque vous n'aurez plus besoin de moi ». Je le supplie, comme tous les jours, de ne pas s'exposer, j'ai peur pour lui, il est si vaillant, si brave, si dévoué ! ». Comme on voit que ce saint évêque et ce vaillant soldat étaient bien faits pour s'entendre et pour s'aimer ! Le 30, le second-maître Joannic, blessé quelques jours auparavant, meurt en vrai Breton, muni de tous les sacrements. On l'enterre le soir même, dans le jardin, pendant que les braves chrétiens, tout attristés, disent en pleurant : « Que ne sommes-nous morts cent, au lieu de ce bon matelot ! » A partir de cette triste journée, la famine et la maladie viennent s'ajouter aux souffrances des pauvres assiégés ; la petite vérole s'est déclarée chez les enfants ; il en meurt 7, 8, par jour, et bientôt ce chiffre s'élève jusqu'à 15. Les vivres commencent à manquer, on mange les ânes, les mulets, les chevaux; plus de légumes, plus d'herbes salées, et surtout, terrible privation, plus de tabac ! Plusieurs journées s'écoulent, toujours au milieu de la fusillade et des bombes ; ces engins ne réussissant pas à allumer d'incendie, les Boxeurs lancent sur les toitures des pots à feu ; plus de 250 s'enflamment, mais de sérieuses précautions avaient été prises : tonneaux, baignoires, baquets pleins d'eau, gens armés de crocs et de pompes étaient prêts, et le feu ne s'est développé nulle part. Et toujours, du dehors, on vise la grande porte, sur laquelle les boulets arrivent continuellement ; l'un d'eux, après avoir fait voler en éclats la fenêtre de la chambre de Mgr Favier, tombe sur le lit qu'il venait de quitter... « Encore un miracle, écrit l'évêque, nous ne les comptons plus ». Son coadjuteur, Mgr Jarlin, voit son chapeau emporté par une balle... une bande du cuir chevelu a suivi le chapeau... « la bonne Vierge a sauvé ce cher et vaillant évêque ». La sainte Vierge, le bon Dieu protègent évidemment missionnaires, chrétiens et soldats ; une terrible explosion fait trembler tout le Peï-Tang, et une colonne de pierres et de terre s'élève à plus de trente mètres ; tout devait être détruit et quelques maisons seulement sont ébranlées ; il suffira de les étayer : un seul homme est tué ; un obus tombe dans la chapelle des Sœurs, brisant les bancs qu'elles viennent de quitter pour aller souper... Sur l'initiative des marins Bretons, on commence une neuvaine à sainte Anne, et le commandant Henry s'engage à porter lui-même à son sanctuaire d'Auray un ex-voto, si le Peï-Tang est sauvé et ses habitants délivrés.

Quelques jours après, le brave commandant est sur une brèche avec 12 hommes ; les Boxeurs entrent en grand nombre, chargés de fascines pétrolées qu'ils enflamment contre le mur nord ; M. Henry se précipite, plusieurs centaines de Boxeurs sont tués ; malheureusement deux matelots sont blessés par une balle qui pénètre dans le cou du commandant. Il descend alors et reçoit une seconde balle dans le côté ; malgré ces deux blessures mortelles, il se tient debout ; il s'affaisse enfin sous la véranda, entre les bras d'un prêtre qui lui donne les derniers sacrements. Il expire au bout de vingt minutes en bon soldat et en bon chrétien. Nous n'avons pleuré qu'une fois pendant le siège, c'est ce jour-là.

Le simple quartier-maître Élias prend le commandement du détachement, mais Mgr Jarlin est là pour veiller sur le moral de nos Bretons qui pleurent comme des enfants la mort de leur chef... Après la délivrance, Mgr Favier écrit au père de l'héroïque officier : « Celui qui est tombé vaillamment sur la brèche n'ira pas à Sainte-Anne porter l'*ex-voto* promis aux jours de la neuvaine. L'évêque qui l'aimait tant le remplacera ;

je ferai moi-même le pèlerinage vers la fin de décembre, ou au mois de février 1901 ». Ce sera un beau jour que celui-là, et qui ajoutera une belle page à l'histoire de Sainte-Anne-d'Auray. Prêtres, marins, soldats se presseront en foule autour de l'admirable évêque de Pékin accomplissant la promesse du héros breton dont le corps repose, relique précieuse, dans cette enceinte du Peï-Tang qu'il a arrosée de son sang, et qu'il continuera de défendre du haut du ciel.

Cette mort cruelle aurait pu décourager les marins et démoraliser les pauvres assiégés, d'autant plus facilement que le jour même, les Boxeurs lancent des flèches auxquelles sont suspendus plusieurs exemplaires d'une lettre ainsi conçue : « Vous, chrétiens enfermés au Peï-Tang, réduits à la plus profonde misère, mangeant des feuilles d'arbres, pourquoi résister avec tant de rage, quand vous ne le pouvez plus ? Nous avons contre vous des canons et des mines, et vous sauterez tous avant peu. Vous avez été trompés par les diables d'Europe, revenez à l'ancienne religion de « Fouo » ; livrez-nous Mgr Favier et les autres ; vous aurez la vie sauve, et nous vous donnerons à manger. Si vous ne le faites pas, vous, vos femmes et vos enfants, vous serez tous coupés en morceaux. » Inutile de dire que pas un seul des braves chrétiens n'eut la tentation d'accepter ces offres, et cependant, c'est à peine si chacun d'eux recevait alors 300 grammes de nourriture par jour. De plus en plus les rations sont diminuées, et suffisent simplement à empêcher de mourir de faim. Des chiens qui dévorent les cadavres corrompus des Boxeurs sont chassés, tués et mangés, et les malheureux chrétiens ajoutent cette triste et nauséabonde nourriture aux feuilles d'arbres et aux racines de toutes sortes. Les femmes se privent de leur maigre portion pour nourrir leurs bébés ; privées de lait, elles se servent de petits morceaux de fer-blanc en guise de cuillers pour introduire un brouet clair et peu nourrissant, hélas ! dans la bouche de leurs pauvres enfants. (Une trentaine de nouveau-nés ont, pendant le siège, augmenté la population de la Chine.) « Un matin, dit Mgr Favier, avant de dire ma messe, je vois une de ces vaillantes chrétiennes, accouchée de la nuit, se jeter à mes pieds et me dire : « Évêque, évêque, faites-moi donner un bol de petit millet, pour que j'aie un peu de lait. » Je dus le lui refuser en pleurant ; il n'y en avait pas. »

« On faisait la cuisine avec des feuilles d'arbres, continue l'évêque, avec des racines de dahlias, de cannas, des tiges et des oignons de lis ; tout cela réduit en bouillie augmentait la faible pitance de chacun. On couchait pêle-mêle, tâchant de s'abriter contre les boulets, et surtout contre les mines ; deux ou trois cents enfants criaient la faim, et la chaleur intense m'empêchait de dormir ; je croyais ouïr les bêlements d'une troupe d'agnelets destinés au sacrifice. Ces cris, du reste, diminuaient à chaque jour, car nous avons enterré 170 de ces innocents. La misère, la faim, la maladie, les balles, ont plus que décimé la population chrétienne ; le nombre des cadavres enterrés dans notre jardin dépasse 400. Tous sont morts en bons chrétiens, en disant : « Nous mourons pour notre religion, tués en haine de la Foi, le bon Dieu nous donnera le paradis. »

Un jour l'évêque constate avec épouvante que dans quarante-huit heures il n'y aura plus de vivres ; les rations sont réduites à deux onces ; heureusement l'eau ne manque pas ! Tout le monde souffre beaucoup de la faim, l'abattement est général...

Mais au loin on entend gronder le canon et les cœurs palpitent d'espérance; si c'étaient les troupes européennes! Les Boxeurs ont entendu aussi et ils s'écrient avec rage : « Les diables d'Europe approchent, nous mourrons s'il le faut, mais vous sauterez tous avant. » Leur sinistre menace faillit se réaliser à la lettre. Le dimanche 12 août, une mine terrible éclate chez les Sœurs; tout le monde y court; heureusement la plupart des enfants et des religieuses étaient à la messe, sans cela la moitié du personnel sautait. Les dégâts sont effrayants : un cratère de 7 mètres de profondeur sur 40 de diamètre marque le lieu de l'explosion.

Cinq marins italiens et leurs officiers ont disparu, plus de 80 chrétiens, y compris 51 enfants de la crèche, sont enterrés pour jamais sous cet immense chaos.

En sauvant une femme à moitié enterrée, le Frère Jules André, visiteur des Maristes, homme d'une grande valeur, est frappé à mort. Les marins français accourent sur le lieu du sinistre, tuent 50 Boxeurs qui essayaient de pénétrer ; les autres prennent la fuite... Et le canon tonne toujours au loin.

Du haut de l'église, on constate la disparition des drapeaux chinois de dessus les murailles, l'espoir renaît dans les cœurs et le sourire revient sur les lèvres.

Le 14 août, à cinq heures du soir, on voit, à l'aide d'une longue-vue, des officiers étrangers sur les murailles, et un pavillon américain flotte vers l'est.

« Toute la matinée du 15 août, dit Mgr Favier, nous entendons le canon et, jusqu'à neuf heures du soir, nous avons espéré qu'on viendrait nous délivrer. Enfin la bonne Vierge qui, le jour de sa glorieuse Assomption, a fait entrer les troupes dans Pékin, les enverra demain, s'il plaît à Dieu ! Il reste 400 livres de nourriture pour 3,000 personnes !

« La Providence semble avoir compté les grains de riz ; qui aurait pu compter plus juste ? »

IV

LA DÉLIVRANCE

Le 16 août, de bonne heure, au sommet de l'église du Peï-Tang, flottait un grand drapeau français avec le signal : *Demandons secours immédiat.* Derrière la porte sont embusqués des soldats — européens, disent certains des assiégés, chinois, prétendent les autres. — Est-ce la délivrance, ou une suprême attaque ? A tout hasard, l'évêque sonne par trois fois sur le clairon : *La casquette du Père Bugeaud...* Aucune sonnerie, aucun hourrah ne répond du dehors, mais une grêle de projectiles tombe sur lui et les siens ; une bombe éclate à ses pieds, et il n'a que le temps de se garer derrière une colonne. Les séminaristes portent un autre drapeau plus loin, et renouvellent les sonneries du clairon. Cette fois, un officier japonais s'approche, et presque en même temps une troupe française avec un canon s'avance rapidement. Ils ont vu le drapeau, ils plantent des échelles en dehors du mur, les assiégés en placent au dedans, et, cinq minutes après, 50 soldats sont dans le Peï-Tang, pendant que les Japonais, escaladant le mur plus au sud, entrent de leur côté.

Boxeurs et réguliers chinois s'enfuient épouvantés, balayés par l'artillerie française, et laissant sur le terrain plus de 800 cadavres. Il était dix heures du matin. « Depuis un quart d'heure, dit Mgr Favier, le ministre de France, M. Pichon, et le général Frey étaient au Peï-Tang. Inutile de dire qu'on s'est embrassé de bon cœur et mutuellement félicité. Nous étions délivrés, et délivrés par les soldats français. » La cour, les princes, avaient secrètement quitté la ville, occupée bientôt tout entière par les troupes européennes. Tout danger avait disparu : les drapeaux des puissances flottaient sur les palais et les murailles, et, aux légations comme au Peï-Tang, on se reprend à vivre après avoir vu la mort de si près. Des missionnaires, réunis près de la tour de la Cloche, entonnent des chants d'actions de grâce. Des fusées illuminent l'air, tandis que soldats et civils de toutes nationalités fraternisent. Les assiégés entourent leurs libérateurs, leur serrant les mains, les embrassant, et ceux-ci pleurent d'émotion, restent muets d'étonnement et d'admiration en explorant les lieux témoins de l'héroïque défense. « Ah! disait l'un d'eux, il était temps que le bon Dieu nous amène! » Oui, il était temps, et de nouveau, nous le répétons, il faudrait être aveugle pour ne pas voir ici la main de Dieu. Au dire des païens eux-mêmes, une Dame Blanche, de haute stature, apparaissait souvent entre eux et les chrétiens. Hallucination ou réalité, peu importe. Mais, ce qui est sûr et indiscutable, c'est l'intervention divine. Nier le fait, serait donner un formel et cruel démenti aux héros du siège, qui l'ont touché du doigt. « On peut se demander, dit M. Pichon, comment les assiégés ont résisté et ont été sauvés. Il a fallu, pour empêcher le massacre général auquel tout semblait les condamner, une série d'événements extraordinaires dont l'origine tient peut-être moins à la volonté des hommes qu'à un concours de circonstances échappant à toutes prévisions... Notre salut tient à un ensemble d'événements qui ne peuvent s'expliquer par un raisonnement logique et par un enchaînement de considérations rationnelles. » M. Pichon n'ose pas écrire le mot, mais il avoue la chose, c'est tout un, et son admirable femme l'écrit, elle, avec l'énergie de sa reconnaissance et de sa foi : « Je vais rendre grâce à Dieu qui nous a sauvés. » De son côté, Mgr Favier écrivait au Supérieur général de sa Congrégation : « Nous avons beaucoup souffert, mais le bon Dieu, la sainte Vierge et les Saints ont fait des miracles tout le temps... Or sus, tenons bon, tout est à refaire. Eh bien! on refera tout, avec la grâce de Dieu. » Déjà, dans son rapport, il avait dit : « La ruine est à peu près totale, le travail de quarante années est anéanti, mais le courage des Missionnaires ne l'est pas, et nous allons recommencer, assurés de la réussite, car le *sang des martyrs est une semence de chrétiens*... Nous aimons et nous aimerons toujours nos pauvres Chinois; priez pour eux et pour nous. *Gratias agamus Domino Deo nostro.* » Il mérite bien, n'est-ce pas, ce vaillant héros, cet évêque digne des plus beaux jours de l'Église, que de toutes parts lui viennent les félicitations, les encouragements, les prières et... l'or qui lui aidera à refaire son œuvre!... (1)

*
* *

Ne pourrait-on pas tirer une leçon des événements qui viennent de se passer en Chine?

(1) Parmi les défenseurs du Peï-Tang à qui le gouvernement vient de décerner la croix de la Légion d'honneur, signalons Mgr Favier, Mgr Jarlin, son coadjuteur, Mme Lieutier, supérieure de l'hôpital français.

Éclairée et instruite par une expérience vieille déjà et cruellement renouvelée cette année, la France, de concert avec les puissances européennes, va prendre des mesures énergiques pour empêcher le retour de pareilles persécutions, — c'est son droit et son devoir — mais ne devrait-elle pas aussi, profitant des avertissements de la Providence, faire un retour sur elle-même et songer à des mesures non moins importantes, à des réformes qui s'imposent ?... Personne n'a oublié le voyage de Li-Hung-Chang (1) à Paris et l'universelle curiosité dont il a été l'objet. On a ri de son costume, de l'achat, dans un grand magasin, de plusieurs milliers de robes pour son épouse. Et nous croyons, nous, que, pendant ce temps-là, le rusé Chinois examinait et étudiait... Alors, il a pu voir, en France, la religion chrétienne regardée comme une superstition démodée, l'indifférence, l'athéisme, la libre-pensée, traités avec autant... et plus d'égards que la foi catholique, les cérémonies du culte interdites dans la rue, les religieux mis en dehors du droit commun... il a pu entendre les menaces, les cris de haine et de mort contre l'Église... Peut-être a-t-il entrevu que bientôt, chez nous, les temples seraient fermés, les prêtres condamnés à mourir de faim et les fidèles à apostasier... Et il s'est demandé, non sans logique, pourquoi la France protégerait et soutiendrait en Chine une religion méprisée et persécutée chez elle...

On va exiger des réparations, des garanties, des

(1) Li-Hung-Chang fut pendant longtemps le membre le plus puissant du Tsong-li Yamen. Tour à tour vice-roi des deux Thiang, ministre plénipotentiaire, vice-roi du Tché-li, du Kuang-Tong, il passe pour un habile diplomate. Aucune négociation entre la Chine et les puissances étrangères n'a eu lieu sans sa participation. Pendant la guerre du Tonkin, il fut le principal adversaire de l'amiral Courbet devant Formose.

indemnités, c'est très bien, et nous applaudirons de tout cœur au châtiment des coupables, si haut placés qu'ils soient et même s'il faut les chercher jusque sur les marches du trône impérial ! Mais nous persistons à croire et à dire qu'il faudrait en même temps se frapper la poitrine et ne plus irriter la justice de Dieu ! Et bien vite, notre protection, en Chine, deviendrait forte et puissante, parce qu'elle serait sincère et convaincue ! Le sang généreux qui a coulé ne serait pas perdu ; les ruines se relèveraient comme par enchantement, les chrétientés redeviendraient plus florissantes que jamais, et Mgr Favier, heureux prophète, verrait avec joie se réaliser son admirable parole : « Or sus, tenons bon, tout est à refaire. Eh bien ! on refera tout, avec la grâce de Dieu. »

Ch. de Belle-Fontaine.

15 décembre 1900.

La Tour d'Auvergne

Salut, La Tour d'Auvergne! A ta gloire fidèle
Ton dernier régiment qui t'a pris pour modèle
A mis en toi toute sa foi;
Quand il faudra demain courir à la frontière,
Nous irons aiguiser nos armes sur ta pierre
Pour être braves comme toi! (1)

Théophile Malo de Kerbeauffret de la Tour d'Auvergne naquit à Carhaix (Bretagne), en 1743. Son bisaïeul était frère consanguin de l'illustre maréchal de Turenne.

Tout mériterait d'être raconté dans la vie de cet homme extraordinaire qui reste une des gloires les plus pures de notre chère France. Nous choisirons pour nos soldats quelques épisodes : ils suffiront à leur faire apprécier l'homme sans peur, le chef éminent et le chrétien à la foi inébranlable.

Admis à l'Ecole militaire de la Flèche en 1750, La Tour d'Auvergne était sous-lieutenant en 1765, lieutenant en 1771 et capitaine en 1784. La Révolution, qui décida presque tous ses camarades à émigrer, le trouva capitaine. Il résolut de continuer à servir la France, mais en même temps, pour ne pas que sa résolution pût être mise sur le compte de l'ambition, il

(1) Extrait des *Chansons de route* du Ct du Fresnel. — Lavauzelle, Paris.

prit le parti de ne plus accepter d'avancement. Nous verrons comment il se tint parole à lui-même.

Les combats dans lesquels il entraîna ses hommes à l'assaut et décida la victoire ne se comptent pas. Il *charme les balles*, disaient de lui les vieux grenadiers qui le voyaient affronter tous les périls, brandissant son épée de la main droite, et se couvrant de son manteau plié sur le bras gauche, comme d'un bouclier. C'est dans cette attitude que le représente la statue de bronze qui va être érigée à Paris même.

Fidèle à sa résolution, il refusait tous les grades. Cependant, le général en chef Servan, de l'armée des Pyrénées-Orientales, voulait utiliser les capacités militaires de notre héros. Il eut recours à un stratagème. Il réunit sous le nom de *division d'avant-garde* toutes les compagnies de grenadiers de son armée, et comme il négligea à dessein de faire désigner un chef pour les commander, La Tour d'Auvergne, qui se trouvait le plus ancien capitaine, dut se mettre en tête de la division.

C'était un magnifique commandement que celui de ces hommes d'élite. C'était aussi un commandement qui demandait de la part de celui qui en était investi une vigueur sans pareille, une activité toujours en éveil, et un courage à toute épreuve.

La Tour d'Auvergne fit avec ces grenadiers de véritables prodiges. « *Ce sont des diables* », disait l'ennemi. Et le nom glorieux de « *Colonne infernale* » est resté dans l'histoire pour désigner cette vaillante division qui, chargée de veiller à la sécurité de l'armée et de préparer son action, gagnait la bataille et enlevait les places, sans attendre l'armée qui n'arrivait derrière elle que pour recueillir les lauriers.

« Plein de sollicitude pour ses soldats, dit le commandant du Fresnel, il aimait à causer familièrement avec eux en fumant sa pipe devant sa tente. » — « Souvent il s'asseyait, raconte Déroulède, près d'un feu de bivouac, au milieu de ses grenadiers, et là il les charmait par ses récits. »

Mais ouvrons le *Moniteur* de 1789. La Tour d'Auvergne était en garnison à Saint-Jean-de-Luz, petit port au nord de Bayonne. « Il se baignait souvent à la mer, dit l'organe officiel, à l'entrée du fort de Socoa. Deux de ses soldats se trouvant un jour entraînés par la marée, il s'élança à leur secours. Il est entraîné lui-même. Un jeune tambour bon nageur se précipite et le sauve. » Les deux soldats furent sauvés par des marins.

Après la capitulation de Saint-Sébastien (2 août 1794), que La Tour d'Auvergne obtint avec un seul canon de petit calibre et qui fit tomber en notre pouvoir 139 pièces d'artillerie espagnole, le représentant du peuple, Fabre, offrit au vainqueur le grade de chef de brigade (colonel). « Puisque vous avez tant de pouvoir, répondit La Tour d'Auvergne, je vous prierai, citoyen, de me faire donner, à moi et à mes grenadiers, une paire de souliers dont nous avons besoin. »

Mais voici que le gouvernement lui adresse sa nomination de colonel du régiment ci-devant Champagne.

« A peine eut-il reçu la lettre d'avis, dit Monseigneur Lecoz dans son étude sur La Tour d'Auvergne, qu'il assembla ses grenadiers :

« — Camarades, j'ai un avis à vous demander. Eh oui! je vous ai donné quelquefois de bons conseils; aujourd'hui, j'exige à mon tour votre avis sur une affaire qui me concerne... On vient de m'envoyer un brevet de colonel du régiment de Champagne. Dois-je accepter? Qu'en pensez-vous, mes enfants?

« Les grenadiers, mornes, tristes, se taisent. Enfin l'un d'eux prend la parole :

« — Mon capitaine, non seulement ce grade, mais un grade supérieur vous est dû depuis longtemps ; et à cet égard, toute l'armée pense comme nous. Mais nous.... nous perdrons donc notre père?

« D'autres grenadiers ajoutent :

« — Nous ne pouvons vous dissuader d'accepter cet avancement... Mais nous?...

« Des larmes leur coulent des yeux.

« — Mes amis, je vois que cela vous afflige. Vous êtes contents de moi?

« — Ah! si nous le sommes! Mais l'êtes-vous aussi de vos grenadiers?

« — Oui, mes amis, content, très content. Vous êtes tous de braves gens, et je vous aime comme mes enfants. Je vais donc renvoyer ma commission.

« — Mais, mon capitaine...

« — Je n'écoute plus rien. Je voulais votre avis, je le connais; cela me suffit. Vous viendrez tous dîner avec moi, camarades ; aucun de vous n'y manquera...

« A l'heure marquée, les grenadiers arrivent, et La Tour d'Auvergne se place au milieu d'eux. On dîna gaiement.

« A la fin du repas, La Tour d'Auvergne se lève, et s'adressant à toute la compagnie :

« — Mes camarades, renouvelons ici un engagement mutuel : moi, de ne pas vous quitter; vous, de m'être toujours fidèles.

« Ce traité fut cimenté par les larmes de tous. »

La Tour d'Auvergne renvoya donc sa commission de colonel; mais il garda le beau cheval d'Espagne que le ministre avait envoyé en même temps. Dans les expéditions, il le faisait monter par les grenadiers fatigués.

Vous avez peut-être vu, à Paris, au Salon de peinture de 1900, un joli tableau de M. Le Dru (n° 787), ayant

THÉODORE BOTREL OFFRANT SON BOUQUET A LA TOUR D'AUVERGNE

pour titre : *La Tour d'Auvergne prisonnier des Anglais*. Le peintre représente le héros, l'épée à la main, avec une cocarde tricolore enfilée par l'épée. Il n'est pas admissible que des soldats demandent aux voisins l'explication du tableau : je vais donc vous conter l'épisode.

La Tour d'Auvergne, après trente-trois ans de service, et la paix étant faite avec l'Espagne, avait demandé sa retraite.. Il s'était embarqué sur la *Lormontaise* le 5 janvier 1795, pour retourner en Bretagne, lorsque le petit bâtiment fut cerné et pris par cinq frégates anglaises.

Un jour, les officiers anglais, qui sont peut-être moins arrogants au Transvaal, voulurent exiger que les Français rendissent les cocardes qu'ils portaient à leurs coiffures. La Tour d'Auvergne indigné tire son épée, enfile sa cocarde jusqu'à la garde, et s'adressant à ces ennemis insolents : « Venez la prendre, leur dit-il; vous ne l'aurez qu'avec ma vie! » La cocarde de La Tour d'Auvergne fut respectée.

Le voilà donc en retraite à Passy, ayant bien largement payé à la patrie la dette du sang, et charmant ses loisirs par des travaux littéraires; car La Tour d'Auvergne était aussi un érudit, un savant.

Un jour, un de ses amis, un savant comme lui, le prie d'user de son crédit pour obtenir du Directoire que son jeune fils ne lui soit pas enlevé par le recrutement. Il avait déjà envoyé onze fils à l'armée.

« Votre fils vous restera, lui répondit La Tour d'Auvergne. Je lui ai trouvé un remplaçant. » Ce remplaçant, c'était lui-même; et voilà comment La Tour d'Auvergne reprit son uniforme, et fit de nouveau campagne avec la 46e demi-brigade en 1799 et en 1800.

Le 27 juin 1800, le soir du combat d'Oberhausen, près du Danube, les Autrichiens essayèrent de ressaisir la victoire par une dernière charge. La Tour d'Auvergne, qui était au premier rang, reçut un coup de lance en plein cœur, et tomba dans les bras de ses chers grenadiers. Il mourut en apprenant la victoire. Il avait cinquante-sept ans.

Un pressentiment l'avait averti que cette campagne

serait pour lui la dernière. « Mon destin, écrivait-il à son ami, le général Moncey, qui fut plus tard Maréchal de France, mon destin est de finir sur le champ de bataille. Mon titre de premier grenadier est pour moi un décret de mort... »

« A cinquante-sept ans, écrit-il à Roujoux, la mort la plus désirable est celle d'un grenadier sur le champ de bataille, et j'espère que je l'y trouverai... »

« Ma carrière va finir, écrit-il à un troisième ; l'armée est ma famille, et c'est au sein de ma famille que je dois mourir! Toujours en paix avec ma conscience, j'ai toujours été heureux. »

Retenez cette parole, et méditez-la, chers lecteurs de ce livre. Oui, pour le soldat et, on peut le dire, pour tout homme, la paix de la conscience, le sentiment du devoir accompli, voilà le vrai secret du bonheur.

Avant de partir pour cette dernière campagne, La Tour d'Auvergne avait fait ses préparatifs pour le grand voyage. Voici comment Déroulède raconte son départ de Passy, le 31 mai 1800 : « A quatre heures du matin, les frères Paulin, chez qui il demeurait à Passy, entrèrent dans sa chambre pour le réveiller. La Tour d'Auvergne était à genoux près de son lit, le front dans ses mains; il priait... »

Après sa mort, on trouva un crucifix attaché à une de ses épées.

Une foi inébranlable, voilà la source féconde de sa bonté et de son courage.

Je veux terminer cette causerie par le souvenir que ses compagnons d'armes ont gardé de sa mémoire. Par ordre du Premier Consul, il fut prescrit que le nom du héros resterait sur les contrôles de sa compagnie, et qu'aux appels le plus ancien sous-officier répondrait à son nom : « Mort au champ d'honneur! »

Le 46e régiment d'infanterie, dans les rangs duquel La Tour d'Auvergne a reçu le coup mortel, a conservé cette pieuse tradition, et chaque fois que le drapeau sort, le capitaine de la 2e compagnie du 2e bataillon, devant le régiment sous les armes, appelle La Tour d'Auvergne, et le plus ancien sergent répond encore après cent ans : « Mort au champ d'honneur! »

On a beau être sceptique, les plus endurcis se sentent remués par cette belle scène, et les larmes émues ne sont pas loin des paupières.

Il n'y a et il n'y aura qu'un premier grenadier de France; mais la source du courage et du dévouement n'est pas tarie pour cela dans notre belle armée.

Vous avez lu sans doute, ces jours derniers, dans les feuilles publiques, l'acte héroïque du jeune lieutenant, M. Mensier, qui, voyant un de ses chasseurs alpins tomber dans un précipice, s'élança pour le sauver et périt lui-même, victime de son dévouement pour ce camarade en danger. Le lieutenant-colonel du 27e bataillon, se souvenant de La Tour d'Auvergne, a ordonné lui aussi que le nom de Mensier resterait sur les contrôles. On lit dans son ordre du jour :

« Pour honorer la mémoire de M. Mensier, qui a donné sa vie pour sauver un de ses chasseurs, le lieutenant-colonel décide que tous les samedis, à la réunion générale de la 3e compagnie, le sergent-major commencera l'appel par le nom du sous-lieutenant Mensier, et que le plus ancien sergent de la 4e section répondra : Tué à Mangiaho! »

Je finis sur ce récit qui est l'histoire d'hier, qui sera celle de demain — parce que tout dans l'armée est fondé sur la solidarité, sur le dévouement des officiers pour leurs hommes et des soldats pour leurs chefs, seule base inébranlable de la discipline.

« Dans l'armée, comme dit philosophiquement Thiers, les uns souffrent et meurent pour que d'autres vivent et triomphent : c'est la loi même de l'humanité. »

Le Christ est mort pour sauver les hommes et leur ouvrir la vie éternelle.

Retenez ceci, mes enfants, de cette causerie sur La Tour d'Auvergne : Abnégation, sacrifice, c'est l'auréole de l'armée. C'est pour cela que l'armée est une noble et grande chose, c'est pour cela que vous devez être fiers de votre uniforme de soldat français. C'est enfin, je le répète, le secret du bonheur.

JEAN D'ESTOC.

LE CENTENAIRE DE LA TOUR D'AUVERGNE

« 27 JUIN »

Très brillantes les fêtes qui eurent lieu à Carhaix, le 27 juin 1900, à l'occasion du centenaire de La Tour d'Auvergne. La vieille cité était toute à la joie. Les cloches de Saint-Tromeur sonnaient leur tumultueux carillon, et dans les rues parées de verdure et d'oriflammes se pressait une foule enthousiaste : soldats, officiers aux riches uniformes, Bretons bretonnants dans leur pittoresque costume.

La fête va commencer.

Après les présentations officielles, le ministre de la guerre parcourt le front des troupes, puis s'incline devant les reliques de La Tour d'Auvergne que portent les enfants de Carhaix. Ces reliques, dans une petite châsse en or, se composent d'une mèche de cheveux, de deux boutons de guêtre et d'une dent du premier grenadier.

Le cortége se forme ensuite et se dirige vers la place du Champ-de-Bataille, où les honneurs doivent être rendus à La Tour d'Auvergne. Les tambours battent aux champs et le colonel du 46e appelle d'une voix forte: « La Tour d'Auvergne! » — « Mort au champ d'honneur! » répond le lieutenant porte-drapeau.

Le cortége défile devant la statue et se rend à la mairie où a lieu un grand banquet.

« *Les toasts portés, dit l'*Ouest-Éclair *de Rennes, notre compatriote et ami, le poète breton Théodore Botrel s'avance, un bouquet rustique en main, face à la tribune, et récite une magistrale poésie. On sent que l'âme du héros a passé dans celle du barde. La foule palpite, applaudit, hurle : « Vive Botrel! Vive la Tour d'Auvergne! Vive la Bretagne!* »

... *Ces beaux vers, dont parle l'*Ouest-Éclair, *nous sommes heureux de les publier ici. Après Jean d'Estoc, Botrel. L'historien vient de faire revivre devant nos yeux la grande figure d'un glorieux ancêtre, le poète va nous chanter ses exploits.* (La rédaction de l'Ami du Drapeau.)

Salut à toi, Carhaix, ville à jamais sacrée,
Puisque tu nous donnas le Breton le plus pur!
Tu règnes fièrement au cœur de la contrée,
Assise aux flancs rocheux des montagnes d'Arrée,
Les deux pieds dans l'Hière et le front dans l'azur!

Salut à toi, Carhaix, la Celte et la Romaine
Qui vis Grallon (1), après César, baiser ta main :
Tu donnas à ton fils une âme surhumaine,
Un grand cœur fraternel, ignorant de la Haine,
La bravoure d'un Celte et l'orgueil d'un Romain!

Ton fils était encore — ô douce Cornouaille!
Un savant qui, la nuit, sourd à toute rumeur,
Sur des feuillets noircis courbait sa haute taille : (2)
Le Champ de l'Idéal et le Champ de Bataille
Furent ensemencés par ce vaillant Semeur!

Maniant tour à tour et la plume et l'épée,
Trente ans il s'en alla, par l'Europe, en vainqueur :
Il fut un des Héros de la grande Epopée
Jusqu'à l'heure où la Mort, de gloire enveloppée,
Cent ans à pareil jour, lui transperça le cœur!

(1) D'après les Bretons, le nom de Carhaix viendrait de Ker-Ahés, la cité d'Ahés, seconde fille du roi d'Is, Gradlon ou Grallon.

(2) La Tour d'Auvergne avait fouillé le passé nébuleux de l'Armorique pour écrire l'histoire de sa petite ville.

... Et voici qu'aujourd'hui s'en sont venus en foule
Ceux qui gardent encor le respect des Aïeux ;
Ecoute bien, Carhaix : avec un bruit de houle
Leur flot monte vers toi, monte encore et s'écroule
Aux pieds du grenadier stoïque et glorieux !

Les guerriers, en chantant, sont venus à tes Fêtes,
Répondant à l'appel du triomphal clairon,
Les « Anciens » aux fronts blancs, les « Bleus » à blondes têtes :
Ceux qui saignent encor des dernières défaites
Près de ceux qui demain — qui sait? les vengeront !

Voici les héritiers de la noble phalange
Du « Quarante et sixième » où le grand cœur meurtri,
Frappant les ennemis d'une terreur étrange,
Flamboyait au combat comme un glaive d'archange !
— Leur devise est : « *Potius mori, quam fœdari!* » (1)

Regarde bien, Carhaix : du sol jusqu'à leurs faîtes
Tes rustiques maisons se remplissent d'amis :
Français, Bretons, bergers couverts de peaux de bêtes,
Citadins et fermiers, laboureurs et poètes,
Dont moi, le plus petit des bardes du pays !

Pour te fêter, ô rude Ancêtre !
J'ai voulu t'offrir un bouquet
Digne de toi, bouquet champêtre,
Un peu trop rustique peut-être,
Mais bien breton si non coquet !

Je suis parti par la campagne
Et, le long des blés verts encor,
Ma chanson pour seule compagne,
J'ai cueilli les fleurs de Bretagne
Pour en fleurir l'enfant d'Arvor !

D'abord le bleuet, ce brin d'herbe
Où fleurit un regard d'enfant,
Puis la marguerite superbe,
Puis encor, pour finir ma gerbe,
Le coquelicot triomphant.

(1) Le 46e de ligne, ancien « Régiment de Bretagne », a, en effet, la devise de l'Hermine : « Plutôt mourir que me salir! »

Et, lorsqu'au-dessus de ma tête
J'ai brandi le bouquet chéri,
Au milieu des blés l'alouette
Chanta son plus beau chant de fête,
Pour fêter le drapeau fleuri !

C'est alors qu'une voix lointaine
Sortant d'un lointain Panthéon,
Une voix perceptible à peine,
Mêlée aux brises de la plaine,
M'a dit : « Mets aussi de l'ajonc ! »

Et, docile à cette prière,
J'ai dû, m'ensanglantant les mains,
Cueillir, non la douce bruyère,
Mais, au sommet des murs de pierre,
L'ajonc qui borde nos chemins.

Des ajoncs ! des ajoncs encore :
La Tour d'Auvergne en veut sa part !
Que la sauvage et rude flore
Autour du bouquet tricolore
Fasse un imprenable rempart !

De même, quand le canon tonne,
Près du drapeau nous nous rangeons :
Ohé ! les gâs que rien n'étonne !
Si l'ajonc est la fleur bretonne,
Les Bretons sont des fleurs d'ajoncs !

Oui, que vienne la guerre inique,
Et le drapeau sera sauvé
Par nous, les Français d'Armorique !
Ohé ! qui s'y frotte, s'y pique :
La Tour d'Auvergne l'a prouvé ! ! !

Théodore Botrel.

Monseigneur Delaplace

Comme le régiment, le séminaire est une famille. Il a, lui aussi, ses annales où il aime à inscrire en lettres d'or les gloires de ses ancêtres ; il a, lui aussi, sa galerie de héros.

Parmi mes anciens à moi, il en est un qui me plaît par l'originalité de sa physionomie. Prêtre, évêque, à l'occasion aumônier militaire, c'est à la pointe de l'épée qu'il a conquis ses grades sur le champ de bataille : il aurait eu grande figure, celui-là, sous le casque des preux, des chevaliers d'antan.

Intelligence prime-sautière, cœur d'or où, selon sa pittoresque expression, on peut entrer à pied et à cheval, caractère bien trempé, Bourguignon pur-sang, Delaplace révélait déjà, dès le petit séminaire, ces qualités maîtresses qui sont l'apanage des grandes âmes. Il n'était pas né pour la vie de caserne, mais pour la lutte et les conquêtes lointaines.

Au lendemain de son ordination, muni de son bréviaire et de son crucifix, armé de toutes pièces, il s'embarque à Bordeaux, à destination de la Chine.

Huit mois de traversée !... Huit mois d'inaction, c'est bien long !

Histoire de s'entretenir la main, il s'improvise aumônier de marine, catéchise et convertit l'équipage. Un beau jour, matelots et officiers, capitaine en tête, s'approchent de la sainte table; deux marins et un mousse avaient le bonheur de faire leur première communion.

Terre!... Du haut de la butte de Macao, Delaplace domine le Ho-nan, son futur champ de bataille, et dirige son regard vers le sol béni qui a bu le sang des martyrs. Son âme frémit au-dedans de lui-même : « La terre lui brûlait les pieds... » Là-bas, le diable l'attend avec une armée d'élite : bandits, idolâtres, renégats qui ont passé à l'ennemi, rebelles, espions, toute la séquelle de l'enfer. Mais le diable n'a qu'à bien se tenir, il aura affaire à forte partie.

Vite en campagne! Vêtu d'un complet chinois, la tête ornée d'une queue magnifique, la bourse légère de sapèques, la besace à la main, portant, comme Bias, toute sa fortune avec lui, il s'en va d'étape en étape prendre contact avec l'ennemi.

Les routes sont impraticables, détrempées par les pluies continuelles; les haltes sont rares; l'ordinaire n'est guère varié : du riz, toujours du riz avec des bâtonnets en guise de fourchette; le sommeil est court : jour et nuit, il faut catéchiser, baptiser, ramener les âmes au bon Dieu. Quelle campagne! Quelle fête aussi, mes amis, pour cette âme de soldat! « Ah! qu'il fait bon, s'écrie-t-il, loger à l'enseigne de la Providence! »

Ne craignez pas pour lui, la Providence veillera sur son enfant.

Les mandarins le traquent comme une bête fauve, mais il connaît toutes les ruses de guerre : il leur glisse entre les mains comme une anguille, pénétrant dans les fissures des rochers, dans le creux des arbres; pendant qu'on le poursuit sous le signalement d'un vendeur d'opium, il visite ses chrétientés déguisé en marchand fripier, les épaules chargées d'oripeaux.

Un jour, le missionnaire est dénoncé et une troupe de satellites vient perquisitionner dans la maison où il a trouvé un asile. On va s'emparer de lui. Du fond de sa cachette il dirige la défense : une escouade de bonnes femmes armées de balais entrent en ligne, et s'en donnent à cœur joie sur le dos des inquisiteurs; sauve qui peut général devant nos braves amazones, déroute complète.

Le missionnaire commence enfin à goûter les joies du triomphe. Les pauvres païens « qu'il bombarde avec tant d'ardeur » ne peuvent tenir contre un feu si bien nourri; ils désertent par centaines, par milliers le camp du diable; lettrés, bacheliers, mandarins, bonzes, chefs de pagode, nobles boutonnés du bouton d'or accourent pour s'enrôler sous la bannière du Christ.

Ce n'est pas tout de vaincre... Plus habile qu'Annibal, Delaplace sait profiter de la victoire. Le terrain nettoyé, il s'occupe à poser les premières assises des forteresses qu'il veut élever contre un retour possible de l'ennemi... Architecte, maçon, menuisier, charpentier, peintre, il bâtit des chapelles et des écoles... il fonde cette admirable institution de la Sainte-Enfance qui mobilise chaque année pour le Ciel des escadrons de petits Anges.

Le diable ne se tient pas pour battu. Il revient à la charge... La persécution éclate. On se croirait revenu au temps de la primitive église. Emprisonnés, battus de verges, martyrisés, les soldats tiennent bon : les recrues valent des vétérans. L'un d'eux, condamné au supplice du pong, est écartelé et reste suspendu en croix un jour entier : « Faites-moi hacher en petits morceaux, dit-il à ses bourreaux, pour voir si j'abannerai ma foi ! » — « Coulent nos larmes, s'écrie l'apôtre qui encourage les siens au martyre, coule notre sang, d'autres de nos frères en recueilleront les fruits ! »

Au grand regret du missionnaire, son sang ne coule pas, mais ses larmes sont fécondes, mais — il a dit vrai — un autre de ses frères viendra en recueillir les fruits.

Un poste d'évêque est vacant au Kiang-Si. Désigné au choix, Delaplace ne refuse pas le labeur. « On nous annonce une persécution à feu et à sang. Il fait bon d'être évêque, on est au premier de la milice. » Et il part prendre possession de son nouveau commandement. Son état-major n'est guère brillant : deux courriers, un pousse-pousse, voilà tout. Il s'attelle lui-même à la brouette qui contient sa cantine épiscopale — un poids de cent soixante livres, s'il vous plaît ! — « Monseigneur l'évêque patouille dans la boue comme un chiffonnier, écrit-il à son frère, Monseigneur l'évêque tire sur la corde comme un matelot, Monseigneur l'évêque court nu-pieds ou marche avec des bas sans semelles. Voilà comment j'entends être évêque, et voilà pourquoi j'ai accepté d'être évêque. »

Sur un nouveau théâtre, *le diable d'Européen* continue ses prouesses. Ning-po, sa ville épiscopale, est au pouvoir du démon et ne compte que cent cinquante chrétiens sur plus de deux cent mille habitants : « Il s'en empare par un mouvement tournant, il l'enserre dans un cercle de bonnes œuvres d'où elle ne peut s'échapper. » Il sera maître chez lui.

Hélas ! il a compté sans les rebelles, ces bandits chevelus, les hommes à *longs poils*, qui viennent de se précipiter sur l'empire chinois, pillant, incendiant, massacrant, ne laissant d'autres traces de leur passage que des cadavres et des ruines. Ils sont aux portes de Ning-po.

Inspirateur de la fameuse expédition franco-chinoise, organisateur de la victoire, Monseigneur Delaplace fait plus pour sa patrie d'adoption que tous les mandarins ensemble. Il veille lui-même à la défense du pays. Grand aumônier, il est l'âme de l'expédition, il en dirige les mouvements avec une sûreté de coup d'œil qui ferait honneur au plus habile stratégiste. Les officiers n'ont qu'une voix pour rendre hommage à ses capacités militaires. De l'aveu de tous, « dans cet évêque, il y a un commandant de corps d'armée ». Les rebelles ont trouvé leur maître, la Chine est sauvée.

Rendu à lui-même et à sa mission, il relève les ruines matérielles et morales de sa chère Église.

Il serait trop long de le suivre dans les différents postes qu'il occupa. En 1870, nous le retrouvons à Pékin. Il se multiplie : par ses soins, collèges, séminaires, cathédrales s'élèvent comme par enchantement. Publiciste de talent, il édite ses œuvres en chinois ; administrateur, il réunit un synode, partage son diocèse en districts ; diplomate rompu au maniement des hommes et des affaires, il traite avec les résidents, les mandarins, les ministres, mais n'oublie jamais qu'il est évêque et Français. Noblesse oblige : « Il est des droits qu'il ne sacrifiera jamais, des devoirs qu'il remplira jusqu'au bout ».

Il est mort à la tâche, le vaillant évêque, après quarante ans de luttes et de persécutions, mais son œuvre n'est pas morte avec lui. Elle n'a fait que grandir. Le succès, si longtemps attendu, que nous venons de remporter en Chine, est le glorieux couronnement de ses campagnes.

Un décret impérial, en date du 15 mars dernier —

4e jour de la lune, de la 26e année de Kouang-Siu — a été communiqué à Monseigneur Favier, évêque actuel de Pékin, par M. Pichon, ministre de France. Ce décret proclame les droits des missionnaires : évêques, ils marcheront de pair avec le vice-roi; prêtres, ils auront rang de Juges et de Préfets. La Religion et le Pape, « l'Empereur de la Religion », sont officiellement reconnus dans toute l'étendue de l'empire.

Grâce à Monseigneur Delaplace, la Chine est conquise à la civilisation. Vrai triomphe pour Dieu et pour la France! (1)

L'AUMÔNIER.

(1) Depuis que ces lignes sont écrites, il s'est passé en Chine de bien terribles événements (Voir *Siège de Pékin*). Le vicariat du Petchili a été tout particulièrement éprouvé — 15 000 martyrs! — mais le digne successeur de Monseigneur Delaplace est sur la brèche et il saura lui aussi « relever les ruines matérielles et morales » de l'Église que Dieu a confiée à sa garde.

Le Général Saussier

Né à Troyes en 1828, sorti de Saint-Cyr en 1850, Saussier fit ses premières armes dans la légion étrangère et se distingua devant Sébastopol par plusieurs actions d'éclat. C'est au Mexique qu'on le retrouve après, toujours au premier rang et se couvrant de gloire. Au siège d'Ojaca, il fut le brillant héros d'une anecdote qui mérite la peine d'être contée. Depuis plusieurs heures déjà, les chefs de l'armée délibéraient pour savoir si l'on devait tenter de vive force l'attaque d'un bastion nommé la Lanterne, à cause d'une lanterne qui, pendant au dehors de l'ouvrage, servait de signal à l'ennemi. Le chef de bataillon Saussier penchait pour l'attaque — mais ses collègues n'osaient risquer pareille aventure. Dépité, Saussier à un moment sortit de la salle du conseil, mais peu de temps après il y rentrait, déposant sur la table la fameuse lanterne que lui-même était allé détacher, en s'écriant : « Eh bien ! messieurs, êtes-vous convaincus, maintenant ? »

L'année terrible vint, et le colonel Saussier parut à Metz, à Borny et à Saint-Privat, où il fit des prodiges de valeur. Après la capitulation de Metz contre laquelle il protesta énergiquement, commença cette captivité inouïe de toute une armée. Le brillant officier voulut partager sans privilège le sort pénible de ses soldats, mais il déclara hautement qu'il chercherait à s'évader pour revenir plus vite combattre encore.

Il fut alors enfermé à la prison militaire de Cologne, puis transféré dans une forteresse de Silésie, à Graudenz ; là, il fut soumis aux traitements les plus rigoureux. Il parvint pourtant à s'évader comme il l'avait dit.

Pendant une de ses promenades quotidiennes — promenades d'une heure, faites sous l'œil des factionnaires prêts à faire feu — un jour il disparut. Le surveillant, voyant une forme humaine dans le lit du colonel — qui s'était fait représenter, en l'occasion, par son traversin — et croyant son prisonnier couché, avait fermé la porte de la cellule. Saussier s'était blotti dans un monceau de neige amassé dans la cour. A la nuit, il se réfugia dans la chambre d'un autre officier français, auquel on avait laissé une plus grande liberté, se déguisa en arpenteur — on faisait à ce moment des travaux d'arpentage dans le fort — puis, aidé de son ordonnance et muni des instruments nécessaires, il parvint à franchir les portes de la forteresse et à gagner la frontière de Russie. Là, un consul lui procura le moyen de se rendre en France, après avoir traversé encore, et non sans de nouvelles péripéties, l'Autriche et l'Italie.

Peu de temps après la guerre allemande, éclata la terrible insurrection d'Algérie. Le général Saussier, que l'on savait énergique et digne d'une telle mission, fut désigné pour réduire les rebelles ; à la tête d'une brigade, il livra quarante-cinq combats, tous à l'honneur de nos armes.

Une seconde fois, en 1881, il pacifia le sud de l'Algérie et la Tunisie en quelques semaines. Trois ans après, le 27 mars 1884, il était nommé gouverneur militaire de Paris.

Le général Saussier, dont la vie s'est ainsi passée presque entière en campagnes, n'a pas trouvé le temps de se marier, et il avait conservé, dans les honneurs, la simplicité du sous-lieutenant d'autrefois. Il occupait

LE GÉNÉRAL SAUSSIER

tout juste deux chambres dans le bel hôtel du gouvernement de Paris. Son cabinet de travail était la pièce qu'il affectionnait le plus : il y descendait, hiver comme été, dès huit heures. La pièce était sobre d'ornements : au mur, des cartes d'état-major; sur la table, près de la fenêtre, un amas de livres traitant des questions militaires; à la cheminée, une panoplie, souvenir de ses aventures de jeunesse, et c'était tout...

Bienveillant et juste, Saussier aimait surtout les

petits, les humbles; rude pour les officiers, il était d'une grande bonté pour les soldats; parmi toutes les pétitions qui lui étaient adressées, il s'attachait d'abord à celles qui n'étaient pas apostillées, se faisant ainsi le protecteur de ceux qui se trouvaient sans protections. Aussi, peu d'hommes ont fait naître d'aussi solides affections; ses soldats surtout l'adoraient. Très populaire, il fuyait la popularité. Au Bois, où il allait pour son plaisir, il montait en bourgeois et ne fréquentait que les allées les plus isolées.

D'une droiture absolue et d'une belle intelligence, Saussier était à la hauteur de son poste; il emporte en le quittant les regrets unanimes de l'Armée et de la Patrie.

ROUGEMONT.

Mazagran

L'inauguration du monument élevé, le 29 mai 1898, à la mémoire du capitaine Lelièvre, le héros de Mazagran, a donné un regain d'actualité à ce brillant fait d'armes.

Tout le monde connaît, au moins de nom, Mazagran. C'est une petite ville arabe, distante de quelques kilomètres de Mostaganem. Elevée sur le sommet d'un coteau, elle cache coquettement ses murs blancs dans un fouillis d'orangers et d'oliviers. Derrière elle, vers le sud, s'étend un vaste plateau riche et verdoyant ; devant elle, une plaine basse descend vers la Méditerranée dont les flots bleus scintillent à l'horizon. C'est là que, dans les journées des 3, 4, 5 et 6 février 1840, *cent vingt-trois* Français — la 10e compagnie du 1er bataillon d'infanterie légère d'Afrique — tinrent héroïquement tête à *douze mille* Arabes et les forcèrent à reculer.

Mazagran ne présentait pas alors son riant aspect d'aujourd'hui. La ville autrefois florissante, fière de ses 10,000 habitants, avait été désertée lors de l'invasion française. Quand la petite troupe d'occupation y entra, drapeau flottant, trois cents indigènes à peine logeaient dans les rares maisons habitables, et l'enceinte n'était plus qu'une suite de brèches trop praticables.

Il ne fallait pas songer à mettre en état de défense ces misérables fortifications. Au premier coup d'œil, le capitaine Lelièvre, assisté du lieutenant Magnien et du sous-lieutenant Durand, jugea cette réédification impossible.

En un instant, le plan des travaux fut arrêté par les trois officiers. Au sommet du coteau, dominant la mer, s'élevait une vieille maison carrée, isolée des constructions voisines. Cette masure est à moitié ruinée ; elle n'a pas de planchers et le vent y pénètre par cent endroits... Qu'importe ! nos braves *zéphirs* y pourvoiront. Là sera le *réduit*, poste suprême de résistance ; là seront les magasins, les approvisionnements de la garnison, le logement de l'état-major. A proximité, une mosquée est restée debout avec ses murailles à peu près intactes. On la reliera au *réduit* par un mur en pierres sèches et ce sera la caserne.

Retranchée dans ce fort improvisé, la petite troupe attendait l'ennemi. Il ne tarde pas à se montrer. Le 2 février, au matin, une sentinelle signale l'approche d'un groupe d'une centaine de cavaliers. Ceux-ci s'arrêtent, avant d'être à portée de fusil, semblant examiner l'état des lignes de défense, puis satisfaits sans doute de leurs observations, ils demeurent immobiles et attendent.

Alors, émergeant de toutes parts de la ligne de l'horizon, des nuées de cavaliers et de fantassins envahissent le plateau supérieur aussi loin que la vue peut s'étendre. Le coup d'œil est grandiose et terrible. Il y a là huit mille cavaliers aux burnous éclatants et quatre mille fantassins. A la voix de Ben-Thami, l'un des meilleurs lieutenants d'Abd-El-Kader, les fils du prophète se sont levés en masse pour écraser les Fils de la France envahissante. Ils sont cent contre un! Allons, joyeux *zéphirs,* la lutte sera belle!

Les Arabes défilèrent pendant cinq longues heures sous les yeux de la petite garnison en armes, et par un mouvement qui l'isolait de tout secours extérieur, ils se massèrent sur les pentes de la chaîne de collines qui relie Mazagran à Mostaganem.

Le lendemain 3 février, à neuf heures du matin, la lutte commença.

Un torrent sauvage de faces noires encadrées dans la blancheur des burnous et des turbans vint heurter les portes de la ville et envahit avec de rauques clameurs les ruines abandonnées. Les Kabyles se glissent comme des fauves; quelques minutes leur suffisent pour occuper solidement toutes les maisons ayant vue sur le fort et pour ouvrir sur la garnison un feu d'une extrême violence.

Alors, ce fut une lutte de géants. Nos soldats, accroupis derrière leurs murs inachevés, tirent avec rage. Leurs apostrophes gouailleuses répondent aux cris de fureur et aux injures des assaillants. La fusillade est si intense que, derrière leurs murs trop bas, ils doivent, sous peine de mort, combattre à genoux, et ne se déplacer qu'en rampant.

La voix du canon ne s'était pas encore fait entendre dans le terrible orchestre. Ben-Thami ne tarda pas à lui donner une partie dans le concert. Il avait deux pièces de quatre, mais, par bonheur, elles furent si maladroitement servies qu'elles ne causèrent pas grand dommage. La garnison du fort n'avait pour répondre à l'artillerie ennemie qu'un petit pierrier. Le chasseur Roman le pointa très habilement et ses décharges successives firent subir aux assaillants de très grandes pertes.

La lutte continua pendant quatre jours, sans trêve. Nos soldats tiraillaient tout le jour, se multipliant pour couvrir tous les points menacés. Quand la nuit était venue, au lieu de se livrer à un repos bien mérité, ils reprenaient la pelle et la pioche et réparaient les brèches faites aux murs d'enceinte. Ils restèrent ainsi *soixante-sept* heures, insensibles à la fatigue.

Le 6 février, à 4 heures du matin, le capitaine commande enfin :

— Repos !

Tous tombent à terre, où ils se trouvent, et s'endorment d'un sommeil de plomb, voisin de l'anéantissement. Le répit ne fut pas de longue durée, car, à 6 heures, le feu reprit plus vif, plus serré encore que les jours précédents.

Tout à coup, un cri s'élève du côté de l'ouest :

— Aux armes !

C'est une colonne de *quinze cents* fantassins, qui, masquée par les ruines et la fumée de notre propre canon, s'est avancée dans le plus grand silence jusque sous le mur d'enceinte. Déjà, quelques têtes noires, aux yeux de flamme, apparaissent au-dessus de la muraille, et le cri vainqueur d'« Allah » va retentir... Le capitaine Lelièvre comprenant que l'instant est décisif, lance la moitié de son monde contre les assaillants, et les audacieux tombent dans le fossé percés de coups.

Alors, s'engage un terrible combat à l'arme blanche. Les baïonnettes rouges de sang heurtent les yatagans et s'enfoncent dans les chairs brunes ; les cadavres s'entassent, mais la vague humaine monte, monte toujours. Enfin, son dernier élan vient se briser contre le rempart infranchissable et bientôt elle recule, emportant dans un honteux pêle-mêle cavaliers arabes et fantassins kabyles qui fuient dans l'immense plaine.

A midi, tout avait disparu.

Pendant cette effroyable lutte de *cent* contre *un*, les héros de Mazagran avaient eu *deux* morts et *seize* blessés ; l'ennemi avait perdu *deux cents* morts et avait eu *quatre cents* blessés.

De telles prouesses valent bien qu'on les célèbre. Le gouvernement français a fait élever sur l'emplacement du glorieux *réduit* un monument à la gloire de Lelièvre et de ses compagnons. C'est une colonne d'ordre corinthien, surmontée d'une statue de la France tenant un drapeau d'une main et une épée de l'autre.

Sur le socle de la colonne, on lit :

ICI-LES-III-IV-V-VI-FÉVRIER-MDCCCXL
CENT-VINGT-TROIS-FRANÇAIS
ONT-REPOUSSÉ-DANS-UN-FAIBLE
RÉDUIT
LES-ASSAUTS-D'UNE-MULTITUDE-D'ARABES

L. DARCY.

Le Lieutenant de Vathaire

Notre lointaine colonie du Tonkin nous a coûté beaucoup d'or et surtout beaucoup de sang. Combien de nos soldats — joyeux marsouins, insouciants marins — sont partis pleins de jeunesse et d'espoir et ne sont pas revenus ! Ils sont tombés, héros obscurs, sous les balles des pirates ; ils se sont éteints tristement dans quelque pauvre ambulance, anémiés par le climat, rongés par la fièvre. Aujourd'hui, l'œuvre de pacification paraît être accomplie, les prescriptions de l'hygiène sont mieux observées et la mortalité diminue chaque année ; notre colonie entre définitivement dans la voie du progrès. Ne devons-nous pas au moins un souvenir ému à tous ceux qui ont planté là-bas le drapeau français et qui, maintenant, sont couchés sous la terre humide des rizières tonkinoises?

Entre tous ces vaillants qui ont payé de leur sang la grandeur de notre patrie, plusieurs méritent bien d'échapper à l'oubli, et le lieutenant de Vathaire est de ceux-là. Les lecteurs nous sauront gré d'avoir donné une place, dans notre galerie des héros, à cette belle figure de soldat chrétien et français.

Jacques deVathaire appartenait à une vieille famille bourguignonne qui donna plusieurs officiers à notre armée. Il vint au monde à Alger, en 1864, tandis que son père, chef d'escadron de cavalerie, combattait au Mexique. Sa jeunesse se passa au château du Fort, près de Mézilles, dans l'Yonne, un des plus jolis coins de la verte Puisaye.

Entré à Saint-Cyr en 1884, il en sortit dans un très bon rang et choisit l'infanterie de marine, arme qui convenait le mieux à sa nature ardente et enthousiaste. Le terre-à-terre de la garnison ne pouvait lui plaire, il lui fallait une vie plus active et plus aventureuse, la guerre et ses dangers. Il rêvait de donner à la France sa vie tout entière ; quand la France la lui demanda, il la donna sans hésiter.

Presque au sortir de Saint-Cyr, après un court séjour à Rochefort, le jeune lieutenant fut envoyé au Tonkin.

Nous devons à l'obligeance de sa famille quelques-unes des lettres qu'il écrivit à cette époque. Elles sont toutes débordantes d'une verve bien militaire et bien française. On y trouve, à côté de récits pleins d'originalité, les détails les plus intéressants sur les mœurs, les hommes et les choses des pays qu'il visita. En réunissant ces lettres, ces notes écrites au jour le jour, on aurait une étude vivante, une peinture exacte de la vie de nos officiers aux colonies.

Voici comment il raconte sa première installation au poste de Nam-O, en Annam :

« Me voici enfin arrivé au pays des Chinois et définitivement installé. Débarqué le 29 août, à Tourane, je suis resté jusqu'au 31 logé dans la citadelle, au *pavillon des officiers*. Ce sont quatre murs en bambous, crépis de plâtre, séparés par quelques cloisons et couverts en paille. Devant, une sorte de hangar, *la salle à manger*, qui sert aussi de fumoir, de salon, de chenil, etc., etc. Enfin, le 31 au soir, la chaleur tombée, j'ai profité du convoi de Hué pour rejoindre mon poste.

« Sans mentir, je me faisais un peu l'effet d'Abraham marchant avec sa famille et ses serviteurs au secours de Loth, ou de Moïse quittant l'Égypte. En tête, deux chasseurs annamites qui, vus de derrière, tout petits, avec leur chignon et leur pantalon s'évasant par le bas, font assez bien l'effet de dames cyclistes, dernière mode. A quelques pas derrière, quatre marsouins, puis une bande de coolies, les uns portant deux havresacs sur un bambou, comme un porteur d'eau ses deux seaux; les autres, portant deux à deux un ballot, comme les Hébreux la grappe de raisin de Chanaan. De place en place, un marsouin en blanc, ou un chasseur annamite en noir, puis l'adjudant, chef de convoi, porté dans un hamac par trois coolies, puis moi-même en dolman blanc, revolver au côté, le pantalon dans les bottes, à califourchon sur un petit cheval annamite adroit comme une chèvre et doux comme un mouton, quoique solide comme un mulet. Seulement, un peu plus et mes jambes auraient traîné à terre. Derrière, encore des coolies; après eux, quelques femmes avec leurs enfants et trois chasseurs fermant la marche. Et tout cela à la débandade, traversant les arroyos, sautant les trous, grimpant les escarpements, enfonçant dans le sable ou glissant sur la vase.

« Et encore, au lieu de prendre la *route* mandarine — sur laquelle on peut passer jusqu'à *un* de front, avec du sable jusqu'aux chevilles — nous suivions le rivage laissé à découvert par la marée et sur lequel trottaient des myriades de crabes.

« Tout à coup, alerte!... Au-dessus du remblai qui nous sépare de la route mandarine on voit poindre des lances. Sans nul doute, ce sont les pirates, ils sont à vingt pas de nous et ne se doutent pas de notre présence. Quel malheur de n'avoir qu'une douzaine de fusils!... Enfin, nous allons en découdre.

« Mais, voici un pavillon blanc... Ce ne sont pas des pirates, ce sont nos alliés, la bande de Nguyen-Van-Cap qui, avec trente fusils et cinquante lances, opère un peu pour notre compte et beaucoup pour le sien.

« Enfin, à la nuit noire, nous arrivons à Nam-O, où je trouve mon prédécesseur couché avec la fièvre et un point de côté. Heureusement que chacun sait où s'installer.

« Le lendemain, mon camarade étant toujours malade, j'ai visité le poste tout seul. C'est une redoute de 80 mètres environ de côté, défendue par un fossé maçonné en pierres sèches, un treillage de bambous aiguisés et un parapet en terre revêtu de pierre. A chaque angle, un *mirador,* sorte de petit perchoir permettant de surveiller la campagne. Au centre, une ancienne pagode en briques, qui sert de casernement aux hommes; quelques constructions en paille : hangars avec lits de camp pour les coolies, écurie, cuisines, boulangerie, buanderie, poulailler, casernement des chasseurs, cabanes pour leurs femmes.

« Comme garnison, j'ai deux escouades de marsouins, soit vingt-quatre fusils, dont deux caporaux et un sergent, une trentaine de chasseurs avec deux *caïs* (caporaux) et un *doï* (sergent), trente-six coolies pour les transports et gros travaux, les femmes des chasseurs et leurs moutards.

« J'habite une belle paillotte de 16 pas sur 9 et si haute que je ne puis toucher le toit, même avec un bâton de deux mètres. J'ai deux portes, ou plutôt je n'ai qu'une *porte*, car à l'autre il n'y a que le trou... et quatre fenêtres fermées par de gros paillassons.

« Devant ma porte, une véranda, sorte de hangar ouvert où je m'installe pour avoir plus frais et où je dîne, comme Robinson Crusoë, avec deux amours de petits cochons noirs à oreilles droites et pointues, trois ou quatre poules, une bande de poussins et trois chiens.

« Quand les *con-hraô* (cochons) en ont assez de moi, ils entrent chez mon cheval, mangent son riz dans sa vannette et, s'il est couché, lui grimpent sur le dos. Lui se laisse faire; du reste, il entre dans son écurie et en sort quand il lui plaît, n'étant pas attaché.

« Ce matin, mon coq est entré chez moi à quatre heures du matin et m'a réveillé en chantant.

. . . .

« En somme, je suis ici à la fois fermier, gouverneur militaire, médecin, maire, notaire et au besoin curé, si quelqu'un vient à trépasser. Je suis encore juge de paix et arbitre en dernier ressort. Je puis recevoir un testament, enregistrer un décès ou une naissance — je ne peux cependant pas marier — faire pendre un individu ou lui faire donner cent coups de cadouille et, selon le cas, l'enterrer ensuite ou lui fournir un cataplasme.

« Hier soir, mon prédécesseur, avant son départ, m'a présenté le *li-thuong* (maire) de Nam-O, qui s'est empressé d'aller chercher ses confrères des environs, et ce matin ils sont venus me faire « Chim-chim Boud'ha », ce qui veut dire qu'ils se sont mis trois frois à quatre pattes pour m'offrir des bananes en signe de soumission. Leur enthousiasme était d'autant plus grand que trois d'entre eux viennent de faire de la prison à Tourane pour n'avoir pas prévenu de l'arrivée des pirates qui ont pillé l'avant-dernier convoi.

« J'ai profité de la circonstance pour leur dire, par l'intermédiaire de mon sergent indigène, que je les tiendrais pour responsables de tout ce qui se passerait sur le territoire. Ma harangue a paru leur faire un sensible plaisir, car jugez un peu de leur situation : s'ils me préviennent, les pirates les empaleront; et, s'ils préviennent les pirates, c'est moi qui les ferai fusiller.

« Malgré tous ces beaux salamalecs, si nous n'avions pas en ce moment le clair de lune, j'aurais déjà subi au moins une attaque nocturne, car, dès qu'il y a un nouvel officier, ils ont coutume de venir tirer des coups de fusil dans les environs pour le tâter. »

. . . .

Le récit qu'il fait des réjouissances du 14 juillet au fond du Tonkin, sur les frontières de Chine, est joli :

« En ce moment, nous sommes en pleins préparatifs de la fête du 14 juillet. Je crois bien qu'il n'y aura pas beaucoup de cris de : Vive la République ! parce que je défie bien nos tirailleurs de prononcer ces mots-là ; d'ailleurs, ils ignorent absolument ce que c'est que République, Empire, etc., etc. Leur conception en matière de gouvernement ne va guère au delà du *li-thuong* (maire), du *huyen* (préfet) et du *tong-doc* (gouverneur de province). Quelquefois, au lieu du titre de *huyen*, le préfet porte celui de *phu*, que l'on prononce *fou*. J'ai bien ri, quand ce fonctionnaire m'ayant rendu visite pour la première fois, j'ai dû à plusieurs reprises le traiter de : M. le fou... Quoi qu'il en soit, nos hommes se préparent à fêter le 14 juillet avec entrain. Nous avons organisé courses en sac, courses au cochon, courses à la tinette, mât de cocagne, retraite aux flambeaux, etc., etc., mais le plus intéressant pour eux, c'est qu'il y a à gagner des canards, des poulets

LE LIEUTENANT DE VATHAIRE

et un énorme cochon. Comme leur fête à eux marque le commencement de l'année annamite, ils vont sans doute s'imaginer que le 14 juillet est notre premier de l'an français. »

Le danger, les difficiles missions plaisaient à l'ardent officier; il raconte ainsi dans ses lettres une de ses aventureuses expéditions :

« L'autre jour, j'ai joliment risqué ma peau. J'étais à 14 kilomètres du poste, n'ayant avec moi que cinq Annamites et deux Français. Si nous avions tiré un seul coup de feu, deux villages pirates, Quang-Num, où nous avions amarré notre sampan, et Tam-Dinh nous tombaient sur le dos. Heureusement que c'était la nuit et qu'il tombait une pluie épouvantable, ce qui nous a permis de tuer dans leur guérite en paille deux sentinelles dont nous connaissions le poste. Nous les avons embrochés avec nos baïonnettes avant qu'ils aient eu le temps de donner l'éveil. »

Après un séjour de trente mois au Tonkin, Jacques de Vathaire revint en France; il rejoignit son régiment à Rochefort et fut envoyé de là à l'île d'Oléron. Il n'y resta pas longtemps, car pour retourner plus vite dans les contrées lointaines vers lesquelles tant d'autres se dirigeaient à contre-cœur, il permuta avec un de ses camarades. Le Tonkin était devenu pour lui comme une seconde patrie, si nous en croyons une lettre dans laquelle il raconte son second embarquement :

« En arrivant à Toulon, j'ai trouvé sur le quai un tas de bagages venant du Tonkin. Cette bonne odeur de Chinois m'a rappelé quelque chose comme une patrie lointaine qui m'attend là-bas et dont j'ai un peu la nostalgie. »

Aux représentations de sa mère inquiète de le voir

partir de nouveau, il répondait : « Ne seriez-vous pas fière d'apprendre que je suis tombé de la mort des braves? car, si je reste au Tonkin, ce sera au champ d'honneur, frappé par devant !... » Et dans la même lettre, il ajoutait ces paroles si chrétiennes : « D'ailleurs, comme j'aurai soin de faire signer ma feuille de route pour le Ciel, avant de partir, si je reste là-bas, vous pouvez être sûre que je serai mort en bon chrétien et en bon Français, et que j'aurai été retrouver là-haut, pour ne plus les quitter, tous ceux que nous avons perdus... »

Cette mort du soldat tombé au champ d'honneur, que Jacques de Vathaire appelait de ses vœux, elle vint pour lui le 21 août 1891. Voici la relation que le capitaine Cozanet, ami du jeune lieutenant, adressait à Madame de Vathaire, quelques semaines après la mort glorieuse de son enfant.

« Le vendredi 21 août, à neuf heures et demie du matin, je recevais du commandant d'armes l'ordre d'envoyer immédiatement le lieutenant de Vathaire avec le piquet, plus 40 tirailleurs tonkinois et un de leurs officiers, le lieutenant Sanyas, à sept kilomètres d'ici, au village de Lang-Kéa, où les pirates étaient cernés par les miliciens. J'allai immédiatement trouver le lieutenant dans sa chambre. Il écrivait, je crois. Il ne mit pas cinq minutes à s'apprêter emportant avec lui son meilleur revolver, et si content, si heureux d'aller se battre !!

« Parti de Phu-Lang-Thuon, vers dix heures du matin, le lieutenant arrivait, à midi, au village occupé par les pirates. Après un repos qui lui servit à prendre ses dispositions d'attaque, il engagea le combat. Les pirates reculèrent peu à peu, chassés par les balles et par l'incendie des maisons du village, et se réfugièrent dans deux pagodes construites en briques.

« Le lieutenant échauffé par un corps à corps qui durait depuis deux heures, veut en finir. Il fait sauter à la dynamite la porte d'une des pagodes, s'élance le premier par la brèche qui ne donnait passage qu'à un homme, et, suivi seulement de cinq soldats d'infanterie de marine, va bondir sur les pirates, lorsqu'il est frappé, à bout portant, d'une balle qui lui traverse le côté droit de la poitrine et blesse encore, derrière lui, un soldat de la milice.

« Les soldats qui l'avaient suivi, le protégèrent de leurs feux. Il eut encore la force de faire trois ou quatre pas en arrière et dit à ses hommes : « Je suis traversé ! Eh bien ! ma foi ! vive la France ! » Il tomba et soutenu par l'inspecteur des gardes civiles, il expira aussitôt.

« Le lendemain matin, à neuf heures seulement, le corps est arrivé ici. Je suis allé l'attendre à l'hôpital, nous l'avons bien nettoyé, puis déposé dans la chapelle décorée par les bonnes religieuses, qui ont prié près de votre fils jusqu'à l'heure des obsèques.

« J'ai mis de votre part, madame, ainsi que pour ses frères et sœurs, un baiser sur son front et j'ai serré sa pauvre main glacée. Son visage était bien calme, il avait un sourire sur les lèvres, on eût dit plutôt qu'il dormait : c'était bien mon bon de Vathaire, comme vivant. »

Les obsèques du jeune lieutenant eurent lieu devant une assistance profondément émue et recueillie. Le général Voyron commandant la brigade d'occupation, les officiers de la garnison et la population européenne étaient là. Avant que le corps ne descendît dans la tombe, le capitaine Cozanet adressa un suprême adieu au vaillant fils de France qui reposerait désormais si loin de son pays :

« Et maintenant, mon cher de Vathaire, dormez en paix, sous cette terre, près de tant d'autres héros. Je sais quels étaient vos sentiments religieux. Je n'ai donc plus qu'un mot à vous dire : Au revoir. »

Chrétien, oui, Jacques de Vathaire l'était profondément, je dirais presque héroïquement, comme en témoigne cette lettre d'un père jésuite :

« Jacques de Vathaire était non seulement un brave, un chrétien dans toute l'acception du mot, c'était un apôtre, un missionnaire. Il apprenait lui-même le catéchisme aux enfants et adultes tonkinois, les exhortait comme l'eût fait l'un de nous. Il colonisait le pays, faisait des mariages, des baptêmes, apprenait à réciter le chapelet. Il avait, dans son dernier voyage en France, fait une grande provision de chapelets et de médailles pour les distribuer autour de lui. C'était un rude travailleur, pur comme un ange. On introduisit chez lui une princesse annamite, mais le nouveau Thomas d'Aquin lui prêcha la religion catholique, lui fit connaître et aimer la Sainte Vierge, dont il lui enseigna à réciter le chapelet ; il avait appris la langue de la contrée et il passait tous ses loisirs à l'étude des langues et des mœurs du pays. Il congédia donc cette princesse devenue chrétienne, puisqu'il avait eu le bonheur de la convertir.

« Le bon Dieu a voulu le récompenser en l'appelant à lui, mais nous avons fait une perte irréparable. La France aussi a perdu un brave, un héros, un missionnaire, un saint. Le jour de la fête de la Toussaint, il avait quinze kilomètres à parcourir pour entendre la messe. Il dit à ses hommes : « Je ne force personne, mais que ceux qui le veulent m'accompagnent », et tous le suivirent à la messe. Avant de quitter la France, à son dernier voyage, il s'était confessé et avait communié. C'est ce que, avec son expression pittoresque, il appelait : « Faire sa grande lessive », afin qu'arrivé là-haut, il ne lui restât plus qu'un savonnage. »

Que de traits je pourrais citer encore à la louange de Jacques de Vathaire !... N'avais-je pas raison de dire en commençant qu'il mérite une place dans notre galerie des héros ? Il avait rêvé peut-être d'une mort sur un autre champ de bataille, là-bas, du côté du Rhin, au soir d'une victoire. Si Dieu n'a pas exaucé entièrement son vœu, il lui a du moins accordé ce qu'il désirait tant : « Etre frappé par devant ! » Et en songeant à ce mort glorieux, en notre siècle où l'on oublie si vite, on aime à redire les vers du poète :

« Ainsi, quand de tels morts sont couchés dans la tombe,
En vain l'oubli, nuit sombre où va tout ce qui tombe,
Passe sur leur sépulcre où nous nous inclinons,
Chaque jour, pour eux seuls se levant plus fidèle,
La gloire, aube toujours nouvelle,
Fait luire leur mémoire et redore leurs noms ! »

L. Darcy.

Expédition d'Égypte

I

MALTE — ALEXANDRIE — CHÉBREÏSS.

Il y aura cent ans au moment où paraîtront ces lignes, que le général Bonaparte, déjà illustré par sa première campagne d'Italie, par les victoires d'Arcole, de Rivoli, et la prise de Mantoue, s'embarquait à Toulon pour l'expédition d'Égypte. Il attendait de cette guerre lointaine de merveilleux résultats pour notre pays; il espérait étendre ainsi notre influence en Orient et affaiblir la puissance anglaise dans la Méditerranée et jusqu'aux Indes. Si les résultats n'ont pas répondu aux prévisions du grand capitaine, la faute ne saurait en être imputée ni à son génie, ni à l'héroïsme de ses soldats, mais aux nombreuses fautes d'un gouvernement débile. Les Français quittèrent l'Égypte, mais « grands comme les anciens. »

La flotte française attendait à Toulon, sous le commandement de Brueys et de Ganteaume. Elle se composait de cinq cents voiles, portait quarante mille hommes de toutes armes, dix mille marins; cinq cents grenadiers avaient été formés à la manœuvre de l'artillerie. Le 19 mai, un heureux coup de vent dispersa la flotte anglaise qui, sous les ordres de Nelson, bloquait le port. On en profita pour appareiller, et on cingla vers Malte.

Cette île était admirablement fortifiée. Les chevaliers, dits de Malte (1), qui l'occupaient, avaient victorieusement repoussé une armée de trente mille Turcs. Mais aujourd'hui la discorde régnait dans les conseils de l'Ordre. Bonaparte avait réussi à gagner quelques chevaliers, et il comptait bien qu'un coup d'audace ferait tomber Malte en son pouvoir. Le 9 juin, les Français parurent à la hauteur de la Valette. L'amiral demanda la permission de s'y ravitailler. On ne consentit qu'à laisser pénétrer les vaisseaux deux par deux dans le port. Tout autre avait été l'accueil fait à Nelson quelque temps auparavant. Aussi Bonaparte affecta un vif mécontentement, et le lendemain débarqua ses troupes. On voulut résister. Le grand-maître essaya une sortie, qui fut facilement repoussée. Dans la place, tout semblait livré au désordre, à l'anarchie. Les projectiles n'étaient pas du calibre des pièces, les munitions n'arrivaient pas ; enfin, les chevaliers d'origine française déclarèrent qu'on ne pouvait les forcer à combattre des compatriotes. Ils furent incarcérés sur le champ. Mais la population ne se montrait guère disposée à soutenir une lutte qui

(1) Les Chevaliers de Malte étaient un ordre de religieux militaires. Leur chef avait le titre de grand-maître. Pour résumer brièvement leur histoire, disons que, institués d'abord pour donner leurs soins aux pèlerins de Jérusalem, ils furent ensuite chargés de défendre la Terre-Sainte contre les attaques incessantes des sultans de Syrie et d'Egypte. Ils s'appelèrent d'abord Hospitaliers ou Chevaliers de Saint-Jean de Jérusalem ; après la prise d'Acre par les musulmans en 1291, ils se retirèrent dans l'île de Chypre, puis, en 1310, dans l'île de Rhodes, d'où leur nouveau nom de Chevaliers de Rhodes. Après la prise de Rhodes par les Turcs, en 1522, ils s'établirent dans l'île de Crète, puis en Sicile, jusqu'à ce que Charles-Quint, en 1530, leur eût donné l'île de Malte.

cependant aurait permis à Nelson d'arriver à son secours. Enfin le grand-maître se vit réduit à envoyer les chevaliers récemment mis en prison traiter avec le général ennemi. Ils se rendirent à bord du vaisseau amiral l'*Orient*, et furent admis de suite en présence de Bonaparte : « Je suis bien aise de vous voir, Messieurs, car j'allais vous envoyer quelques *confetti* qui auraient changé vos dispositions d'esprit. »

Un traité fut donc conclu d'après lequel, en échange de la reddition de l'île, la France garantissait une pension aux Chevaliers. En parcourant les fortifications de la Valette, Caffarelli s'écria : « Nous sommes bien heureux que quelqu'un se soit trouvé dans la place pour nous en ouvrir les portes ! »

La flotte française quitta Malte le 19 juin, y laissant une garnison de six mille hommes. Les Anglais battaient la mer à sa poursuite. Un jour les deux flottes passèrent sans s'en douter à quelques lieues l'une de l'autre. Mais la Providence favorisait l'entreprise du jeune général.

L'espoir remplissait tous les cœurs. A bord de l'*Orient*, les conversations avec les savants qui accompagnaient l'expédition, coupaient la monotonie de la traversée. Sur les autres bâtiments, on jouait des comédies, composées par les passagers. On arriva le 1er juillet en vue d'Alexandrie. Nelson y était la veille, et avait précipitamment levé l'ancre pour courir à la recherche de l'ennemi. On se hâta de débarquer une partie de l'armée, quelques cavaliers et deux pièces de canon qui, sous la conduite de Bonaparte, se dirigèrent vers Alexandrie.

Bonaparte aurait voulu éviter l'effusion du sang. Mais en présence des mauvaises dispositions de la population arabe, il fit battre la charge, et s'élança à l'assaut. Le général Menou, qui s'avançait le premier, reçut six blessures, et l'ennemi, le croyant mort, le précipita du haut de la muraille. Kléber, debout, impassible, indique à ses grenadiers l'endroit où ils doivent placer leurs échelles. Une balle vient l'atteindre au front et le renverse sans connaissance. L'aide de camp Sulkowski est deux fois renversé de la brèche. Enfin le général Marmont amène la 4e demi-brigade — notre 4e de ligne actuel — enfonce à coups de hache la Porte de Rosette, se précipite dans la ville et la nettoie de ses défenseurs. La route du Caire était ouverte.

L'armée, approchant de Chébréïss, aperçut les Mamelucks (1) rangés en bataille devant le village. Bonaparte disposa ses troupes en cinq carrés, présentant sur chaque face six hommes de profondeur ; aux angles, l'artillerie, et au centre, les équipages et la cavalerie. Les grenadiers de chaque carré formaient des pelotons qui devaient se porter aux endroits menacés. Une demi-lieue à peine séparait les combattants. Les Mamelucks s'ébranlèrent et, selon leur coutume, chargèrent vigoureusement en poussant de grands cris. Mais, arrivés à portée de la mitraille, l'artillerie se démasqua et les mit en fuite. Nos soldats savaient qu'ils ne devaient plus redouter cette cavalerie réputée invincible !

Les colonnes françaises continuèrent leur marche, harcelées perpétuellement par les Arabes qui enlevaient tous nos traînards. L'adjudant Desnanots, neveu du naturaliste Lacépède, fut fait prisonnier.

(1) Les Mamelucks, milice à cheval, étaient formés en Egypte d'esclaves achetés en Circassie. Les vingt-quatre beys qui se partageaient le gouvernement de l'Egypte — Mourad-bey était un des principaux — avaient chacun une garde de cinq à six cents Mamelucks.

Bonaparte envoya au chef de la tribu un messager avec cent piastres pour son rachat. Une querelle s'éleva entre ceux qui l'avaient capturé. Pour terminer la contestation, le cheik fit sauter d'un coup de pistolet le crâne de l'infortuné jeune homme et rendit les cent piastres au messager pour qu'il les rapportât au général.

Dans cette marche, l'armée éprouva de rudes souffrances. Pour remonter le moral de ses soldats, Bonaparte bivouaquait constamment au milieu d'eux. Bien souvent, le dîner de l'état-major se composait d'un plat de lentilles. La soirée se passait en conversations autour des feux. Les soldats discutaient sur les résultats de la campagne. Ils accusaient le Directoire de les avoir déportés, et de les sacrifier à la curiosité des savants venus pour étudier les monuments de l'Egypte. Aussi appelaient-ils les savants « les ânes ». Enfin, comme la gaîté française ne perd jamais entièrement ses droits, ils s'en prenaient surtout au général Caffarelli, qui avait une jambe de bois : « Il s'en moque bien, lui, disaient-ils, il a toujours un pied en France! »

II

LES PYRAMIDES. — ABOUKIR.

Le 21 juillet, avant le jour, on rencontra un corps de Mamelucks avec lesquels on avait perdu le contact depuis Chébréïss. C'était l'avant-garde de Mourad-bey. Elle se replia sans engagement, mais tout faisait prévoir l'importance de cette journée qui allait décider du sort de l'Égypte. Au lever du soleil on aperçut les Pyramides : « Soldats, s'écria Bonaparte, songez que, du haut de ces Pyramides, quarante siècles vous contemplent ! » A dix heures, l'ennemi était en vue ; à deux heures, les armées en présence. Mourad-bey avait en ligne 60 000 hommes. Son armée s'étendait du Nil aux Pyramides. Un grand camp retranché avait été construit près du village d'Embabeh, défendu par 40 canons et 20 000 janissaires ou spahis ; 9 000 Mamelucks, accompagnés chacun de trois fellahs à pied, formaient le centre, 3 000 Arabes l'extrême gauche, allant jusqu'aux Pyramides. Bonaparte plaça Desaix et Reynier à sa droite, Kléber et Dugua au centre ; les divisions Bon et Menou, commandées par le général Vial, formèrent l'extrême gauche, s'appuyant au Nil. Les dispositions furent les mêmes qu'à Chébréïss, mais Bonaparte sachant que l'artillerie du camp ennemi ne pouvait sortir, faute d'être montée sur des affûts, résolut de prolonger sa droite et de faire suivre ce mouvement par l'armée, pour éviter le feu de l'artillerie. Mourad-bey fit charger Desaix et Reynier par un millier de Mamelucks. Nos soldats n'eurent que le temps de se former en carré. Ils furent un instant en danger. Par bonheur, la tête de la charge n'était pas assez forte et ne put les ébranler. Quand le gros de la colonne arriva sur nos bataillons, ils n'avaient plus rien à craindre. Les Mamelucks furent reçus par une grêle de balles. Un bey et 50 cavaliers se dévouèrent pour ouvrir un passage. Ils acculèrent leurs chevaux contre les baïonnettes de nos grenadiers et les renversèrent sur eux. Ils firent, dans le carré, une brèche qui se referma aussitôt. Une trentaine vinrent périr aux pieds de Desaix. Pendant ce temps, les Français marchaient sur le camp retranché et s'en

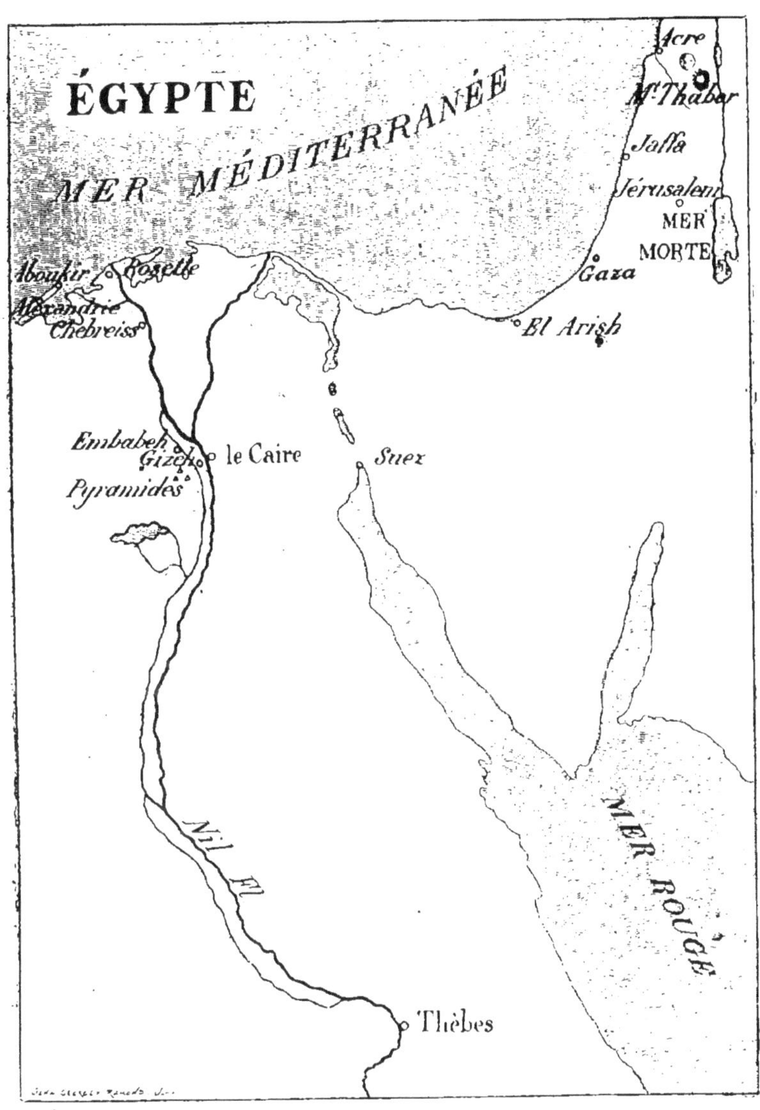

CARTE D'ÉGYPTE

emparaient. Mourad-bey, qui combattait bravement depuis le commencement de l'affaire, blessé, n'ayant plus que des troupes fatiguées, désespérant de reprendre son camp, s'enfuit dans le désert. A Embabeh, le carnage fut horrible. Tous les miliciens qui purent échapper à la baïonnette des Français se précipitèrent dans les embarcations pour franchir le Nil et s'y noyèrent; 5 000 Mamelucks périrent dans cette affaire qui coûta 10 000 hommes à l'ennemi. Les Français s'emparèrent de 400 chameaux chargés de butin, de 400 chevaux, de 50 canons; 60 bâtiments remplis d'objets précieux furent brûlés par l'ennemi. Notre perte ne monta pas à 300 hommes.

Bonaparte occupa la maison de campagne de Mourad-bey à Gizeh. Nos bivouacs étaient pour longtemps ravitaillés. On avait trouvé des vivres et des bagages en abondance. Les cadavres des cavaliers ennemis portaient des vêtements et des armes de prix et leurs bourses étaient bien garnies. Les prises firent oublier les fatigues précédentes. L'armée entra les jours suivants au Caire, où Bonaparte allait organiser le gouvernement de l'Égypte.

Nelson n'abandonnait pas le projet d'anéantir notre flotte. Il n'avait pu empêcher Bonaparte d'aborder en Égypte, mais il lui restait l'espoir de l'enfermer dans sa conquête. Dès qu'il sut, par ses éclaireurs, nos vaisseaux mouillés dans la rade d'Aboukir, il y dirigea en toute hâte son escadre et, dès son arrivée, le 1er août, à cinq heures du soir, il ordonna l'attaque. Une partie des vaisseaux anglais, selon ses prescriptions, doubla la ligne française, et prit position entre la terre et la flotte de l'amiral Brueys, tandis que le reste des bâtiments, sous les ordres de Nelson, mouillait à une portée de pistolet de l'autre côté. L'avant-garde et le centre de la flotte française furent bientôt pris entre deux feux.

Brueys se tenait sur la dunette de l'*Orient*, entouré de son état-major. Blessé une première fois à la figure, une seconde fois à la main, il fut, à huit heures du soir, renversé par un boulet. Le contre-amiral Ganteaume voulut le faire enlever : « Non, dit-il, un amiral français doit mourir sur son banc de quart. » Quelques instants après, il expirait. Son équipage continua la lutte pour venger un chef qu'il aimait. A neuf heures, Ganteaume, qui lui succédait, aperçut le feu sur la dunette. Il appela du monde pour combattre l'incendie. Mais les pompes avaient été mises en pièces par les projectiles anglais. Les progrès du feu furent rapides. Les mâts qui s'abîmèrent dans les flammes augmentèrent le foyer de l'incendie. Le pont n'était plus tenable. Il fallut songer à quitter le navire. Ganteaume parvint à gagner un canot. Le capitaine Casabianca avait été mortellement blessé ; son fils, un enfant de 10 ans, qui servait comme mousse, restait à ses côtés. Il refusa de l'abandonner. Tous deux allaient périr dans l'explosion.

Les flammes qui s'élançaient de l'*Orient* éclairaient au loin la mer envahie par la nuit et révélaient aux combattants toute l'horreur de cette scène de carnage. Les navires anglais qui entouraient le vaisseau-amiral français, s'empressaient de s'éloigner pour éviter le sort dont les menaçait son explosion imminente. Nelson, lui aussi, avait été blessé. Un éclat de mitraille lui avait détaché la peau du front, qui retombait sur ses yeux. Ses compagnons le crurent mort. Le chirurgien du *Vanguard* les rassura. Après un premier pansement, entendant un grand bruit à son bord et apprenant que l'incendie dévorait l'*Orient*, il monta sur le pont pour contempler cet affreux spectacle. Il donna des ordres pour qu'on envoyât des chaloupes au secours des Français. L'*Orient* sauta à dix heures. Le combat fut suspendu pendant un quart d'heure. Les vaisseaux des deux flottes avaient assez à faire pour se débarrasser des débris enflammés dont l'explosion les avait couverts. Les Français recommencèrent la lutte ; elle ne finit que le lendemain 2 août, à midi, quand tous nos vaisseaux eurent été pris ou détruits, sauf cependant les quatre navires avec lesquels le contre-amiral de Villeneuve put échapper à l'ennemi. Le commandant de l'*Aquilon*, Thévenard, avait été tué. Du Petit-Thouars, du *Tonnant,* eut les deux jambes coupées par un boulet. Il se fit mettre dans un baquet de son pour combattre l'hémorragie, recommanda de jeter son corps à la mer et mourut en criant : « Équipage du *Tonnant,* ne vous rendez jamais! » Les Français avaient perdu 4 000 hommes.

Qu'on nous permette de citer un trait curieux qui peint fort bien le caractère britannique. Le capitaine anglais du *Swiftsure* fit recueillir une portion du grand mât qui avait appartenu à l'*Orient.* Le charpentier du bord en fit un cercueil qui, orné aussi élégamment que possible, fut porté par une chaloupe à Nelson. Ce dernier fut sensible à cette attention de son compagnon d'armes, recommanda d'arrimer avec les soins les plus minutieux le cadeau, « pour me servir, disait-il, à la première occasion. »

III

EN SYRIE — RETOUR EN ÉGYPTE — RETRAITE.

Malgré les prodiges de valeur accomplis par nos marins à Aboukir, la situation de Bonaparte devenait critique. Il n'en fit rien paraître cependant : « Nous n'avons plus de flotte, dit-il. Eh bien! il faut rester dans cette contrée ou en sortir grands comme les anciens! »

A partir de cette époque, tandis que Bonaparte organise sa conquête, nos bataillons foulent l'Égypte dans tous les sens. Une révolte éclate au Caire, elle est réprimée avec sévérité. De nouvelles complications surgissent : la Turquie déclare la guerre. Le pacha de Saint-Jean-d'Acre commande l'avant-garde. Bonaparte, qui sait que l'offensive est la meilleure manière de se défendre, court à sa rencontre avec une armée de 13 000 hommes, presque sans munitions et sans artillerie. Il entre en Syrie. Il prend successivement El-Arich, Gaza, Jaffa et vient mettre le siège devant Saint-Jean-d'Acre. Il livre à cette place, défendue par des officiers européens, quatorze assauts, repousse vingt-six sorties, mais manquant de vivres, décimés par la peste, nos soldats sont obligés de battre en retraite. Bonaparte avait cependant illustré ses armes par une belle victoire. Durant le siège de Saint-Jean-d'Acre, il était allé, avec 4 000 hommes, battre 35 000 Turcs au mont Thabor. Il lui faut traverser 120 lieues de désert pour revenir au Caire, où son lieutenant Desaix a su pendant son absence faire respecter le prestige du nom français !

Tous les genres d'héroïsme devaient se manifester dans cette brave armée. Nos soldats ne craignaient pas la mort, mais redoutaient la peste. Des bruits sinistres couraient sur la rapidité de la contagion. Un jour, à l'hôpital, le chirurgien Desgenettes, pour détruire cette opinion, trempa une lancette dans le pus du bubon d'un convalescent et se fit une légère piqûre près de l'aisselle. « Si la peste était contagieuse, dit-il froidement aux assistants, je l'aurais déjà. »

Pendant que Bonaparte donnait la chasse à Mourad-bey, il apprit qu'une flotte turque de 100 voiles, portant une armée de 18 000 hommes, était en vue d'Aboukir, et semblait se préparer à un débarquement. Les Turcs s'emparèrent d'abord d'une redoute dont les 35 défenseurs furent égorgés. Les 250 soldats qui défendaient le fort, assiégés par une armée, durent capituler. Bonaparte arrivait à marches forcées. Appropriant ses mesures au caractère de l'ennemi, il sut contenir l'ardeur de ses soldats et de leurs chefs. Il dirigea leurs efforts de manière à ce que l'ennemi fût attaqué à la fois sur tous les points de sa ligne de bataille, trop étendue, bien que fortifiée avec soin. Les Turcs se défendirent avec intrépidité. Le général Duvivier fut tué dans une charge poussée au-delà des fossés de la redoute. Puis la 18e demi-brigade marcha aux retranchements où se livra un combat furieux. Les Turcs cherchaient à arracher les baïonnettes, combattant seulement au sabre et au pistolet. Ils continrent un moment les Français. Tous, généraux et soldats, faisaient des prodiges de valeur. Le général Fugières, déjà blessé à la tête, eut un bras emporté par un boulet; plusieurs généraux furent tués. La 18e fut obligée de lâcher pied. L'ennemi quittait déjà ses retranchements et se disposait à venir couper les têtes des morts et des blessés, lorsque Lannes attaqua par la gauche. En un instant, le capitaine Baille et le commandant Bernard, dirigeant les 22e et 69e demi-brigades, eurent repris l'avantage ; Murat lança les cavaliers au moment opportun et coupa la retraite à l'ennemi. Dès lors, la déroute fut complète. Une partie des ennemis se jeta dans le fort, le reste tomba sous nos coups ou se noya. Le rivage était jonché de cadavres. La mort de nos marins était vengée.

Murat pénétra dans la tente de Mustapha-pacha pour le faire prisonnier. Mais le pacha lui tira un coup de pistolet qui l'atteignit à la mâchoire. D'un coup de sabre, le général français lui abattit deux doigts de la main droite et le fit prisonnier. On s'empara des tentes, du bagage, de 200 drapeaux, de 40 pièces de canon. L'ennemi perdit 10 000 hommes environ. La perte des Français fut de 500 hommes. Le général en chef ne se ménagea pas dans cette journée. Son aide de camp Guibert fut frappé à ses côtés d'un biscaïen qui lui perça la poitrine. Bonaparte, après la bataille, fit prodiguer les plus grands soins aux blessés. Il consolait le général Fugières qui, le bras emporté par un boulet, lui dit ces paroles prophétiques : « Vous envierez un jour mon sort, je meurs sur le champ d'honneur. » Kléber, arrivé à la fin de la bataille, se rendant compte de l'importance de la victoire, se jeta au cou de son chef en lui disant : « Général, vous êtes grand comme le monde ! » Le fort d'Aboukir capitula quelques jours après.

En Europe, la fortune ne nous était pas favorable. Nos frontières étaient menacées. Bonaparte traversa la croisière anglaise et vint arracher le pouvoir des mains du Directoire. L'armée d'Égypte resta sous les ordres de Kléber, puis de Menou. Kléber, avec ses qualités militaires, était l'homme qu'il fallait pour conserver l'Égypte à la France; mais il tomba l'année suivante sous le poignard d'un Turc fanatique (14 juin 1800). Menou, son successeur, était un brave soldat, mais n'avait pas l'énergie nécessaire pour le commandement en chef. Il fut battu près d'Alexandrie par les Anglais, et l'armée dut évacuer l'Égypte.

L'occupation avait duré plus de trois ans.

CHARLES MÉRAUD.

Le Général Bourbaki

La famille du général Bourbaki est d'origine grecque. Son père, officier de l'armée impériale, quitta le service à la chute de Napoléon en 1815, avec le grade de colonel. Au sortir de Saint-Cyr, le jeune Charles Bourbaki entra au 15e de ligne et prit part à la première expédition de Constantine en 1836. Ensuite, il passa aux zouaves. Son colonel était Lamoricière, son commandant Cavaignac. Sortir des zouaves semblait à cette époque un pronostic de brillant avenir. Bourbaki prit part à de nombreux combats ; il fut blessé et décoré au bout de quelques années, comme un brave entre les braves. Un jour, le général duc d'Aumale apprend par un prisonnier qu'il serait peut-être possible de s'emparer de la Smala d'Abd-el-Kader. La Smala comprenait, disait-on, une agglomération de 40 000 personnes et renfermait tout ce que l'émir possédait de plus précieux. Le duc d'Aumale, pour ce coup de main hardi qui demandait une extrême célérité, forme une colonne composée des meilleurs éléments de son armée. Il n'a garde de laisser Bourbaki à la garnison. La petite troupe est divisée en deux tronçons. En tête marchent la cavalerie et les zouaves montés sur des mulets, puis vient le reste de l'infanterie, escortant le convoi, le tout allant à une allure endiablée. Pendant vingt-neuf heures, on va presque sans interruption et sans repos. Rien ne paraît à l'horizon ; on croit l'expédition manquée, quand tout à coup, un cavalier apporte la nouvelle que la Smala est établie en ce moment autour de la source d'Aïn-Taguine... Deux heures après, nous étions maîtres de 3 000 prisonniers et d'un immense butin.

Parmi la glorieuse pléïade des *Africains*, Bourbaki était une physionomie des plus populaires. Adoré des soldats, toujours le premier au feu, donnant l'exemple du sang-froid et de l'intrépidité, il était admiré de ses chefs que sa bravoure enthousiasmait. Intelligence, distinction, savoir, le jeune officier possédait toutes les qualités.

Après avoir été officier d'ordonnance du roi Louis-Philippe, Bourbaki fut chargé de la formation des tirailleurs algériens. Citons la chanson de marche composée à cette époque pour le nouveau corps :

Gentil turco,
Quand autour de ta boule
Comme un serpent s'enroule
Le calicot
Qui te sert de shako,
Ce chic exquis
Par les turcos acquis,
Ils le doivent à qui ?
A Bourbaki,
A Charles Bourbaki !

En Crimée, Bourbaki se distingue à l'Alma, sauve à Inkermann, avec ses Africains, l'armée anglaise surprise par les Russes, s'empare d'une courtine à Malakoff, et tombe blessé à l'affaire du 8 septembre. En 1859, il fait la campagne d'Italie comme général de division. Nommé aide de camp de l'empereur, il commande la garde en 1870. C'est la partie douloureuse de son histoire.

Condamné par Bazaine à une inaction stérile sous les murs de Metz, le général fut, sur la fin d'août, mis en rapport avec un personnage, M. Regnier, qui se disait envoyé par l'impératrice avec une mission spéciale. L'infortunée souveraine voulait s'entretenir de la triste situation de la France, soit avec Canrobert, soit avec Bourbaki. Sur les conseils de Bazaine, Bourbaki, après avoir longuement débattu les conditions de son départ, suivit le messager. Il put sortir de Metz, en se mêlant au personnel d'une ambulance luxembourgeoise. Durant le voyage, il remarqua certaines choses qui lui rendirent douteuse la mission de son guide. Sur ces entrefaites, l'Empire avait été renversé. Bourbaki rejoignit l'impératrice en Angleterre. Le général n'eut pas de peine à s'apercevoir que Bazaine avait été le jouet d'un intrigant. Dans l'impossibilité de rejoindre ses troupes, il offrit ses services au gouvernement de la Défense nationale. Gambetta le chargea d'organiser l'armée du Nord, et bientôt lui confia le commandement de l'armée de l'Est. C'était la partie suprême que jouait la France! Après un heureux combat à Villersexel, Bourbaki dut battre en retraite devant les lignes d'Héricourt (16 et 17 janvier) et se replier sous le canon de Besançon.

Comme condition de son concours à cette expédition dans l'Est, Bourbaki avait demandé que ses derrières fussent gardés, et Besançon approvisionné. En arrivant dans cette ville, il apprenait qu'elle ne renfermait pas les vivres nécessaires, et que l'armée de Manteuffel lui coupant la retraite, il n'avait plus d'autre moyen de sauver ses braves que de se réfugier en Suisse. Alors, en proie aux déceptions les plus cruelles, désespéré par les récriminations des politiciens qui dirigeaient la campagne, Bourbaki tenta de se suicider. Mais Dieu ne permit pas la consommation de ce dessein conçu dans un moment de suprême découragement, et Bourbaki fut conservé à la France.

Après la guerre, Bourbaki fut nommé gouverneur de Lyon. Il était bon qu'il restât là, sous les yeux de notre jeune armée, comme un glorieux témoin des exploits de son aînée d'Afrique, de Sébastopol, de Magenta et de Saint-Privat.

En 1880, l'heure de la retraite sonna. Bourbaki se retira à Bayonne, où il vécut dans le silence, mais non dans l'oubli. Il y mourait en septembre 1897. Sa mort et ses funérailles furent pour l'héroïque soldat un triomphe digne de lui. Bientôt sa statue s'élèvera à Pau, pour redire sa gloire aux générations futures et leur apprendre comment on doit aimer et servir la France.

CHARLES MÉRAUD.

Canrobert

François-Certain Canrobert est né le 27 juin 1809, dans le département du Gers. Fils de soldats, il ne pensa jamais qu'à suivre la carrière des armes. Admis à seize ans à l'Ecole militaire, sous-lieutenant au 47e de ligne, il débarquait en 1832, comme lieutenant, sur la terre d'Afrique.

L'Algérie fut le berceau de la fortune de Canrobert. On peut dire qu'il a pris part à tous les combats qui ont été livrés de son temps. Blessé à l'assaut de Constantine, à côté du colonel Combe, celui-ci disait du jeune lieutenant au général Vallée : « Cet officier ira loin : il y a en lui l'étoffe d'un général en chef. » La croix d'honneur fut la récompense de cette action d'éclat. Après être passé tour à tour à la Légion étrangère et aux chasseurs à pied, Canrobert devint colonel du 2e étranger qu'il quitta bientôt pour le commandement du 3e zouaves. Ce fut à la tête de ce corps d'élite qu'il prit part à l'expédition de Zaatcha.

En juin 1849, éclata l'insurrection des Ziban. Retranchés dans l'oasis de Zaatcha, les Kabyles opposaient une vigoureuse résistance au général Herbillon. Il dut demander du secours. Le 8 novembre, le colonel Canrobert, « à qui on recourait toujours quand il y avait de grands services à rendre et de grands dangers à affronter », amenait de Sétif une colonne de

2 000 hommes. Tout fut bientôt prêt pour l'assaut. « Zouaves ! s'écrie Canrobert, ce n'est pas une bicoque comme celle-ci qui arrêtera des guerriers tels que vous ! Il nous la faut prendre, entendez-vous, ou y rester tous. Si aujourd'hui on sonne la retraite, ce ne sera pas pour vous. Bonne chance, mes amis, et en avant ! ». Et il jette le fourreau de son sabre loin de lui. Les zouaves prennent pied dans la ville. Canrobert, sa longue crinière de lion flottant au vent, est toujours debout, sans blessures, mais de sa garde d'honneur — 15 hommes — douze ont payé le succès de leur vie. « L'affaire de Zaatcha, dit le général du Barail, suffirait pour faire la renommée de Canrobert ».

Général de division, Canrobert fut envoyé à l'armée d'Orient (1853). Sa division fit la terrible campagne de la Dobrudja et s'établit à Varna. Grâce à leur expérience, nos soldats résistaient mieux que les Anglais. Un jour, lord Raglan se promenait avec Canrobert, dans un bivouac de zouaves: « Comment se fait-il qu'avec une demi-livre de viande, vos soldats vivent bien, tandis que les nôtres meurent de faim en en touchant une livre ? — Mylord, je vous propose un marché ! Vous me donnerez une livre de viande par jour et par homme, et je nourrirai un de vos soldats. Nous y gagnerons notre ration, et vos hommes seront mieux soignés ! » Le marché ne fut pas accepté.

A la bataille de l'Alma, Canrobert attaqua le premier l'armée russe, escalada les hauteurs, demeura à cheval, bien que blessé, jusqu'à l'arrivée du général Forey. Deux jours après, à la suite du départ du général de Saint-Arnaud, il prenait le commandement en chef. Il commençait de suite les travaux d'investissement. La saison devint rigoureuse et l'armée éprouva des souffrances atroces. Le général en chef payait de sa personne, donnait à tous l'exemple du courage le plus stoïque. Un matin du mois de décembre, il arrive au campement d'un régiment récemment venu de France. C'est un spectacle de mort : tous les hommes sont renfermés dans leurs tentes ; à peine quelques sentinelles veillent-elles au salut de tous. Canrobert s'approche d'une tente et frappe de sa canne la toile couverte de glace. A sa voix, les soldats sortent: « Que vous manque-t-il? du bois? arrivez, je vais vous en donner. » Les fantassins suivent le général dans une lande déserte. Quelques petites branches sortaient de la neige: « En voilà ! » dit-il. Les soldats rient, c'était déjà un résultat obtenu. Mais Canrobert ne plaisante pas. Sur son ordre, on courut chercher une pioche et bientôt de la terre durcie sort une racine de vigne toute tordue: « Faites comme cela, mes enfants, et chaque fois que vous verrez une de ces brindilles, dites-vous qu'elle vous promet une bûche de Noël! »

Pour des raisons diplomatiques, Canrobert dut quitter le commandement et revenir en France avant la prise de Sébastopol. Mais quand l'armée victorieuse fit son entrée triomphale à Paris, sur un ordre de l'empereur, il prit la tête des troupes. Lorsqu'il parut à la gare de Lyon, son arrivée fut saluée par des acclamations enthousiastes: « C'est lui, voilà notre père! » criaient les soldats. Les sympathies des humbles le consolèrent en ce jour des amertumes du commandement.

Canrobert avait été créé maréchal de France. En 1859, il fit la campagne d'Italie à la tête du 3e corps, et par son ardeur à courir au canon, contribua au gain de la bataille de Magenta.

Pendant la campagne de 1870, Canrobert commanda le 6e corps renfermé à Metz. Après avoir pris part aux combats de Mars-la-Tour et de Gravelotte, ses troupes supportèrent, le 18 août, l'effort de l'armée prussienne. A trois heures de l'après-midi, 75 000 hommes et 240 pièces de canon sont en position pour attaquer les 35 000 hommes et les 100 pièces de Canrobert. Il s'est retranché dans Saint-Privat et se propose de recevoir vigoureusement ses adversaires. Après un duel d'artillerie des plus meurtriers, la garde royale prussienne reçoit l'ordre de prendre Saint-Privat. Par les soins du vieux soldat, les maisons crénelées du village sont bondées de tirailleurs placés jusque sur les toits. Dès que les Allemands se montrent sur les rampes qui conduisent de Sainte-Marie à ses positions, une fusillade épouvantable les disperse. Ils ne peuvent avancer à plus de 600 pas. A six heures du soir, 6 500 hommes et 240 officiers jonchent le champ de bataille. Désespérant de venir à bout de l'énergique résistance de Canrobert, le prince Frédéric-Charles fait canonner le village par toute l'artillerie. Les toits s'effondrent, les flammes jaillissent des maisons où sont entassés les Français. Canrobert a informé Bazaine de sa situation critique. Il lui demande des renforts et surtout des munitions, les siennes vont être épuisées. Pas de réponse ! Se sentant abandonné, il songe non pas à se rendre, mais à se replier sur lui-même et à lutter tant qu'il aura un homme et une cartouche. Les Allemands ont appelé leurs dernières réserves. Elles montent à l'assaut, au bruit des fanfares, des hourra, les drapeaux déployés — quelques-uns ont changé cinq fois de main dans cette mémorable journée ! Canrobert, l'épée à la main, les reçoit à la tête de ses troupes. Il court de rang en rang et encourage ses soldats. Vers huit heures, les dernières munitions sont épuisées. La nuit vient ajouter ses ténèbres aux horreurs d'un combat corps à corps. La lutte n'est plus possible, le 6e corps opère sa retraite en bon ordre. A neuf heures, l'église et le cimetière de Saint-Privat, où combattaient les derniers Français, tombent au pouvoir de l'ennemi. L'armée allemande était tellement épuisée, que Frédéric-Charles ne put envoyer que le

CANROBERT

lendemain matin un aide de camp au grand État-major pour y annoncer le succès de la journée. Pendant toute la nuit, de Moltke avait cru l'attaque repoussée.

Quelques années avant sa mort, Canrobert parcourait un jour l'annuaire de l'armée allemande, publié en 1870. De nombreuses lignes rouges marquaient les pages consacrées aux régiments de la garde royale : « Ceux-là, ce sont mes morts », disait le vieux soldat. « Et, ajoutait le témoin de cette scène, il étendait sa main sur le livre, comme un lion sa griffe sur le cadavre de l'ennemi qu'il a vaincu ! »

La dernière revue à laquelle parut le maréchal Canrobert fut celle qui suivit la distribution des nouveaux drapeaux à l'armée française. C'était, si je ne me trompe, en 1880. Malgré son grand âge, et les fatigues d'une longue journée, le vaillant homme de guerre tint à assister au défilé. Au nom des combattants d'Afrique, de Crimée, d'Italie et de France, il désirait souhaiter bonne chance aux enseignes qui conduiront un jour — nous l'espérons — nos soldats à la victoire.

Il est mort en 1897. L'armée française lui a fait des funérailles dignes du dernier des maréchaux.

CHARLES MÉRAUD.

Napoléon Ier

I

NAPOLÉON EN CAMPAGNE

La guerre vient d'être déclarée. Berthier, major général, a déjà rejoint l'armée. De son cabinet, l'empereur imprime une énergique impulsion à tous les services. Napoléon doit se mettre à la tête de ses armées, mais quand? Voilà ce que chacun ignore. Le grand écuyer a reçu une note pour la composition des équipages impériaux, toute la maison est sur le qui-vive. On questionne Constant — le premier valet de chambre — lui non plus ne sait rien. Pourtant son maître siffle l'air de *Malborough s'en va-t-en guerre*. L'ordre de départ ne tardera pas à arriver.

Dans la journée, Napoléon déploie une activité extraordinaire : il préside une séance du conseil d'État, expédie une foule d'affaires. A dix heures du soir, il annonce qu'il partira dans deux heures. Cette nouvelle remplit le palais d'agitation. Chacun fait ses préparatifs de campagne. A minuit, quatre voitures se rangent devant le pavillon de l'Horloge. Duroc monte dans la première, l'empereur et son premier aide de camp dans celle qui suit ; Constant et le reste de la suite s'entassent dans les autres. Les adieux à l'impératrice sont courts, l'empereur n'aime pas les scènes, il donne l'ordre du départ. Le cortège traverse au trot les rues de la capitale endormie ; une fois sur la route, il n'aura plus d'autre allure que le galop. Et Napoléon trouve toujours qu'on avance trop lentement. Parfois, la glace de la berline impériale s'abaisse, et une voix irritée se fait entendre : « Plus vite, marchez donc ! » Le grand écuyer ne s'émeut pas : « Le premier qui passe devant moi, dit-il un jour, je le f... à la porte ! Quand l'empereur voudra crever des chevaux, il ne me rognera pas les ongles pour ses écuries ! » Et l'allure n'est pas accélérée. Des pelotons de cavalerie légère, disposés aux relais, forment l'escorte.

Au moment du départ, Napoléon a dormi quelques instants. Bientôt il s'est arraché au sommeil. Une lanterne éclaire l'intérieur de sa voiture, une horloge lui donne l'heure. Il prend un des livres amoncelés sur la banquette. Ce sont les derniers ouvrages parus à Paris. Il les parcourt rapidement, coupe les feuillets du doigt, et, une fois renseigné sur leur contenu, les jette sur la chaussée. Aux relais, pendant qu'on change les chevaux, il dicte des ordres qu'un officier d'ordonnance emporte à franc-étrier.

Sur sa route, l'empereur s'arrête quelques heures pour visiter les travaux qu'il a ordonnés. Que le général chargé de leur exécution ne compte pas sur l'éloignement du Maître pour devenir négligent ! Un capitaine du génie viendra à l'improviste et adressera un rapport détaillé sur ce qui aura été fait : malheur à l'exécuteur, si César n'est pas satisfait !

Napoléon s'arrête le moins possible. Quelquefois il restera cent heures consécutives sans quitter sa voiture. Le plus souvent, il prend ses repas en marche. L'officier de bouche veille à ce que les provisions soient toujours complètes et les fait remplacer au fur et à mesure.

L'empereur arrive presque toujours au quartier général, suivant de près le courrier qui l'annonce. Il saute à terre, gravit en courant les escaliers du palais où il loge, salue rapidement son état-major, jette en passant un « Bonjour, Berthier ! » que le major général attrape en rongeant ses ongles.

Dans l'appartement qui lui a été préparé, le chapeau gît bientôt dans un coin, l'épée sur un meuble; courbé sur ses cartes piquées d'épingles, munies de boules en cire d'Espagne de différentes couleurs indiquant les mouvements des troupes, il est bien vite au courant des positions occupées par l'ennemi et par ses soldats. Il élabore son plan de campagne et choisit l'endroit où il compte livrer bataille. Bacler d'Alle — un talent particulier de dessinateur — lui dresse, à l'aide des courbes et des hachures de la carte, le panorama du terrain où l'action aura lieu. Napoléon consulte aussi fréquemment sa bibliothèque de campagne, dont les volumes reliés en veau ont les marges coupées pour être plus portatifs.

Enfin César se rend au milieu de ses légions. Il s'arrête volontiers pour passer en revue les corps qu'il rencontre sur son passage. Il sait par sa présence, par ses paroles, électriser le soldat. Parfois même — comme dans la campagne d'Austerlitz — il ne dédaigne pas d'expliquer à un régiment la manœuvre qu'il prépare. Rien n'échappe à son regard ; effectif, état des vivres et des munitions, il ne perd rien de vue. La veille de la bataille, l'empereur vient coucher au bivouac. On a dressé deux tentes en coutil blanc rayé de bleu et de rouge, l'une pour Napoléon, l'autre pour le bureau de Berthier.

Un régiment de grenadiers campe autour de ce fragile palais, où l'empereur se livre au travail, avec la même régularité qu'aux Tuileries. Quand il est de bonne humeur, il prend le thé avec Berthier. Si le major général se plaint de ces fatigues continuelles, et parle de se retirer, l'empereur rit aux éclats. Il appelle Berthier *sa vieille femme,* lui bourre et lui allume sa pipe et lui fait jurer qu'ils ne se quitteront jamais.

La tente impériale est divisée en trois compartiments par de simples rideaux. Dans le premier se tient l'officier de service ; Constant repose dans le second qui, le jour, sert de cabinet ; l'empereur couche dans le troisième sur un lit de fer. Une table pliante, qui supporte son nécessaire de toilette tout en argent, des chaises, une pendule et des flambeaux, en composent l'ameublement.

Napoléon a le sommeil très léger. Une heure ou deux après son coucher, il se réveille : « Constant ! quelle heure est-il ? Quel temps fait-il ? Envoyez chercher le duc de Dalmatie ! appelez Berthier ! »

Vers trois heures du matin, il se lève, prend du punch avec les lieutenants qui l'entourent, donne ses derniers ordres, monte à cheval. Napoléon n'a jamais été un écuyer remarquable. Il est solide en selle, mais monte sans grâce. Ses écuries ne renferment pas de bêtes renommées. Il tient surtout à ce que la couleur de la robe se marie bien avec celle de la redingote grise. Le plus souvent de singuliers caprices ont choisi les noms de ses coursiers. Une jument mecklembourgeoise a été nommée *Louise* en souvenir de la seconde impératrice, *Désirée* lui rappelle un tendre sentiment de sa jeunesse pour Mlle Clary, qui devint l'épouse de Bernadotte. Une fois en selle, l'empereur ne connaît guère qu'une allure, le galop. Il n'est pas rare qu'il crève un cheval un jour de bataille. Toutes ses bêtes ont été dressées par des écuyers émérites. Rien ne les déconcerte. On a battu du tambour à leurs oreilles, fait partir des pétards dans leurs jambes. Elles reçoivent sans broncher des coups sur la tête : l'empereur a parfois des mouvements d'impatience !

Napoléon se dirige, suivi de son état-major, vers la position qu'il a choisie et qu'il occupera pendant l'action. C'est le plus souvent une hauteur située au centre du champ de bataille et de laquelle il pourra suivre les péripéties de la lutte.

Entouré de nombreux officiers, tout près de ses réserves, il reçoit les envoyés des chefs de corps qui viennent lui demander des ordres et des renforts. Il accorde difficilement les renforts, mais se montre prodigue de critique. Par instants, si quelque chose lui semble aller de travers, il se porte au galop sur le point menacé, rétablit les affaires et revient à son poste d'observation. Il met pied à terre et se promène de long en large. Enfin, sur la fin du tantôt, il apprend que l'ennemi fatigué, énervé, donne des signes de lassitude. Alors, suivi de son escorte, il se porte vers ses réserves. Dès que les soldats l'aperçoivent, ils se mettent à crier : « Ah ! voilà la charge à Colin. » Les shakos, les bonnets à poils s'agitent au bout des baïonnettes, les casques dansent au bout des sabres. Il y a là un enthousiasme dont le *1809* de Meissonier peut seul nous donner une idée. Toutes ces troupes, lancées au moment opportun, au bon endroit, enfoncent l'ennemi et le mettent en déroute. La bataille est gagnée. L'empereur peut faire le geste de mettre sa tabatière dans son gousset en disant : « Encore une dans ma poche ! »

Après un combat, le sommeil de la nuit est court, souvent interrompu par l'arrivée d'officiers apportant des nouvelles. Le lendemain, l'empereur ne quittera pas le champ de bataille avant de l'avoir visité et s'être assuré de ses yeux qu'on relève les blessés, qu'on leur donne les soins nécessaires, que les morts reçoivent une sépulture honorable. Il attache un soin pieux à ce que ces humbles victimes de sa gloire soient traitées avec respect. S'il visite les ambulances — ce qui est plus rare — il ne distribue pas de larges récompenses : son principe est qu'un soldat ne peut rien obtenir que sur les rangs ; comme cela personne ne s'éternise dans les hôpitaux.

Les jours suivants, Napoléon passera en revue les régiments qui se sont le mieux conduits. Les grades, les décorations — surtout aux derniers jours de son règne — pleuvent littéralement sur tous. Si un colonel s'oublie dans une trop longue liste d'officiers : « Et les soldats ? lui dira brusquement l'empereur, ils n'ont donc rien fait ? » Et tirant un vieux sous-officier tout chevronné hors des rangs : « Tenez, en voilà un qui n'était pas le dernier à la charge ! Je lui donne la croix, faites-en un garde-aigle ! »

Une fois que les armes auront gagné la partie, on verra accourir des diplomates au quartier général. Moret, duc de Bassano, Colaincourt, de Talleyrand lui-même, viendront assurer à la France, par un glorieux traité, le prix du sang de ses enfants.

Telle a été, pendant plus de vingt années de guerre, la vie de Napoléon. On sait l'ascendant qu'il avait su prendre sur ses compagnons d'armes, le dévouement sans bornes qu'il pouvait attendre de ces intrépides soldats que fanatisait en quelque sorte sa présence continuelle dans les rangs, sa participation à toutes les fatigues et à tous les dangers.

II

L'HOMME PRIVÉ

Six heures sonnent à l'horloge des Tuileries. Constant, le valet de chambre de l'empereur, entre dans son appartement : « Quelle heure est-il ? Quel temps fait-il ? Ouvre la fenêtre, que je respire l'air du ciel ! » Le fidèle serviteur jette du bois dans la cheminée où l'on entretient presque constamment le feu. Pendant que la flamme pétille, Napoléon déguste, à petites gorgées, une infusion de feuilles d'oranger. En un tour de main, son valet a remis un peu d'ordre dans la pièce, où gisent chapeau, habit, culotte, lamentablement étalés sur les meubles et le parquet.

L'empereur se lève et procède à sa toilette avec un soin méticuleux. Il fait ses ablutions dans une grande cuvette en argent, se rase lui-même devant le miroir que tient son mameluk. On le frictionne ensuite à l'eau de Cologne : « Plus fort ! crie-t-il en riant, comme pour un âne ! » Il cause avec ses gens, se fait raconter les commérages de la ville et du palais, les propos des laquais, ce qu'a fait M. Constant dans la soirée. L'arrivée de Corvisart, premier médecin de la Cour, interrompt ces bavardages : « Ah ! vous voilà, grand charlatan ! combien avez-vous tué de personnes hier ? » Le docteur, nullement interloqué, répond sur le ton de la plaisanterie. S'il a quelque grâce à demander, il le fait à ce moment.

Napoléon a revêtu le costume de colonel des chasseurs à cheval de la garde qu'il ne quittera pas de la journée. Bottes à l'écuyère, culotte blanche et gilet blanc sur lequel est passé le grand-cordon de la Légion d'honneur, habit vert à parements et revers rouges, échancré sur le devant. Au côté, il porte une épée, sur la tête, le légendaire petit chapeau. On lui présente sa tabatière d'écaille, et il entre dans le salon de service.

Un salut brusque répond à la profonde inclinaison des chefs de service. Il passe devant eux. D'une parole brève, il indique ce qu'il attend de chacun pour la journée. Tout ce monde congédié, on introduit les personnes qui ont demandé et obtenu audience. L'empereur se tient debout devant la cheminée, le dos tourné au feu. Il écoute, d'un mot précise ce qu'il veut savoir. Une femme se présente-t-elle devant lui, il lui posera une question malicieuse, indiscrète. Si la visiteuse ne se laisse pas intimider et lui répond vertement, avec esprit, l'empereur sera le premier à rire, et racontera l'entrevue à l'impératrice. Un regard jeté sur la liste des audiences indique que la personne introduite doit se retirer.

Son secrétaire l'attend dans son cabinet, il va le rejoindre. Sur son bureau, il y a une montagne de lettres, de rapports. Assis sur une causeuse, au coin de la cheminée, Napoléon dépouille son courrier. Il ne se repose sur personne pour ce soin. Une lettre lue, on y répond immédiatement si la chose est nécessaire, on la met de côté s'il n'y a pas urgence. Tout ce qui est jeté à terre a « son répondu ». L'empereur range lui-même ses papiers. Il est si soigneux « que le commis d'ordre le plus achevé n'est qu'un brouillon auprès de lui. » Ensuite on expédie les affaires les plus importantes. Napoléon dicte, tout en marchant dans la pièce et la parcourant dans toute sa longueur. « A mesure qu'il entrait dans un sujet, il éprouvait une espèce de tic qui consistait dans un mouvement du bras droit qu'il tordait en tirant avec la main le parement de son habit. » Son secrétaire écrit, suivant comme il peut la pensée du maître. Il s'appliquera surtout à bien la saisir, notera les expressions qui la rendent le plus fidèlement, et qui le guideront dans une rédaction définitive. C'est une vie infernale que mènent ces malheureux secrétaires. Il faut fournir parfois des séances de seize heures, à peine coupées de quelques instants de repos. Peu de moines ont une vie plus cloîtrée que Méneval, le principal collaborateur de Napoléon. Néanmoins, son service est agréable. Il s'intéresse à ses secrétaires, à l'avenir de leur famille. Il partage volontiers avec eux les glaces, les sorbets qu'il fait venir dans le cours de son travail, les envoie prendre un bain. Lorsqu'il dicte un ordre dans un moment de colère, les secrétaires ne le soumettent que le lendemain à sa signature, après l'avoir modifié, sans que Napoléon leur sache mauvais gré de cette précaution.

A dix heures et demie, l'empereur prend son premier repas. On le sert seul sur un guéridon d'acajou apporté dans son cabinet. Sa sobriété a toujours été extrême. On peut dire que les plaisirs de la table n'ont jamais existé pour lui. Son déjeuner ne dure pas plus de huit à dix minutes. Les mets les plus simples sont ceux qu'il préfère. En campagne, en marche, dans ses palais, sa table est uniformément servie : soupe, bœuf, rôti et légumes, point de dessert ; pour boisson, une demi-bouteille de chambertin trempé d'eau, et une tasse de café. Napoléon se plaint quand son chef lui envoie des plats trop recherchés : « Vous me faites trop manger ! Je n'ai pas besoin de cela ! Je vivrais heureux avec la solde d'un capitaine ! » Il s'informe du prix de chaque chose, laissant toujours percer l'appréhension d'être volé : « Je ne veux pas payer plus cher qu'un autre. » Napoléon est un souverain ordonné et économe. Son budget est réglé comme celui d'un hobereau n'ayant pour vivre que des rentes très limitées. Rien ne doit être dépensé sans l'approbation de Sa Majesté.

S'il en a le temps, il reçoit pendant son repas ses privilégiés. Monge, Berthollet, David, Isabey, Gérard, Talma, ont obtenu leurs petites entrées. Il cause sciences, arts, littérature avec eux. La conversation est gaie, pleine d'abandon et de charme. A ce moment, l'empereur aimera aussi à se distraire avec les enfants : le roi de Rome, ses neveux et nièces, sont l'objet d'aimables taquineries. C'est l'heure où il se montre le plus homme et le moins souverain.

Napoléon descendait ensuite chez l'impératrice. La causerie de Joséphine l'amusait, mais Marie-Louise, plus froide, plus timide, ne savait pas captiver son attention. Après avoir jeté un coup d'œil sur sa peinture ou sa broderie, ou écouté un air de clavecin, il s'endormait dans un fauteuil, et, embrassant « sa bonne Louise », il remontait se mettre au travail.

Son cabinet, de médiocre étendue, est éclairé par une fenêtre à l'angle. Un bureau empire, chargé de bronzes dorés, supporté par des griffons, occupe le centre de la pièce. Au-dessous, on a pratiqué une armoire à coulisse dont il a seul la clé. L'empereur ne prend guère place à son bureau que pour donner des signatures. Il passe la plus grande partie de son temps assis sur une causeuse, à droite de la cheminée, ayant un guéridon à côté de lui pour soutenir ses papiers. Un écran le garantit du feu. Quatre corps de bibliothèque, une pendule, une armoire vitrée, une statue du grand Frédéric — le héros qu'il admire — quelques chaises, voilà tout l'ameublement. Le soir, un flambeau à deux branches, protégé par un grand abat-jour de tôle, éclaire ses veillées laborieuses. La table du secrétaire intime est placée dans l'embrasure de la fenêtre. C'est là que se sont succédé Bourrienne, Méneval et Fain.

L'empereur a soin des livres, mais en cela comme en tout, l'esprit l'emporte sur la matière. Point de ces éditions de luxe qui font le bonheur des bibliophiles. Une publication est-elle sans valeur, on la brûle aussitôt; en cas contraire, elle est classée, conservée, reliée. Ses marges se couvrent de notes écrites à l'encre ou au crayon. Il fait venir de la bibliothèque de Valence un ouvrage qu'il se souvient y avoir vu quand il était sous-lieutenant. Il s'informera si le volume est bien revenu à destination.

L'écriture de Napoléon est mauvaise. Elle devient détestable lorsque la lettre est longue. Les chiffres seuls ont toujours une netteté absolue. Lorsque l'empereur le voulait, il parvenait à être lisible. C'est à grand'peine qu'il finit par écrire une lettre autographe à l'empereur d'Autriche, son beau-père. Il n'a pas souci de l'orthographe, écrit les noms — même celui de sa femme — comme il les prononce, s'embarrassant peu de l'usage. Il a appris surtout par les oreilles, et le son joue toujours un grand rôle dans la façon dont il orthographie. Dans son travail, il apporte la plus grande précision et il l'exige des autres. Aussi, dans son palais comme en campagne, les dépêches doivent porter la date, le lieu, l'heure où elles ont été écrites, et c'est une explosion de colère quand il reçoit une lettre où manquent ces indications.

Si le corps et l'esprit surmenés réclament impérieusement du repos, Napoléon interrompt volontiers ses occupations.

« C'est, comme dit le peuple, la *flegme*, une inapti-« tude à tout travail, même à tout divertissement, le « repos auquel le cerveau surmené est contraint à des « heures, comme si, épuisé, il ne pouvait plus sécréter « la pensée. » Ces jours-là, l'empereur se promènera dans son cabinet, ouvrant un livre, lisant un passage, le refermant pour en reprendre un autre. Il siffle ou chante, d'une façon effroyablement fausse, des airs du *Devin du village*. Il affectionne un vieux chant révolutionnaire : *Marat, du peuple le vengeur !*

Il cause avec son secrétaire de mille riens. Il veut lui aider à mettre des cachets sur les enveloppes, et commet d'étranges étourderies. D'autres fois, il ne peut rester au palais, il lui faut du mouvement.

On le voit quitter les Tuileries et aller visiter incognito les monuments en construction dont il veut embellir sa capitale. Mais l'exercice qu'il préfère est celui de la chasse. Il va à Fontainebleau, à moins qu'il ne se rende à une invitation de Berthier, à Grosbois. Il fatiguera plusieurs chevaux en faisant au triple galop une vingtaine de lieues. Il suivra la chasse comme un chasseur émérite et, mettant pied à terre, brisé par la fatigue, il se trouvera tout prêt à la besogne du lendemain.

L'empereur ne déteste pas la chasse à tir. Ces jours-là, vous le verrez partir suivi d'une petite escorte. Il fait usage de fusils à un coup, auxquels la tradition veut que Louis XVI ait travaillé de ses propres mains. Un maître armurier d'un des régiments de la garde l'accompagne pour charger ses armes. Une forte charge plaît à l'empereur, quelque violente que soit la secousse qu'elle produit. Il est mauvais tireur. Ses voisins feront bien de prendre quelques précautions. Le maréchal Masséna a perdu un œil, atteint d'un grain de plomb envoyé par le Maître. Il est vrai que, pour le consoler de cet accident, l'empereur lui a donné le commandement en chef de l'armée du Portugal.

A six heures du soir, on prépare le dîner de Napoléon. Il n'y a pas de salle à manger proprement dite, aux Tuileries. L'empereur a désigné au chambellan de service la pièce où il voulait qu'on dressât la table. L'impératrice l'attend, mais la besogne le retient, et Napoléon oublie l'heure. On mange à sept, huit ou neuf heures. Un soir, il arrive tout effaré. — « Je crois, dit-il, être un peu en retard aujourd'hui. — Onze heures et demie, répond l'impératrice en riant. — En ce cas, passons à table immédiatement. »

La seule précaution prise par le maître d'hôtel a été de renouveler sous les plats, toutes les demi-heures, les boules d'eau chaude destinées à entretenir la chaleur. Le cuisinier a mis également vingt-trois poulets à la broche, successivement, afin d'en avoir un de présentable au moment voulu. Lors de son second mariage, Napoléon a apporté plus d'exactitude à l'heure de ses repas, afin de ne pas contrarier Marie-Louise : en sa qualité d'Allemande, cette dernière attachait une grande importance au dîner. On reste vingt minutes à table pour expédier un menu fort médiocre. Le plus grand nombre des invités prend soin de dîner avant d'arriver aux Tuileries. On ne fait maigre que le Vendredi-Saint. Pendant le repas, le bibliothécaire rend compte à l'empereur des ouvrages qui ont paru, lui lit les pamphlets, la traduction des journaux anglais. L'officier de service prend les ordres pour le lendemain, et tout le monde passe au salon. Un page apporte le café sur un plateau. L'impératrice sert et sucre elle-même, les distractions pourraient faire oublier ce soin à son mari.

Quand il y a réception, Joséphine s'assied à une table de trictrac avec un des grands personnages de l'empire pour partenaire. Si elle tient les cartes dans une partie de whist, c'est pour être agréable à son époux. Napoléon va de l'un à l'autre, causant gaiement avec chacun.

La musique est un de ses plaisirs favoris. Un jour que des chanteurs italiens se faisaient entendre, les invités ont pu remarquer sur son visage les signes d'une émotion profonde. Il assiste aussi à des représentations théâtrales, rarement à une pièce tout entière. Il sort après un acte ou deux.

Napoléon se retire dans son cabinet et travaille encore quelques heures. Étendu sur sa causeuse, il parcourt les états de la Grande Armée. Tous les cinq jours, le ministre de la guerre les lui adresse reliés. Aucune lecture de roman n'a pour lui un charme comparable.

Après dix heures, il passe dans sa chambre à coucher et se déshabille lui-même. D'un geste brusque, il envoie son chapeau dans un coin, sa montre sur son lit, causant avec son domestique, lui racontant ce qu'il a vu dans la journée. — « Devine la récompense que mon fils m'a demandée aujourd'hui?... Lui permettre d'aller barboter avec les canards dans la pièce d'eau des Tuileries. » Une fois couché, il appelle l'aide de camp, lui dicte des ordres. Il fait encore venir Joséphine, qui est une lectrice de premier ordre, l'écoute volontiers. Il veut enfin dormir. On le laisse seul, on enlève la lumière, il « ferme tous les tiroirs de son esprit » et, quelques minutes après, le voilà plongé dans un sommeil profond. Au bout de trois heures, il se réveille, à moins qu'on ne vienne interrompre son sommeil pour lui apprendre une grave nouvelle. Le courrier est toujours immédiatement introduit. Napoléon enfile un pantalon à pieds, une robe de chambre, passe dans son cabinet et se met au travail. Il fait alors lever son secrétaire, lui dicte une étude de longue haleine. Il partagera volontiers avec lui le *médianoche* — un poulet froid et une bouteille de Chambertin — que Constant a toujours en réserve. Il regagne sa chambre, et goûte quelques instants de repos.

Il travaillera de la sorte quinze ou dix-huit heures par jour et arrachera ce cri à ses domestiques : « Ce n'est pas la peine d'être aussi riche pour se nourrir aussi mal et besogner autant ! »

III

LE SOUVERAIN

« Je suis né pour le travail... Je ne connais pas chez moi la limite du travail » a dit un jour Napoléon pendant sa toilette. Ce que nous admirons en lui, c'est moins le génie que le labeur dont il a donné l'exemple à son siècle. De 1795 à 1814, il besognera avec un superbe entraînement, étudiant toutes les questions, et n'en renvoyant aucune qui n'ait été traitée à fond.

Tour à tour il sera homme de guerre, reconstituera une marine, discutera avec les hommes d'église le rétablissement du Concordat, dotera la France d'un véritable arsenal législatif, dirigera le plus vaste empire qui ait existé, poursuivra un plan diplomatique gigantesque.

Par un travail acharné mis au service d'une haute intelligence, l'ex-lieutenant d'artillerie a su devenir le Maître en tout ; en tout, il sera à la hauteur de sa tâche.

Nous l'avons dit dans un précédent article, Napoléon était un homme d'ordre méticuleux. Chaque jour, on apporte dans son bureau d'immenses portefeuilles gonflés de paperasses, et aussitôt il est à la besogne. Quelle prodigieuse variété d'occupations ! Ouvrez la correspondance impériale et vous aurez une idée de la diversité des questions auxquelles l'empereur se voit obligé de répondre chaque matin.

Pourquoi les nouvelles selles ne sont-elles pas rembourrées avec du crin ?... Lettre à son architecte pour presser la restauration du palais de Fontainebleau. Approbation d'un projet de construction de péniches pour traverser la Manche. Ordre donné aux préfets des départements. Directions imposées à des constructions de fortifications en Allemagne. Réponses à des journaux, etc...

Qu'il soit au palais des Tuileries ou dans son camp de Pologne, aucun détail n'échappera à son attentive et perpétuelle sollicitude.

L'empereur, on l'a vu, est simple dans sa vie particulière. Lorsqu'il devient souverain on se trouve en présence d'un autre homme. C'est le dimanche qu'il a choisi pour faire acte de gouvernant. Dans la matinée, rien de changé aux habitudes quotidiennes. A midi, sonne l'heure de la messe. Prévenu que l'impératrice l'attend dans la salle du conseil d'État disposée en chapelle, il sort de son appartement. Son cortège se déploie dans la salle du Trône et le grand escalier entre deux haies de grenadiers à pied ; il traverse la salle des gardes d'un pas toujours pressé, arrive à la porte du conseil d'État ; l'huissier de service en ouvre les deux battants et crie d'une voix éclatante : « L'Empereur ». Les tambours battent aux champs, tandis que Napoléon prend place dans la tribune impériale. Quiconque a un extérieur décent peut pénétrer dans la nef.

Napoléon reste debout, les bras croisés « en attitude militaire de messe ». Il est grave, sérieux, immobile. Son extérieur force au respect ses compagnons d'armes, même ceux qui *n'aiment pas les capucinades*. L'impératrice, à genoux sur un coussin de velours, suit les prières sur son livre d'heures. Chanteurs et instrumentistes se font entendre pendant toute la durée de l'office.

La messe ne dure pas plus de quinze à vingt minutes. Le service achevé, la foule forme la haie sur le passage de Leurs Majestés. Ordre a été donné de ne refuser aucune entrée à ceux qui sollicitent une présentation. On n'est admis qu'en grand costume ou en habit de cour. L'empereur paraît dans la salle. Un profond silence l'accueille. Il s'avance tantôt d'un pas saccadé, tantôt en se dandinant. Il salue d'un sourire aimable : « Comment se porte M. le sénateur?... Comment va M. le député ? » Mais tout en se montrant empressé, il parcourt l'assemblée du regard. Lui présente-t-on un papier, il le prend et le remet au grand maréchal du palais. Aperçoit-il un livre sous le bras, il le fait demander. Un officier croit-il être réformé à tort, ou victime d'une injustice, il pourra expliquer son affaire, remettre une pétition à laquelle l'empereur fera une corne de rappel. L'affaire sera examinée le lendemain, et justice sera rendue. Napoléon n'est pas toujours aimable : l'ambassadeur d'Angleterre et le général Marbot en savent quelque chose. Le premier fut victime d'une sortie violente, le second dut subir une interrogation malicieuse qui lui fit passer un vilain quart d'heure.

Le souverain entre dans son grand cabinet, qui n'a rien de commun avec la pièce dans laquelle il travaille. C'est là qu'il donnera audience — s'il y a lieu — à un prince de la Confédération du Rhin. Puis, il se dirige vers la salle du Trône, où, entouré des grands dignitaires, il reçoit les députations ou la prestation de serment.

Une heure sonne : c'est le moment de la parade. Dès le samedi, à son coucher, l'empereur a notifié aux colonels de la garde et au gouverneur de Paris les troupes qu'il désirait voir prendre part à cette cérémonie. Dans la matinée, les différents corps viennent occuper leurs places respectives. Dès qu'ils sont rangés en bataille, les porte-drapeaux et les porte-étendards sortent des rangs et viennent s'aligner devant le pavillon de l'Horloge. Un officier du palais les conduit au salon où l'on conserve les aigles de la garde impériale. Puis, ils s'avancent avec leurs aigles devant le front des troupes. Alors les tambours battent, les clairons font entendre la fanfare *Au drapeau*. Spectacle inoubliable! Il n'est pas un des assistants qui ne se sente remué à la vue de ces étendards déchirés, noircis de poudre, que tous saluent du sabre et du fusil.

A l'heure sonnante, l'empereur paraît à cheval dans la cour des Tuileries, son état-major est restreint.

Heureux les officiers désignés pour l'accompagner à la parade! Les princes eux-mêmes, de passage à Paris, n'obtiennent pas toujours la faveur de prendre part au cortège.

La cavalerie et l'artillerie sont rangées sur la place, l'infanterie dans la cour. Napoléon parcourt rapidement les rangs, puis, la revue terminée, il met pied à terre. Un officier — quelquefois un sous-officier ayant un puissant organe et connaissant bien la théorie — commande les manœuvres. Si un mouvement a été mal exécuté, on le recommence. La parade n'a pas pour but de fournir un passe-temps aux badauds de la capitale, mais de permettre à l'empereur de se rendre compte de l'instruction de tous, officiers et soldats. Un jour Napoléon appelle un capitaine d'artillerie et lui demande ce qu'il a dans son caisson. Quand le capitaine a fini son énumération, Napoléon fait tout étaler par terre, et mettant le pied sur le moyeu de la roue, se soulève pour s'assurer *de visu* que rien ne reste dans les coffres.

La parade est toujours longue : bien des officiers murmurent contre les exigences du service. Le meilleur moyen cependant de faire sa cour est de montrer du zèle pour la manœuvre. — « Ce n'est pas à toi qu'il arrive de grogner parce que la parade nous a fait quelquefois dîner une heure plus tard — Ah! pour cela non! je vous en donne ma parole d'honneur. Il m'est bien égal de manger ma soupe chaude ou froide pourvu que vous nous fassiez travailler à chauffer un bon bouillon à ces coquins d'Anglais », a répondu le maréchal Lannes.

C'est pendant la parade que l'empereur aime à s'entretenir familièrement avec ses soldats. Voici un grognard qui sort des rangs, présente les armes, une pétition fixée à la baguette de son fusil. Entre le Maître et lui s'engage un de ces dialogues bon enfant, comme entre deux compagnons associés aux mêmes fatigues depuis de longues années. Il accorde ce qu'on lui demande : une pension à la vieille mère, une place au fils dans une maison impériale.

Le reste de la journée du dimanche est consacré à recevoir les ambassadeurs des puissances étrangères ; un dîner de famille clôture la soirée.

Dans la semaine, Napoléon assiste à deux séances sur trois du conseil d'État. La discussion est libre pour tous. On n'a pas à craindre la disgrâce de l'empereur, si l'on n'est pas de son avis. Un jeune auditeur est parvenu à débrouiller les comptes de Junot. C'est une besogne ingrate qu'aucun ministre jusqu'à ce jour n'a voulu mener à bien, sachant que le résultat en serait désagréable au Maître. « Quand un écolier de mon conseil d'État me dit ce que je n'ai pu obtenir de mes ministres, il mérite que je ne le perde pas de vue ! » Et la fortune du jeune homme est assurée. Pendant les discussions, il fixe l'orateur avec sa lorgnette. Il s'applique parfois, tout en ne perdant pas une parole, à des pages d'écriture. Qu'est-ce qui peut bien captiver de la sorte son attention ? se demandent les assistants. Et après la séance, les huissiers trouvent sur sa table une feuille de papier sur laquelle il s'est exercé à mouler ces mots : « Vous êtes tous des voleurs » ou « mon Dieu, je vous aime ! » Un orateur s'écarte-t-il trop de la discussion, l'empereur taillade de coups de canif les bras de son fauteuil. Il prend de larges et fréquentes prises de tabac, dont il répand la plus grande partie sur le parquet. La boîte vide, il emprunte celle d'un voisin ; il l'enferme, la séance finie, dans un tiroir de son bureau. L'objet fût-il un bijou de prix ou un souvenir, on peut lui dire un éternel adieu. Aussi a-t-on soin de faire usage de simples boîtes de carton, dans la crainte d'un emprunt.

Une question sur laquelle le souverain ne transige jamais est celle de l'étiquette. Malgré leurs prétentions, ses sœurs sont obligées de s'y plier. Se sont-elles fait préparer des chaises dans le salon de l'impératrice, Napoléon les fait remplacer par des tabourets. Désignées pour tenir le manteau de Joséphine à la cérémonie du sacre, elles se sont acquittées de leur tâche avec une mauvaise volonté évidente. Un regard foudroyant les a rappelées à leur devoir.

Jamais l'empereur ne serre la main : il prend soin de tenir son monde à distance : « Autrement, dit-il, le premier venu me frapperait sur l'épaule. »

Napoléon n'oublie pas qu'il est souverain.

CHARLES MÉRAUD.

OUVRAGES CONSULTÉS

Napoléon chez lui. — Napoléon intime. — Les mémoires de Constant. — Les cahiers du capitaine Coignet. — Le baron Beugnot. — Méneval.

Le Général Dumas

Le 25 octobre 1900, à l'Institut de France, M. Henri de Bornier, délégué de l'Académie française, récitait une poésie écrite par lui au sujet de l'érection projetée des statues des trois Dumas sur la place Malesherbes.

Voici en quels termes il célébrait l'ancêtre :

Le premier fut soldat. Dans l'immense épopée
Que ce siècle naissant écrivit de l'épée,
Il eut sa page ; il fut près de Hoche et Kléber,
Le jeune forgeron qui bat rude le fer ;
Sur l'Adige et le Nil, dressant sa haute taille,
Il souriait, comme au plaisir, à la bataille ;
Le danger, quel qu'il fût, le faisait accourir,
Et quand il s'arrêta, c'est qu'il allait mourir !

La lecture de ces beaux vers m'a donné l'idée de résumer ici la vie du général Dumas. Nous oublions trop vite nos gloires militaires. On ne suivra pas sans intérêt « sur l'Adige et le Nil » le fier soldat qui n'eût pas fait mauvaise figure parmi les héros de l'antiquité; on retrouvera en lui le type de ces grognards sublimes à qui songeait Georges d'Esparbès quand, par une gentille gaminerie, il écrivit cette épitaphe à la première page de la LÉGENDE DE L'AIGLE : *Ohé, les Grecs ! ohé, les Romains ! faudrait voir !*

I

ENFANCE DE DUMAS — SON HABILETÉ A TOUS LES SPORTS — AUX DRAGONS DE LA REINE — AU CAMP DE MAULDE — BRIGADIER — PREMIÈRES PROUESSES — MARCHIS — LIEUTENANT-COLONEL A LA LÉGION NOIRE — GÉNÉRAL DE BRIGADE — COMMANDANT EN CHEF DE L'ARMÉE DES PYRÉNÉES — « MONSIEUR DE L'HUMANITÉ » — A L'ARMÉE DES ALPES — DÉFAITE DES PIÉMONTAIS AU MONT-CENIS ET AU PETIT-SAINT-BERNARD — LA REDOUTE DE LA MADELEINE.

Thomas-Alexandre Dumas naquit à Saint-Domingue, le 25 mars 1762. Son père était le marquis de la Pailleterie, et sa mère Marie Dumas. Au milieu de cette luxuriante nature des Antilles, l'enfant se développa en toute liberté, et, lorsqu'il revint à Paris en 1780, il étonna ses compagnons par son habileté à tous les sports. Il accomplissait comme en se jouant des prodiges d'adresse et de force. Au manège, il arrêtait brusquement son cheval sous une poutre et, se suspendant par les mains, il le soulevait entre ses genoux. Un soir, installé dans une loge de théâtre, il vit entrer un mousquetaire, un de ces hommes friands de la lame, qui voulut prendre sa place. Le jeune comte de la Pailleterie ne répondit rien, mais, saisissant l'insolent par les épaules, il l'envoya de la loge au parterre, au milieu des spectateurs ébahis.

A la suite d'un second mariage, la vie était devenue impossible entre M. de la Pailleterie et son fils. Ce dernier parla de s'engager. Le père y consentit, à condition toutefois qu'il voulût bien changer son nom, trop aristocratique pour un simple soldat, contre celui de sa mère, Dumas. Le 2 juin 1786, le futur général signait son engagement au régiment des Dragons de la Reine, le 6e de l'arme. Une pièce reconnaissait que le cavalier Alexandre Dumas était bel et bien le comte de la Pailleterie.

Au mois de juillet 1791, il arrivait au camp de Maulde. Les Autrichiens commençaient à s'agiter, et l'on massait des troupes à la frontière de Belgique.

Au commencement de l'année suivante, Dumas avait les galons de brigadier : il fallait bien les étrenner. Un beau matin, suivi de ses quatre dragons, il tombe sur une patrouille de treize chasseurs tyroliens. « Sabre en main ! chargez ! » crie-t-il. Les ennemis croyant avoir affaire à un escadron se replient derrière un fossé. Dumas montait une excellente bête qu'il appelait *Joseph*. Il rassemble les rênes, donne de l'éperon, franchit l'obstacle, tombe au milieu du groupe ennemi, frappant d'estoc et de taille. Étonnés, les Tyroliens se rendent. Le brigadier réunit les treize carabines en un faisceau, les place sur l'arçon de sa selle, fait passer devant lui les prisonniers qu'il remet à ses dragons, et les ramène au camp. Le soir, le général Beurnonville l'invitait à dîner, lui remettait les galons de *marchis*, et le portait à l'ordre du jour. Le nom de Dumas était déjà célèbre.

Pour résister à l'invasion autrichienne, le célèbre mulâtre Saint-Georges venait d'organiser la *Légion noire*, corps franc recruté principalement parmi les hommes de couleur, cavaliers émérites, endurcis à la fatigue et d'une intrépidité sans égale. Il avait connu et apprécié Dumas ; il le fit entrer dans sa troupe avec le titre de lieutenant-colonel.

Cette *légion noire* se transformait à la fin de décembre, à Amiens, en 13e régiment de chasseurs à cheval. Cependant, le jeune colonel avait pris un congé de quelques jours pour venir se marier, à Villers-Cotterets, avec Mlle Élisabeth Labouré, fille d'un honorable maître d'hôtel. A cette époque, les lendemains de noces étaient de courte durée : le jeune marié rejoignait bientôt son régiment au camp de Maulde.

Dumas montra dans ses nouvelles fonctions de sérieuses qualités d'administrateur. Il sut discipliner, aguerrir ses hommes, en faire d'excellents soldats.

Un beau jour, le 13e chasseurs se heurte à un régiment d'infanterie hollandaise, qui, blotti dans un champ de seigle, se disposait à canarder nos chasseurs. Un sergent apprête son fusil pour tirer le colonel presque à bout portant. Celui-ci sort vivement un pistolet de ses fontes, lâche le coup avant que le fusil ne se fût abaissé. Le canon fut percé à jour. Une charge magnifique dispersa le régiment hollandais.

Nommé général de brigade le 30 juillet 1793, général de division le 3 septembre suivant, il recevait, cinq jours après, le commandement en chef de l'armée des Pyrénées.

Le nouveau promu ne passait pas pour avoir un caractère facile. Craignant de ne pas trouver en lui la souplesse désirable, les représentants du peuple en mission firent tous leurs efforts pour l'empêcher de prendre possession de ses fonctions.

Dumas logeait avec sa maison militaire sur la place où l'on dressait la guillotine. A l'heure des exécutions, toutes les fenêtres se garnissaient de spectateurs. Seul, le général fermait les siennes, abaissait les jalousies, tirait les rideaux. Cette conduite déplaisait fort à la foule. Les révolutionnaires le huaient, en criant : « Eh !

M. de l'Humanité ! à la fenêtre ! » Une fois on fit mine de vouloir le contraindre à assister à ce hideux spectacle. On voulait forcer sa porte. Mais on apprit à temps que *M. de l'Humanité* se trouvait par derrière, sabre au côté, pistolet au poing, entouré de son état-major. Comme on le savait parfaitement décidé à faire respecter son domicile, la foule se retira.

Fort heureusement, le Comité du Salut public l'envoya en Vendée conduire une colonne de dix mille hommes. Le 2 nivôse (22 décembre 1793), il recevait sa nomination de général en chef de l'armée des Alpes, et arrivait un mois après au quartier général, à Grenoble.

Tout était à créer dans cette armée qui comptait 45 000 h.... sur le papier. Le nouveau chef se mit à l'œuvre aussitôt avec ardeur. Il parvint non sans peine à approvisionner ses hommes, puis s'occupa de les former aux vertus militaires. Ses efforts furent couronnés de succès. Le 1er mai, il disposait d'une force solide, convenablement encadrée, remplie d'enthousiasme.

Ses instructions lui prescrivaient de s'emparer le plus promptement possible des postes ennemis établis au Petit-Saint-Bernard et au Mont-Cenis. Dumas ne pouvait manœuvrer à cause des mauvais temps. Sous prétexte de chasser le chamois, il étudiait le terrain. Fort de son expérience, il résista courageusement aux injonctions du ministre Bourbotte, qui prétendait diriger la guerre du fond de son cabinet. Après quelques efforts infructueux qui détournèrent l'attention des Piémontais du côté du Mont-Cenis, Dumas enlevait, le 24 avril, les principales positions de la vallée de la Doria-Riparia et le col du Petit-Saint-Bernard. De la sorte nous tenions une des principales portes de l'Italie.

Dans la nuit du 13 au 14 mai, les Piémontais, trompés par Dumas, se tenaient tranquilles dans leur redoute de la Madeleine, se croyant bien protégés par une palissade. Arrivés au pied de l'ouvrage, nos soldats commencent à donner l'assaut. Mais l'opération est trop lente au gré du général. Il prenait un soldat par le col de son habit, le fond de sa culotte, et le lançait dans l'ouvrage. Le poste fut ensuite égorgé en silence, la porte ouverte à la colonne française, l'ennemi tourné dut prendre la fuite, poursuivi par la mitraille de ses propres canons, tournés contre lui. Nos pertes furent des plus légères.

Ici se place une anecdote qui montre bien le caractère indépendant de Dumas.

Un jour, entrant dans un village, il trouve la guillotine dressée sur la place publique. Quatre habitants convaincus d'avoir détourné une cloche allaient être décapités. Le cas n'était pas bien grave : « Dermoncourt, dit-il à son aide de camp, il fait très froid : nous ne trouverons sans doute pas de bois, fais donc démolir et emporter cette vilaine machine peinte en rouge qui est là-bas ! nous nous chaufferons avec. » Il fut mandé à Paris pour rendre compte de sa conduite au tribunal révolutionnaire. Mais survint le 9 thermidor ; on le relâcha.

II

CAMPAGNE D'ITALIE — A MANTOUE — DÉFAITE DES AUTRICHIENS — EN DISGRACE — LETTRE A BONAPARTE — A L'AVANT-GARDE — LE « DIABLE NOIR » — AU PONT DE CLAUSEN — MULBACH — BOTZEN — A BRIXEN — PAIX DE LÉOBEN — A TRÉVISE — GOUVERNEUR DE ROVIGO — EN CONGÉ.

Le général Dumas fut successivement envoyé en Vendée, dans l'est de la France, puis, au mois d'août 1796, prenait à Saint-Jean-de-Maurienne le commandement de deux brigades de cavalerie. Il ne le conserva pas longtemps. Un ordre du ministre l'attachait bientôt au corps d'armée qui bloquait Mantoue. Les troupes se trouvaient dans un dénuement épouvantable. Dumas comprit que ce devait être le fait de l'incurie des intendants.

Un de ses premiers actes fut de prescrire une enquête et de faire arrêter le commissaire Bousquet, convaincu de malversations.

Dans la nuit du 23 au 24 décembre, les Français arrêtèrent un homme ayant toutes les apparences d'un espion ; interrogé, il refusa de répondre, racontant une histoire assez vraisemblable : « Soit, dit Dumas, je vais te faire fusiller pour t'arracher la dépêche que tu as dans le ventre. » Conduit devant le peloton d'exécution, le prisonnier avoua qu'il avait avalé une dépêche au moment de son arrestation. On lui administra une forte purge et bientôt après on possédait une lettre dans laquelle Alvinzy développait à Wurmser le plan de son attaque pour débloquer Mantoue.

Il se proposait de venir à son secours, à cette époque, par le lac de Garde, tandis que Povera marchait sur Mantoue par Legnano.

Bonaparte connaissait ainsi le plan de l'ennemi.

Du 24 décembre au 12 janvier, de continuelles attaques autrichiennes nous tinrent sur le qui-vive. Dumas déploya dans ces journées une activité infatigable pour éviter les surprises.

Le 9 janvier, Povera quittait Padoue avec 8 000 hommes. Il attaqua nos avant-postes de la rive gauche et se dirigea sur Mantoue. La situation devenait grave, Dumas résolut de se faire tuer plutôt que de céder un pouce de terrain.

Bonaparte, prévenu de ce mouvement pendant la bataille de Rivoli, laissa Joubert achever la victoire et dirigea Masséna sur Mantoue avec l'ordre de rallier Victor et Leclerc.

Le 15 janvier, Povera se heurtait à Saint-Georges, village retranché, pour résister aux troupes assiégées et à l'armée de secours. Sommé de se rendre, le brave Miollis répondait : « Je me bats et ne me rends pas », et envoyait sa première décharge à l'ennemi.

De Saint-Antoine, au nord de Mantoue, Dumas suivait les mouvements de l'ennemi. La journée se passa bien. Le soir, Bonaparte arrivait à 9 heures, envoyait sa cavalerie avec Dumas, pour observer l'ennemi. Le 16, à dix heures du matin, Wurmser sortait de la citadelle de Mantoue, et attaquait impétueusement Saint-Antoine. Dumas se cramponne désespérément à ce village dans lequel il s'est barricadé. L'ennemi, qui a reçu de nouveaux renforts, renouvelle ses attaques. Nos soldats tombent rapidement. Bonaparte est prévenu que les défenseurs de Saint-Antoine sont réduits à 700, qu'un secours urgent est nécessaire. Le général a un cheval tué sous lui, la résistance a atteint les dernières limites du possible.

Tout à coup une sonnerie de clairon retentit derrière nos soldats épuisés. C'est la 57e demi-brigade que Victor amène au pas de course. A ce moment, une bombe éclate devant Dumas, creuse à ses pieds un trou énorme dans lequel il disparaît. Ses hommes le croient tué, mais il se relève sain et sauf et les rassure.

Wurmser arrêté dans son mouvement veut se rabattre sur Povera. Mais ce dernier est contraint de mettre bas les armes, à la Favorite, et de se rendre avec 5 000 hommes à Serrurier. Les Autrichiens durent se retirer à Mantoue et capitulaient le 2 février.

Dans le combat de Saint-Antoine, la division de Dumas s'emparait de six drapeaux. Son général comptait s'être attiré la reconnaissance du général en chef. Il n'en fut rien! Bien plus, envoyé à l'armée de Masséna, il était la victime d'une disgrâce complète. Le rapport de la journée lui donna le mot de cette énigme. On le représentait comme étant resté en observation à Saint-Georges. Berthier, qui lui en voulait, le desservait en cette occasion. Furieux, à bon droit, il se fit donner un certificat de bravoure par les officiers du 20e dragons. Il expédia cette pièce à Bonaparte, en l'accompagnant de la lettre suivante :

« Général,

« J'apprends que le jean-foutre, chargé de vous faire un rapport sur la bataille du 27, m'a porté comme étant resté en observation pendant cette bataille. Je ne lui souhaite pas de pareilles observations, attendu qu'il ferait caca dans sa culotte.

« Salut et fraternité.

« Alex. DUMAS. »

Berthier rectifia le rapport, mais Dumas se fit un solide et durable ennemi,

Après la prise de Mantoue, Bonaparte prescrivit à ses lieutenants de poursuivre Alvinzy l'épée dans les reins. Masséna au centre avait Bassano, comme point de direction. Il reçut fort bien Dumas et lui confia le commandement de son avant-garde. Le nouveau venu apporta à ces fonctions son ardeur accoutumée. Par de continuelles reconnaissances, il se tenait au courant des mouvements de l'ennemi.

Un jour, il voit revenir au galop les hommes envoyés en pointe. Deux escadrons ennemis, précédés de tirailleurs, n'étaient qu'à deux portées de fusil. On suivait un chemin encaissé et bordé de haies qui dérobaient la petite troupe à la vue des Autrichiens. Sans descendre de cheval, Dumas prend successivement par le collet de l'habit quelques fantassins qu'il avait avec lui, et les jette avec leurs armes de l'autre côté de la haie : « Couchez-vous, leur dit-il, je vais chercher les Autrichiens. A mon retour, laissez-moi passer et fusillez ceux qui me suivront. » Il met sabre au clair et se lance au galop à la rencontre de l'ennemi. Trois coups de sabre abattent les trois premiers Autrichiens qui se présentent à lui. Les autres s'arrêtent, mais le général est sur eux en un temps de galop, sabrant, pointant, à tour de bras. De nouveau, trois ennemis mordent la poussière. Le général va continuer ses prouesses lorsqu'il s'aperçoit que les deux escadrons s'avancent rapidement : « Au revoir, messieurs », dit-il d'un ton goguenard. Il pique des deux, et dans un furieux galop part vers ses fantassins : « A vous! » crie-t-il, quand il les a dépassés. Alors la fusillade éclate et jette le désordre dans les rangs des cavaliers. Protégés par la haie, les Français ont le temps de recharger leurs armes, et leurs projectiles accompagnent la retraite des Autrichiens qui ne savent à qui ils ont affaire.

Attaché ensuite au général Joubert, qui le traitait bien plus en collaborateur et en ami qu'en subordonné, Dumas et son chef voulurent porter la terreur dans les corps ennemis qui leur étaient opposés et que séparait d'eux l'Adige.

Le 19 mars, à deux heures du matin, deux brigades françaises se mettaient en route. Après avoir traversé plusieurs cours d'eau, elles enlèvent les villages de Faver et de Cembra, sans difficulté. Le soir, le général Baraguay-d'Hilliers empêchait toute communication entre les deux ailes ennemies, en remontant l'Adige, par la route directe de Trente à Botzen. Ces opérations et celles des jours suivants firent tomber entre nos mains la ville de Botzen, où nous trouvâmes des provisions qui nous faisaient défaut. Elles nous procurèrent un bon poste que le général Delmas occupa avec 5 000 hommes.

Quarante-huit heures après, Dumas s'élançait sur la route de Brixen pour rejoindre l'armée de Kerpen, qui marchait dans cette direction. Il la suivait au pas de course.

Tout à coup, ses éclaireurs viennent lui annoncer que le pont de Clausen est barricadé avec des voitures, et que l'ennemi paraît vouloir tenir bon. Il n'y avait pas moyen d'escalader les charrettes derrière lesquelles cavaliers et fantassins se trouvaient embusqués. Vingt-cinq dragons mettent pied à terre pour détruire l'obstacle, le général lui-même descend de cheval et vient travailler comme un simple soldat. Une fois le passage assuré, il saute en selle, et, suivi de son seul aide de camp, enfile la principale rue du village. Bientôt, il est en présence d'un peloton de cavalerie. Son terrible sabre fait une sanglante besogne. Frappés de cette audace, les Autrichiens tournent bride. On les poursuit jusqu'à un coude du chemin où l'on s'arrête pour laisser souffler les chevaux. L'aide de camp, envoyé en reconnaissance, revient bientôt annonçant que trois escadrons sont rangés en bataille à 500 mètres. Quelques dragons qui apparaissent suffisent à rassurer Dumas qui se lance à la rencontre de l'ennemi. Les Autrichiens, qui le surnommaient le *Diable noir*, le reconnaissent : « A nous deux, Diable noir ! » crie leur commandant. — Fais cent pas en avant, jean-foutre, et j'en ferai deux cents ». Il part au trot à leur rencontre, suivi de son aide de camp qui s'évertuait à crier : « A moi ! dragons ! » Déconcerté, l'ennemi tourne bride et se replie sur Brixen, où il s'était retranché derrière un pont étroit, sans parapet, qui ne pouvait livrer passage à plus de trois hommes de front. Dumas et quelques dragons le franchissent, mais, chargés par des troupes supérieures en nombre, ils sont vigoureusement ramenés en arrière. Le général s'arrête sur le pont ; son cheval vient d'être tué. Le sabre au poing, nouvel Horatius Coclès, il arrête l'ennemi, tue sept hommes de sa main et donne le temps à une troupe française de venir le dégager. Il avait reçu trois coups de sabre, dix balles trouaient son manteau. Il se reposa quelques jours à Brixen.

Le 26 mars, Dumas se heurtait à Mulbach contre une colonne soutenue par de l'artillerie et de la cavalerie. Il attaqua l'ennemi avec sa vigueur ordinaire : tout fut sabré. Son cheval tué resta au pouvoir des Autrichiens qui lui volèrent ses pistolets. Le général se montrait inconsolable de la perte de ces armes, que sa femme lui avait offertes à l'occasion de son mariage. En vain Joubert lui donna un de ses meilleurs chevaux, en vain lui promit-il de demander à la manufacture de Versailles une paire de pistolets pour remplacer ceux qui étaient perdus, Dumas ne voulait rien entendre. Il eut le bonheur de les retrouver, quelques jours après, sur un prisonnier autrichien.

A quelques jours de là, on apportait à l'état-major une dépêche annonçant la position critique de Delmas à Botzen, où il se trouvait cerné par l'insurrection. « J'y vais de suite, dit le général à Joubert, on se reposera en marchant. Tout ce que je demande, c'est de retrouver mes pistolets ! » Le lendemain, il tournait la position, et les Autrichiens, apercevant des dragons, là où ils ne les attendaient pas, lâchèrent pied. Dumas rejoignit Joubert à Brixen.

Le 2 avril, il y eut une nouvelle rencontre. Supérieurement monté, le général chargeait l'ennemi avec sa furia accoutumée, sans s'inquiéter s'il était suivi. Il se trouva bientôt devant une rivière. Les Autrichiens avaient coupé le pont après leur passage. Ils font volte-face et envoient une décharge qui abat la monture du général. « Ah ! voilà le Diable noir mort ! » crient les ennemis. Dumas avait la jambe prise sous son cheval, il se dégagea bientôt et se retira sur un petit tertre couronné d'une redoute que les Autrichiens venaient d'abandonner. Il y trouva une cinquantaine de fusils tout chargés, que les soldats avaient jetés à terre pour fuir plus vite. Abrité derrière un sapin, il commença le feu sur les ennemis qui s'arrêtaient pour dévaliser le cadavre de sa monture.

En entendant cette fusillade endiablée, son aide de camp arriva avec quarante dragons du 20e, portant vingt-cinq fantassins en croupe. Il assurait dans la suite avoir vu plus de vingt-cinq Autrichiens morts autour du cheval. En rentrant à Brixen, le général pouvait à peine se tenir en selle : « Etes-vous blessé ? — Non ! mais j'en ai tant tué ! tant tué ! » Incapable de parler, il se contenta de saisir par la nuque le général Joubert, et, soulevant jusqu'à son visage le visage de son ami, il l'embrassa comme un enfant. Son sabre ébréché, forcé, sortait de quatre pouces du fourreau. Le général en chef demanda pour lui un sabre d'honneur.

Après les préliminaires de paix signés à Léoben, Bonaparte envoya Dumas à Trévise. Il devait gouverner la province, former et instruire un régiment de cavalerie. A cette époque, les gouverneurs étaient redoutés, et les pays nouvellement conquis faisaient tous leurs efforts pour se les concilier. On offrit 300 francs par jour à Dumas pour ses frais de maison, mais ayant calculé que sa dépense n'excédait pas 100 francs, il refusa de toucher un centime en sus.

Un jour, un envoyé du Directoire lui proposa de partager le fruit de ses rapines. Dumas le prend par le collet et le porte à bras tendu dans la chambre où se trouvaient ses aides de camp : « Messieurs, dit-il, vous voyez bien ce petit gueux ? S'il se présente à mes avant-postes, faites-moi le plaisir de le faire fusiller sans m'en avertir. »

Quand il quitta Trévise pour devenir gouverneur de Rovigo où le général Bonaparte rassemblait une division de cavalerie, les habitants ne savaient comment lui témoigner leur reconnaissance. Dans ce nouveau poste, il fut également honnête et fit observer la plus exacte discipline.

Fatigué, il demanda un congé qu'il vint passer à Villers-Cotterets. Pendant son séjour à Paris, il voulut voir le général Bonaparte, mais celui-ci ne l'ayant pas reçu, Dumas, blessé de ce manque de procédés, lui laissa ces lignes :

« Décidé à ne plus me présenter chez vous d'après « la manière dont j'ai été reçu par votre portier et un « guide de planton, cela, m'ont-ils assuré, d'après votre « consigne, je vous prie de m'assigner un rendez-vous, « afin de n'être plus humilié en public. »

III

CAMPAGNE D'ÉGYPTE — ALEXANDRIE — ALTERCATION AVEC BONAPARTE — DÉCOUVERTE D'UN TRÉSOR — INSURRECTION DU CAIRE — PRISE D'UNE MOSQUÉE — « L'ANGE ! » — RETOUR — PRISONNIER A TARENTE — PAIX DE FOLIGNO — EN FRANCE — DUMAS DANS LA RETRAITE — SA MORT.

Bonaparte, qui se connaissait en hommes, ne voulut pas perdre un auxiliaire aussi précieux. Aux débuts de la campagne d'Égypte, il confia à Dumas le commandement de sa cavalerie.

Dumas s'embarqua à Toulon. Pendant la traversée, il fut, comme bon nombre de ses compagnons, gagné par le découragement. On disait, en effet, l'armée sacrifiée par le Directoire, et envoyée, pour y périr avec son heureux général, dans les sables du désert.

Le 1er juillet 1797, on jetait l'ancre devant Alexandrie. Le 2, une troupe de 4 000 Français attaqua la ville défendue par une poignée de janissaires. Cette audacieuse attaque fut couronnée de succès.

La cavalerie n'étant pas encore débarquée, le général Dumas marcha avec l'avant-garde et les grenadiers de la 4e demi-brigade d'infanterie légère, son fusil de chasse à la main. Pendant ce temps, on mettait les chevaux à terre. L'opération consistait à les précipiter du navire dans les flots et à les faire nager vers le rivage. Leur nombre d'ailleurs n'était point considérable. On comptait sur les chevaux trouvés en Égypte pour monter les cavaliers.

Laissons parler un dragon de l'époque (1), il va nous donner une curieuse description de la colonne expéditionnaire :

« Les bivouacs de cavalerie présentent déjà l'aspect le plus varié et le plus animé. Les légers hussards en dolman vert à tresses jaunes et pantalon écarlate, fraternisent avec leurs camarades les chasseurs, uniformément habillés de vert des pieds à la tête. Les dragons, plus nombreux, se distinguent par la couleur des revers d'habit. J'aperçois l'écarlate du 3e dragons et le jonquille du 20e. En dehors de cela, beaucoup de revers roses, qui, avec de légères différences dans la couleur du collet ou la forme des poches, appartiennent au 14e, 15e et 18e dragons.

« Les indigènes se pressent sans crainte autour de nous. Nos casques de cuivre étincelant au soleil, nos lourds habits de drap et nos culottes enfoncées dans de grosses bottes forment un contraste étrange, avec leurs vêtements de laine blanche légers et flottants,

(1) *Dragons d'Égypte*, par le commandant M., (extrait de la GIBERNE, n° de novembre 1900).

bien mieux appropriés que les nôtres à ce climat brûlant.

« En comptant le nombre de chevaux qui ont été débarqués du convoi et ceux qui nous ont été remis à Alexandrie hier, nous avons environ soixante dragons montés. L'ordre leur a été donné de ficeler pour deux jours de fourrages. Le 18e dragons qui bivouaque avec nous, ne partira que demain avec le général Davoust. Nous commençons donc aujourd'hui nos étapes sur la terre d'Égypte. La colonne vient de se former ; en tête, nos soixante hommes à cheval, puis un nombre à peu près égal de cavaliers à pied, qui ont consenti à porter leur selle dans l'espoir d'être montés à Rosette ; ils ont fait un ballot de leur selle, bride et casque, et portent le tout sur la tête. Ils ploient à demi sous le faix, mais leur gaieté n'en est point altérée et les plaisanteries qu'ils échangent montrent que la joie est dans tous les cœurs. »

Mais tous les soldats ne partageaient pas l'enthousiasme de nos cavaliers. Vêtus de leur uniforme d'Europe, chargés d'un lourd bagage dans un pays brûlant, manquant de tout, ils ne tardèrent pas à se mutiner. Lannes, Desaix, Kléber, prirent en main la cause de leurs hommes ; ils accusèrent ouvertement le général en chef de s'être laissé berner par le gouvernement.

Dumas, ayant découvert quelques pastèques, invita ses compagnons à venir les partager avec lui sous sa tente. Tout en mangeant, on causa. Un des convives prétendit que Bonaparte voulait se servir de l'armée d'Égypte comme d'un marche-pied pour arriver au trône. Ces paroles furent rapportées : on peignit cette réunion comme un conciliabule, bien qu'elle n'ait pas été préméditée. Pendant quelques jours, Bonaparte se montra très froid avec le général. Enfin, à Gizeh, il y eut entre les deux chefs une explication des plus vives, qui amena un désaccord que Bonaparte n'oublia jamais.

Entré au Caire avec l'état-major général, Dumas fut chargé exclusivement de la cavalerie. Il devait monter de chevaux arabes les dragons nouvellement arrivés, envoyer à droite et à gauche de petits détachements pour réprimer ou prévenir les insurrections, escorter les convois. Cette inaction lui pesait, et il tâchait d'occuper ses loisirs.

Un jour, faisant faire des travaux dans la maison qu'il occupait et qui appartenait au bey, il découvrit un trésor de deux millions caché par le propriétaire. Immédiatement, il le fit porter au général en chef. Cette aubaine arrivait d'autant plus à propos, que, privée de toutes ressources, l'armée avait un pressant besoin d'argent.

Le 21 octobre, une formidable insurrection éclata au Caire. Dumas était couché, malade, quand son fidèle aide de camp, Dermoncourt, lui apporta la nouvelle. En une seconde, à moitié nu, il enfourche un cheval sans selle, et, ralliant quelques soldats en chemin, il se porte au secours des membres de l'institut qu'on disait menacés. Ces braves gens se réfugièrent et se barricadèrent dans les bâtiments de la Trésorerie, et repoussèrent les attaques des musulmans. Ils couraient un réel danger quand Dumas vint les débloquer.

Le lendemain, au point du jour, il recevait l'ordre d'enlever la mosquée dans laquelle les insurgés tenaient encore. La porte fut enfoncée à coups de canon.

« Mon père, dit Alexandre Dumas, lançant son cheval au grand galop, entra le premier dans la mosquée.

« Le hasard fit qu'en face de la porte, sur la route que parcourait dans sa course le cheval de mon père, se trouvait un tombeau élevé de trois pieds environ. En rencontrant cet obstacle, le cheval s'arrêta court, se cabra et, laissant retomber ses deux pieds de devant sur le tombeau, demeura un instant immobile, les yeux sanglants, et jetant de la fumée par les naseaux.

« L'ange ! l'ange ! crièrent les Arabes.

« Leur résistance ne fut plus que la lutte du désespoir chez quelques-uns, mais chez la plupart, on ne trouva plus que la résignation du fanatisme. Les chefs crièrent : « Aman ! pardon ! »

Dumas alla annoncer au général en chef que l'insurrection avait vécu. Il fut parfaitement bien accueilli. Bonaparte lui promit de le faire figurer entrant dans la mosquée, dans le tableau que Girodet exécuterait pour perpétuer le souvenir de cet événement. Malheureusement, ces deux hommes se brouillèrent huit jours plus tard. Dumas demanda son retour en France, qui lui fut immédiatement accordé. Il liquida tout son avoir, acheta quatre mille livres de café, onze chevaux arabes, fréta un petit bâtiment, « La belle Maltaise », sur lequel il s'embarquait le 17 nivôse an VII, à Alexandrie, avec quelques Français.

La traversée fut des plus mauvaises. Les voyageurs durent jeter à la mer artillerie, bagages, cargaison. « La belle Maltaise » fut plusieurs fois en danger de couler. Elle parvint enfin à aborder à Tarente. Après avoir amusé les Français par différents prétextes, le gouvernement napolitain les déclara prisonniers de guerre et les fit enfermer dans le château.

Cette captivité, pendant laquelle Dumas courut plusieurs fois le danger d'être tué, soit par le fer, soit par le poison, dura deux ans. Il parvint cependant, grâce au concours des radicaux du pays, qui s'intéressaient aux prisonniers français, à déjouer les mauvais desseins de ses geôliers. Les préliminaires de la paix, signés à Foligno par le général Bonaparte, lui rendirent la liberté.

Embarqué sur un mauvais bateau italien, il arriva à Ancône, après avoir échappé aux croisières anglaises. De là, il se rendit à Florence. On le chargea de conduire aux Invalides quatre-vingt-quatorze soldats aveugles ou estropiés. Le 27 mai, il était à Lyon, et peu après à Paris. Après avoir rapidement installé ses compagnons de voyage, il vint à Villers-Cotterets s'établir dans sa famille. Il avait vu Berthier lors de son passage à Paris : le major général lui avait promis de le rappeler prochainement à l'activité. Le 13 décembre 1802, il était mis à la retraite.

Réduit à la gêne, Dumas s'épuisa en vains efforts pour obtenir le paiement de ses appointements pendant ses deux années de captivité. Il ne fut pas plus heureux quand il demanda de participer aux cinq cent mille francs d'indemnité payés par le gouvernement napolitain aux Français qu'il avait molestés. Comprenant qu'il ne parviendrait jamais à vaincre le mauvais vouloir dont il était la victime, il ne sollicita plus rien, pas même la croix d'honneur que Napoléon venait de créer.

Tout entier à sa famille, sa vie s'écoulait dans une tristesse sombre et résignée. Le 26 février 1806, à minuit précis, il expira doucement entre les bras de sa femme. Son fils Alexandre, le célèbre romancier, avait quatre ans.

CHARLES MÉRAUD.

Siège de Hambourg

C'était après la campagne de Russie; Davout, prince d'Eckmühl, s'était retiré par la Prusse sur les bords de l'Elbe, et avait établi son quartier général à Hambourg (1).

Le corps placé sous ses ordres ayant été presque entièrement détruit pendant la dernière campagne, on lui envoya un contingent de jeunes conscrits, pour former le 105e régiment de ligne et renforcer la garnison. Sous la direction, sous la main de fer du plus habile organisateur des armées impériales, ces recrues allaient devenir, en peu de temps, dignes de leurs aînés.

On les exerça immédiatement au tir à la cible; on les mit de suite aux travaux de terrassements, pour

(1) Hambourg faisait partie de la *hanse* ou confédération teutonique. Le territoire des villes hanséatiques avait été réuni à l'empire français en 1810; il formait la 32e division militaire, et comprenait les trois départements des Bouches-de-l'Elbe, des Bouches-du-Weser et de l'Ems-Supérieur. Cette mesure, dont l'objet principal était de compléter le blocus continental en fermant un débouché de plus aux marchandises anglaises, eut pour résultat la ruine du commerce de Hambourg, de Brême et de Lübeck. D'où mécontentement des populations. La ville de Hambourg s'insurgea, ouvrit ses portes aux Cosaques, et leva une légion dite hanséatique qui se joignit aux troupes anglaises et russes pour chasser les Français du pays. Le général Vandamme, envoyé par Napoléon, avait étouffé la révolte et repris Hambourg, quand Davout arriva muni de pouvoirs extraordinaires.

les accoutumer à la discipline et aux rudes travaux de la guerre.

L'œuvre du maréchal Davout présentait bien des difficultés. Le développement de la place de Hambourg était considérable et dans un rayon de plusieurs lieues on avait à contenir une population rebelle, mais les ordres draconiens de l'empereur portèrent la terreur chez les Hambourgeois et permirent à Davout de donner tous ses soins à la défense extérieure.

On rétablit les anciens ouvrages de la place. On relia Hambourg à Haarbourg au moyen de communications fortifiées à travers l'île de Wilhemsbourg. Ces communications, dans un terrain coupé par les deux bras de l'Elbe et de nombreux canaux, nécessitèrent un travail considérable.

L'ingénieur des ponts et chaussées, Jousselin, surmonta toutes les difficultés. Il construisit au sortir de la ville un grand pont en bois de 3 000 toises, une chaussée pavée à travers l'île, puis un second pont en bois qui conduisait à l'entrée de Haarbourg. De grands bacs servaient au passage des troupes sur les bras du fleuve.

Au moment où les alliés se présentèrent devant Hambourg, les ouvrages étaient presque achevés. La place avait 350 bouches à feu et 44 000 hommes.

Dans ce siège mémorable, le prince d'Eckmühl fit preuve des plus brillantes qualités militaires. Il réunit dans les magasins de la ville des quantités de farine, vin, viande, salaisons, suffisantes pour faire subsister son armée pendant neuf mois. Un arsenal, pourvu de tous les ateliers nécessaires à la réparation des armes et à la fabrication des projectiles, fut établi par notre armée et occupa 3 000 ouvriers. En prévision de l'hiver, on se munissait de fers à glace pour les chevaux, de crampons pour les hommes ; les régiments confectionnaient des cols et des manches en peau, de gros gants de laine, etc., etc.

Un ordre du maréchal força la population civile à justifier d'un approvisionnement de vivres et de chauffage jusqu'au mois de juillet suivant, et cela sous peine d'expulsion. Chaque boulanger dut avoir six mois de farine pour son débit présumé, s'il ne voulait pas se voir interdire le libre exercice de son métier.

L'armée ennemie, sous les ordres de Bennigsen, se composait de troupes russes venues de Pologne, des légions prussiennes, hanséates, hanovriennes, de nombreux régiments d'artillerie et de cavalerie. Son effectif dépassait 60 000 hommes.

Le 3 janvier 1814, le maréchal fit incendier, entre Altona et Hambourg, les maisons qui favorisaient les approches de l'ennemi.

Dans la nuit du 3 au 4, la division russe du général Markow surprit les villages situés près du fort de Sternschautz. Elle parvint à s'en emparer. Mais, grâce aux secours envoyés de la place, les ennemis furent chassés de leur conquête après un combat acharné. De vigoureuses reconnaissances offensives, faites par nos troupes, montrèrent bientôt à nos adversaires l'impossibilité d'enlever Hambourg de vive force. Ils établirent leurs avant-postes à une lieue des nôtres.

Le froid devint subitement très vif. Tous les canaux, sauf les grands bras de l'Elbe, furent gelés. Les Russes attendaient avec impatience que l'hiver paralysât la plus grande partie de nos défenses.

Il fallut s'occuper de casser la glace — travail considérable — sur une étendue de seize kilomètres. Une grande partie de la garnison, armée de bûches et de haches, maintenait une sorte de fossé de quatre pieds de large. On y faisait passer continuellement de lourds bateaux ; de la sorte, la glace ne se reformant qu'en faible épaisseur, l'ennemi n'oserait s'y aventurer. Bientôt, par suite d'une recrudescence du froid, la circulation des bateaux devint impossible. Des compagnies, munies de crocs et de scies, furent chargées de débiter la glace en carrés de deux pieds, qu'ils retiraient sur la rive pour en élever des retranchements.

Bennigsen ne s'en doutait pas ; il répandait à foison des proclamations incendiaires appelant à la révolte une population toujours prête à se soulever contre nous.

Mais le maréchal inspirait une si grande terreur qu'il lui fut facile de déjouer les menées de l'ennemi. Pendant les plus violentes batailles qui se livrèrent autour de Hambourg, quelques compagnies de lanciers polonais suffirent au maintien de la tranquillité dans la ville. Dès que la générale avait été battue dans les rues, les habitants devaient aussitôt se retirer dans leurs maisons.

La confiance de Davout était poussée si loin, qu'il supprima tous les postes militaires qui n'étaient point de la plus extrême nécessité. Sa garde personnelle fut renvoyée. Il demeurait sous la seule protection de sa force morale. Tous les officiers, les habitants eux-mêmes avaient accès jour et nuit autour de sa personne. Cette belle assurance n'était pas sans causer quelque inquiétude à son entourage.

On avait établi sur la plus haute tour de la ville un observatoire dans lequel deux officiers d'état-major surveillaient jour et nuit les mouvements des alliés, et les notaient à la hâte. Des boîtes en tôle descendaient leurs croquis au pied de la tour, d'où des vedettes à cheval les transportaient au galop au quartier général.

Bien souvent, grâce à ces renseignements, on vit arriver les renforts sur les points de la véritable attaque, avant que les rapports des chefs de poste ne fussent parvenus au général en chef.

Tant que dura la grande gelée, Davout resta debout toute la nuit. Toujours habillé, toujours prêt, il se mettait dès la première alerte à la tête de sa réserve cantonnée près du quartier général. On le voyait accourir avec la compagnie d'élite du 15e léger et celle des arquebusiers, composée des meilleurs tireurs de l'armée. Ces braves gens ne marchaient que sur son ordre et ne rentraient que le combat terminé.

Le 13 janvier, les Russes attaquèrent Eppendorf et Emsbüttel. Après une lutte acharnée, ils durent battre en retraite. Le maréchal, trouvant ses positions trop excentriques, replia ses troupes sur Hambourg, mais il établit un poste de 200 hommes à l'est, dans le clocher de Hamm. Cette troupe, exposée à être enlevée à chaque instant, dut se garder avec la plus grande vigilance.

Le 20, les Russes s'emparèrent des villages que nous possédions devant Haarbourg, puis, opérant un mouvement tournant, ils emportèrent le grand blockhaus de Haarbourg ; mais ils en furent chassés après avoir subi une perte de 8 à 900 hommes.

Nos forces décroissaient rapidement : les maladies, les alertes, les petits combats nous enlevaient beaucoup d'hommes. La température descendait toujours ; les cas de congélation augmentaient, les hôpitaux se remplissaient. Afin de diminuer dans la plus grande mesure les fatigues de nos hommes, on réduisit encore notre ligne d'opérations.

On se fait difficilement une idée des souffrances de la garnison occupée au rude travail du brisement des glaces. Nous perdions 60 ou 70 travailleurs par jour. A force de fumigations, de bons vins et de précautions, on évita dans nos hôpitaux la *fièvre des prisons* et les maladies contagieuses. L'armée entière, les généraux, le maréchal lui-même, ne se nourrissaient plus que de viande de cheval. On réservait les quelques têtes de bétail sur pied pour les malades.

Lorsque la viande fraîche vint à manquer, on y suppléa dans les hôpitaux par des soupes faites avec la gélatine des os précieusement conservés, et avec du sagou.

La maréchal Davout montrait d'ailleurs la plus grande préoccupation pour le bien-être de ses soldats. Voulant éviter l'encombrement de ses hôpitaux et réserver aux hommes les plus malades les soins que sa vigilance leur avait préparés, il décida que chaque officier supérieur entretiendrait, dans sa maison et à ses frais, un certain nombre de convalescents. Le nombre de ces pensionnaires variait selon le grade de celui qui les recevait. Donnant le premier l'exemple, le maréchal allait chaque jour visiter ceux qu'il avait fait installer dans son hôtel.

Le 26 et le 28 janvier, nous eûmes à repousser de nouvelles attaques.

L'armée ennemie, ayant été renforcée d'un corps russe détaché du blocus de Magdebourg, Bennigsen voulut nous livrer une nouvelle bataille. Il avait fort bien compris que l'île de Wilhemsbourg demeurait notre seul point faible, et que, tant que nous aurions la jouissance du grand pont et de la chaussée, nous pourrions contrebalancer ses projets.

Dans la nuit du 8 février, l'officier de garde remarqua qu'il se passait quelque chose d'anormal dans les lignes ennemies : on avait éteint les feux de bivouac, des fusées brillaient çà et là. Son rapport et les révélations de quelques prisonniers ramassés aux avant-postes mirent Davout en éveil, et il prit ses précautions en conséquence. La journée qui commençait devait être la plus meurtrière du siège.

Dès quatre heures du matin, l'ennemi nous attaquait sur plusieurs points de notre périmètre. Le général Markow surprenait l'île de Neuhoff et occupait le moulin du Reigerstieg. De son côté, le général russe Heine, après s'être emparé de l'île de Moorwerder, marchait sur le château de Wilhemsbourg, mais, grâce à la batterie établie à la Maison-Rouge, nos troupes purent se retirer en bon ordre dans la direction où arrivait le général Vichery. Voyant que les Russes se portaient en grand nombre vers la Maison-Rouge, elles se rallièrent et reprirent l'offensive.

Massées derrière la tête de pont, elles ouvrirent sur l'ennemi un feu des plus nourris. Les Russes s'apprêtaient à battre en retraite quand ils aperçurent la colonne Markow qui marchait du Reigerstieg sur la grande digue et un autre détachement qui tournait la gauche des Français.

Il y eut une attaque générale formidable. Nos soldats quittèrent même leurs positions dans un tel désordre qu'il fut impossible au général Vichery de déployer sa réserve composée de deux bataillons du 105e de ligne. Les Russes purent établir leur artillerie d'une manière fort avantageuse. Un seul de leurs boulets enleva dix-sept files de combattants dans la première compagnie arrivée sur le champ de bataille.

Par bonheur, le maréchal accourait en ce moment. D'un coup d'œil il juge de la gravité de la situation. Il place la compagnie d'élite du 15e léger dans le blockhaus élevé au milieu du pont, fait venir quelques soldats de Klagenfeld, demande du renfort à Hamm et à Saint-Georges. Le capitaine d'artillerie Gesta veut se maintenir coûte que coûte à la tête du pont. Il met lui-même le feu à ses canons et tombe percé de vingt-cinq coups de baïonnette sur les pièces qu'il défend. L'ouvrage est tellement encombré de cadavres et de caissons que les Russes ne peuvent y faire entrer de l'artillerie, ni le tourner contre nous.

Une seconde colonne russe, général Tolstoï, avait attaqué la digue de Tiffentag. Arrêtée par l'artillerie de la redoute et la mousqueterie de nos troupes retranchées dans des maisons crénelées, elle ne put se joindre aux colonnes qui marchaient sur Wilhemsbourg.

Le maréchal, grâce à quelques renforts, reprit l'offensive et chassa les ennemis de la tête de pont et de la digue où ils commençaient à s'établir.

Dès qu'il eut tout son monde sous la main, il forma trois colonnes. La première repoussa les Russes jusqu'au moulin du Reigerstieg. La seconde — le 105e — se dirigea sur Klagenfeld, sur la gauche de la chaussée, attaqua l'ennemi à la baïonnette, lui causant des pertes sérieuses. Enfin, la troisième colonne qui manœuvrait sous la direction du maréchal lui-même, se glissant à l'abri du feu sous le grand pont, obligea les Russes à battre en retraite et à abandonner notre tête de pont sans pouvoir emmener les canons dont ils s'étaient emparés. Davout mit de suite quelques pièces en batterie et jeta le désordre parmi les fuyards.

La jonction de nos troupes était faite partout. Nous étions maîtres de toutes les positions que l'ennemi

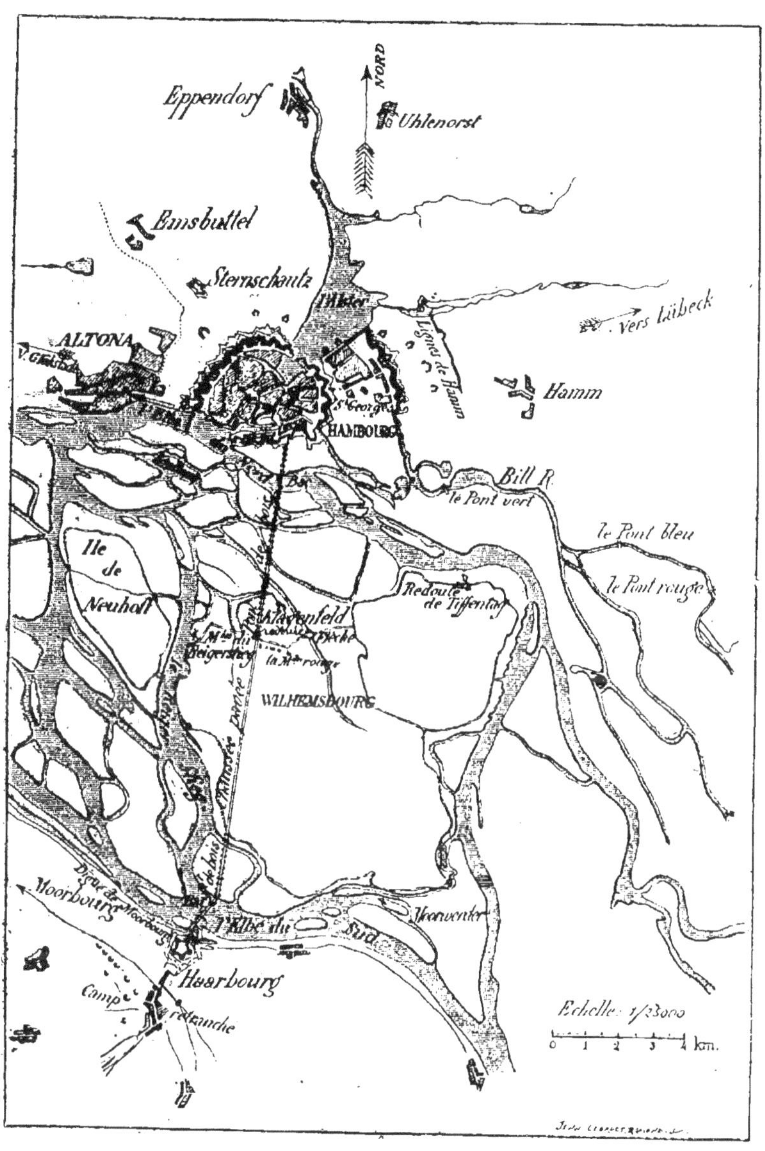

PLAN DE HAMBOURG

avait occupées. Les communications entre Hambourg et Haarbourg se trouvaient complètement rétablies.

Les Russes repassèrent dans l'île de Neuhoff, et de là, par l'Elbe gelé, purent se replier derrière Altona. Ils furent salués dans cette retraite par le feu de toutes nos pièces. Une partie de la petite garnison qui occupait la redoute de Schrevenoff sortit de ses remparts et fit bravement le coup de feu.

Nos 8 000 hommes avaient lutté contre 25 000. Cette action nous coûtait 1 000 hommes tués ou blessés. Presque tous les officiers supérieurs se trouvaient hors de combat. On ramassa 800 Russes sur le champ de bataille : Markow avait enlevé tous ses blessés.

« Si le général Tolstoï avait pu exécuter ses ordres, « si le général en chef de l'armée russe s'était trouvé « là, ainsi que le chef de l'armée française, au mo- « ment décisif, lorsque la tête de pont nous fut enle- « vée, toute communication entre Hambourg et Haar- « bourg eût été probablement coupée, et le projet « atroce de l'assassinat des Français par les habitants, « ainsi que cela était annoncé par la proclamation en- « nemie, eût pu recevoir sans doute son exécution. » (César de la Ville, *Siège de Hambourg*).

Les 17, 24, et 27 février, Bennigsen renouvela ses attaques contre Hambourg. Il fut repoussé.

La gelée était si forte que l'exécution de tout ouvrage en terre devenait impossible. Cependant, en amoncelant du fumier aux têtes de pont, on acheva tant bien que mal les ouvrages commencés. Les parties de l'île que les derniers combats avaient montrées les plus faibles, furent améliorées au point de vue de la défense.

On crénela les maisons, on fit des abattis d'arbres,

on coupa les chemins qui avaient servi à la pénétration de l'armée russe.

Le froid durait depuis soixante jours. Les soldats exténués de fatigue ne se soutenaient que par la bonne nourriture que l'administration leur distribuait. Chaque homme touchait une bouteille de vin par jour. On donnait abondamment du riz, des légumes secs, du pain, des harengs. Les fourrages, bien ménagés, permettaient d'attendre la récolte que nous fourniraient les îles au retour du printemps.

Le nombre des malades n'en était pas moins considérable. Nous eûmes jusqu'à 17 000 hommes indisponibles, et 900 morts dans le courant du mois de février. Mais rien ne pouvait décourager le maréchal.

Enfin, le 1er avril, la débâcle de l'Elbe commença. On put dès lors relever les troupes de la rude corvée du brisement des glaces, corvée qu'elles avaient fournie pendant quatre-vingt-quatre jours.

Malgré ses attaques multipliées, l'ennemi n'avait pu s'emparer d'un seul de nos ouvrages. Bien nourrie, bien vêtue, bien aguerrie par un long siège, l'armée française se sentait renaître à l'espérance : les inondations de l'Elbe rendaient maintenant sa position inexpugnable.

Signalons ici l'étonnement que les défenseurs de la redoute de Schrevenoff éprouvèrent en voyant le rempart qu'ils défendaient s'affaisser sous les premiers soleils. Pressé par l'ennemi, le maréchal l'avait fait élever avec des roseaux recouverts de neige, mais, afin que son secret fût mieux gardé, il avait requis toute sa maison militaire pour l'édification de cet ouvrage. Dès que le soleil l'eut détruit, on s'empressa de le terrasser, et on y installa le blockhaus en bois, construit pendant l'hiver sur les plans de l'ingénieur civil Jousselin.

Le printemps revenu, on put varier la nourriture du soldat. En prévision de la continuation du blocus, on défricha tous les terrains libres de la ville. Des jardins régimentaires furent cultivés par les soldats. Les bons soins et la douceur de la température ne tardèrent pas à faire rentrer dans les rangs un grand nombre de convalescents.

Au début du siège, les Hambourgeois s'étaient refusés à acquitter une partie des contributions de guerre imposées par la volonté impériale. Davout avait alors mis l'embargo sur les valeurs déposées à la banque, après un inventaire dressé par une commission composée d'Allemands et de Français. Grâce à ces ressources, il put régler tous les travaux exécutés par l'artillerie et le génie, mettre la solde à jour, payer le premier trimestre de 1814 aux administrateurs de Hambourg. Il se chargea d'entretenir la Préfecture, la Cathédrale, le Lycée, la Recette, le Dépôt de mendicité ; de solder les employés municipaux, officiers de paix, pompiers, veilleurs de nuit. Avec le trésor de l'armée, on faisait face à toutes les dépenses communales, et les fonds étaient administrés, comme si l'on eût été dans la paix la plus profonde.

Malgré les rigueurs du blocus, la nouvelle des victoires remportées par les alliés commençait à se répandre dans la ville ; l'ennemi, profitant de ces rumeurs, continuait à inciter à la révolte les Hollandais, les Toscans et les Piémontais, qui combattaient dans nos rangs.

Le 18 avril, Bennigsen fit connaître l'abdication de Napoléon, l'occupation de Paris par les alliés et le retour des Bourbons. Le maréchal consentit à quelques pourparlers. Aux assiégeants qui parlaient en maîtres, il se contenta de demander qu'un officier supérieur pût sortir de Hambourg et se rendre compte de la situation. Le 9 mai, au jour naissant, la ligne des ennemis, sur le front de Hambourg, apparut pavoisée de drapeaux blancs. Le maréchal les fit abattre à coups de canon. Bennigsen avait espéré, en arborant le drapeau des Bourbons, soulever contre Davout les soldats et les officiers subalternes, mais une sédition militaire n'était pas à craindre. « La plupart des « soldats, conscrits dans l'année, et nés pendant la « Révolution, n'avaient pas entendu, probablement « dans toute leur vie, parler de cette auguste famille. « Les officiers savaient trop ce que commande l'hon- « neur dans une place assiégée, pour ourdir la moin- « dre intrigue, qui ne manque jamais, quel qu'en soit le « motif, d'être appréciée à sa juste valeur, même par « ceux au profit de qui elle a été faite. » (César de la Ville, *Siège de Hambourg*).

Cependant, d'un commun accord, on suspendit les hostilités. La question de la reddition de la place devait se dénouer au loin. De chaque côté on sentait l'inutilité de répandre davantage le sang.

Le 27 avril, en dépit de cette convention tacite, plusieurs canonnières anglaises vinrent s'embosser derrière la digue de Moorbourg, et prirent à revers les ouvrages de Haarbourg. Fort heureusement, nos artilleurs ne s'endormaient pas dans les délices de la paix. Ils ripostèrent vigoureusement, et coulèrent deux embarcations. Le commodore anglais eut le bras emporté par un boulet. Ce furent les derniers coups de canon du siège.

Le maréchal était toujours sans nouvelles officielles de France. Un parent de madame la maréchale, envoyé par elle, parvint sous les murs de Hambourg et demanda à pénétrer dans la place. L'ennemi y consentit à condition que le général Bennigsen occuperait Altona et aurait un bataillon pour sa garde personnelle. Davout, certain du changement de dynastie, ne fit aucune difficulté d'accéder à ce désir.

Les pourparlers continuèrent : le général Delcambre reçut des passeports qui lui permirent d'aller à Paris chercher des instructions pour l'armée ; il fut convenu qu'on n'entreprendrait plus de travaux de fortifications, et que, tous les jours, les alliés laisseraient pénétrer dans la ville 4 000 livres de viande pour le service des hôpitaux.

Le 29 avril, on arbora à Hambourg le drapeau blanc et la cocarde blanche. Davout mit la solde au courant, distribua les effets qui se trouvaient en magasin, rendit aux habitants les vivres réquisitionnés. Pour tenir ses troupes en haleine, il ordonna qu'on reprît les exercices militaires.

Le 5 mai, le général Fouché vint remettre la place aux alliés.

Le 11, le maréchal fut relevé de son commandement par le général de division Gérard.

Les 27, 29 et 31 mai, en trois colonnes, la garnison, forte encore de 31 000 hommes, quitta les murs qu'elle avait si vaillamment défendus. Elle sortait avec les honneurs de la guerre, emmenant 100 bouches à feu, des caissons approvisionnés et 4 000 chevaux. Les 5 000 blessés ou malades laissés dans les hôpitaux devaient rentrer en France aussitôt après leur rétablissement.

Le maréchal revenait à Paris lorsqu'on lui enleva brutalement son commandement.

A peine retiré dans sa propriété de Savigny, il eut à se défendre contre les attaques de la malveillance : on parlait de ses rigueurs et de ses déprédations. C'est alors que le général César de la Ville rédigea, sous ses yeux et sous son inspiration, un mémoire sur le siège de Hambourg, mémoire qui détruisit complètement toutes les accusations portées contre lui.

Une anecdote pour terminer.

Il y a quelques années, le feld-maréchal de Moltke, pour assurer au Reichstag le vote des crédits demandés par son gouvernement, crut devoir réveiller les haines du passé ; se faisant l'écho, après soixante-seize ans, des plus honteuses calomnies, il accusa le prince d'Eckmühl d'avoir volé les millions de la banque de Hambourg (1).

Les descendants du maréchal firent alors rééditer le mémoire justificatif pour l'envoyer à de Moltke. C'était, selon eux, la meilleure réfutation à faire. Après la campagne de 1870, de Moltke avait-il le droit de nous reprocher nos rigueurs en Allemagne ?

Le Prussien fit répondre par son aide de camp qu'il n'avait eu aucunement l'intention d'attaquer la probité personnelle du maréchal, et l'incident fut clos.

Ainsi fut vengée la mémoire du défenseur de Hambourg.

CHARLES MÉRAUD.

(1) Voici ses propres paroles citées par les journaux de l'époque : « N'avons-nous pas vu, en 1813, lorsqu'il était déjà en retraite comme à Hambourg, qui était alors une ville française, n'avons-nous pas vu un maréchal de France, pour prendre congé, mettre la banque de Hambourg dans sa poche ? »

Un Vieux de la Vieille

La grande armée a vécu. Le bon père Baillot, qui était le dernier médaillé de Sainte-Hélène et le dernier survivant du fameux siège de Hambourg, s'est éteint doucement à l'âge de 104 ans, le 3 février 1898, à Carisey (Yonne).

Louis-Victor Baillot était voltigeur à la 105ᵉ demi-brigade, il fit toute la campagne d'Allemagne (1813) avec le corps du maréchal Davout.

A Waterloo, un formidable coup de sabre reçu sur la tête l'étendit sans connaissance et il se réveilla prisonnier des Anglais sur les pontons de Plymouth. Il n'avait dû son salut qu'au légendaire shako dans lequel les grognards logeaient tant de choses. Baillot avait transformé le sien en garde-manger et y avait placé sa gamelle qui, dans la circonstance, lui tint heureusement lieu de casque.

Rentré en France après neuf mois de captivité, il se rendit à pied de Boulogne-sur-Mer à Auxerre, où un conseil de revision le réforma en le déclarant phtisique au deuxième degré.

C'est le 5 novembre 1816 que la Faculté rendait ce mémorable arrêt !... Aucun de nos lecteurs, j'en suis sûr, ne serait fâché que l'on reconnût en lui les microbes d'une phtisie si peu *galopante*.

D'Auxerre, Baillot se rendit à Carisey. Ses compatriotes ne pouvaient en croire leurs yeux et tous le prenaient pour un *revenant*, car le bruit de sa mort s'était depuis longtemps répandu dans le pays. Le *revenant* n'eut pas de peine à convaincre tout le monde de son

BAILLOT A 104 ANS

identité et il se fit inscrire à nouveau et pour longtemps sur la liste des vivants.

Baillot s'établit alors à Carisey et il y resta jusqu'à la fin, vivant de la saine vie de nos vignerons de Bourgogne. Aimable et gai, ayant conservé une mémoire fidèle, il aimait à raconter ses campagnes. Les jeunes surtout se pressaient autour de lui et écoutaient avidement ses merveilleux récits.

Il avait pour Napoléon et le maréchal Davout un véritable culte. Dans ses voyages à Auxerre, il ne manquait jamais de faire une visite à son ancien chef. Il contemplait longuement la statue du maréchal, puis il finissait par s'entretenir avec elle : « Hein ! mon vieux, disait-il, te rappelles-tu Hambourg ? On n'était pas à la noce, alors ! »

Et c'était une scène vraiment touchante de voir ce vieux soldat évoquant au pied de la statue les années lointaines, les gloires de la Patrie et aussi ses revers. De nos jours où l'on oublie, lui se souvenait, et l'on se surprenait à redire les beaux vers du poète :

Ne le raillez pas, camarade ;
Saluez plutôt chapeau bas
Cet Achille d'une Iliade
Qu'Homère n'inventerait pas.

Respectez sa tête chenue ;
Sur son front par vingt cieux bronzé
La cicatrice continue
Le sillon que l'âge a creusé.

Au mois de février 1896, sur la proposition du général Davout, grand chancelier de la Légion d'honneur et petit-neveu du héros d'Auerstaedt, le Président de la République attacha la croix d'honneur sur la poitrine du vieux soldat de Hambourg et de Waterloo. Ce fut une des dernières, mais aussi une des plus grandes joies de sa vie.

Il avait tenu à fêter son centenaire à l'église. Un assistant nous a raconté combien le bon vieillard était ému en entendant l'allocution du prêtre qui lui rappelait le Dieu de son enfance. Ce Dieu, il l'avait un peu oublié dans sa longue carrière, il revint alors sérieusement à lui.

Quand il prit le lit dans sa dernière maladie, son premier souci fut qu'il ne pourrait pas, cette fois, *faire* la Saint-Vincent. Il avait le cœur un peu gros en songeant qu'il ne célébrerait pas avec les siens cette fête des vignerons, si populaire au pays de Bourgogne et à laquelle il n'avait jamais manqué. Il sentit que c'était la fin et que la dernière *revue* était proche. Il fit venir M. le curé de Carisey, et fort des secours de la religion il s'endormit doucement au milieu de ses enfants et de ses petits-enfants qui l'entouraient d'une si pieuse affection.

Désormais, quand l'historien ou le poète rappelleront le souvenir des grandes chevauchées napoléoniennes, nul ne dira plus : « J'étais là ! » C'était donc justice de placer l'humble vétéran, dernier témoin de tant de gloire, dans notre galerie de héros. Le bon vieux était au milieu de nous comme la relique d'un illustre passé, il était le dernier de ces grognards, qui, tous ensemble, composèrent la merveilleuse épopée impériale.

Commandant de la Breuille.

FIN

Table des Matières

Table des Gravures

Imprimerie de Poissy — S. LEJAY.

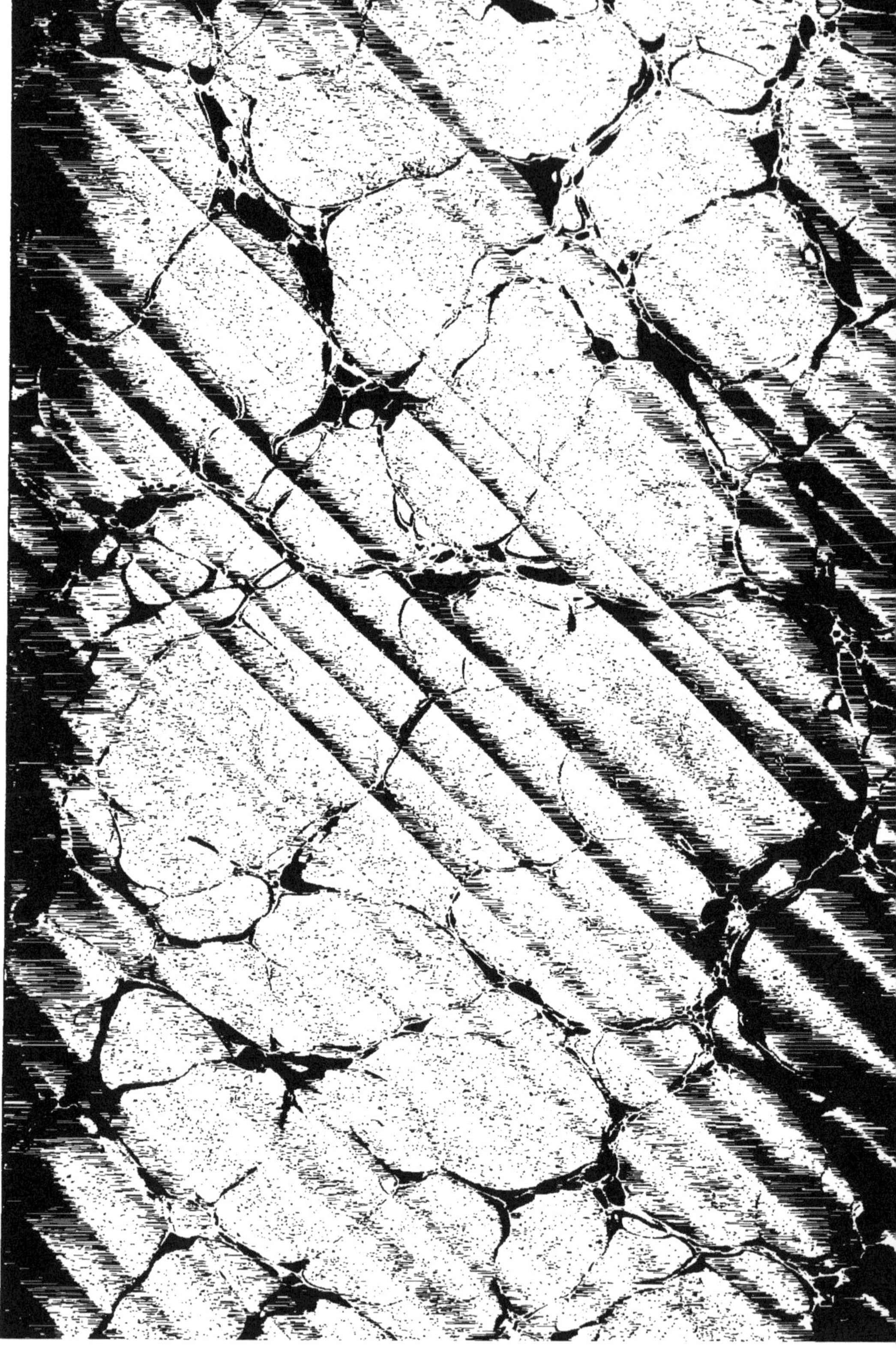

www.ingramcontent.com/pod-product-compliance
Ingram Content Group UK Ltd.
Pitfield, Milton Keynes, MK11 3LW, UK
UKHW031045260726
13965UKWH00006B/399

9 782012 947917